REISEN UM GLÜCKLICH ZU SEIN

Henry James

EINE KLEINE FRANKREICH-TOUR

List Verlag

Aus dem Englischen von Jörg Trobitius

Die Skizzen, aus denen sich dieser Band zusammensetzt, sind erstmals in
der amerikanischen Zeitschrift *Atlantic Monthly* unter dem Titel *En Provence*,
Juli bis November 1883, Februar, April und Mai 1884, erschienen.
Im September desselben Jahres erschienen sie revidiert erstmals in
Buchform, herausgegeben von James R. Osgood & Co., Boston.
Der Text, auf dem die deutsche Übersetzung beruht, folgt der ersten
englischen Ausgabe, die im Jahre 1900 bei William Heinemann herauskam.

Umschlagentwurf: Design Team, München
Umschlagbild: Vincent van Gogh, Blick auf Arles (1889).
München, Neue Pinakothek.
Foto: Joachim Blauel – ARTOTHEK.

ISBN 3-471-77866-7

© 1986 Paul List Verlag GmbH & Co. KG, München
Alle Rechte vorbehalten. Printed in Austria
Satz: Uhl + Massopust GmbH, Aalen
Druck und Bindung: Wiener Verlag, Himberg

INHALT

EINLEITUNG

Die liebenswerte Stadt Paris scheint bei jenen – vielleicht nicht immer als die solidesten und sittenstrengsten geltenden – Vertretern unseres Geschlechts, die begierig sind nach Abenteuern und eine besondere Vorliebe für Auslandsaufenthalte haben, ein wenig aus der Mode gekommen zu sein. Nichtsdestoweniger bleibt es wohl wahr, daß solche häufigen Frankreichbesuche, die sich, wie man mit Recht sagen kann, bei uns noch immer großer Beliebtheit erfreuen, wie eh und je dieser wunderbaren Hauptstadt gelten – und nur ihr. Auf jeden Fall aber ist – oder vielleicht sollte ich sagen, war, da ich, wie ich fürchte, auf einen untergegangenen Orden anspiele – die Liebe zu Paris eine Liebe für sich, die, so seltsam es ist, nicht notwendigerweise mit einem Interesse an dem Land als Ganzem verknüpft ist, wie es doch eine solche Liebe bei anderen Ländern, zu anderen Hauptstädten mit sich brächte. Läßt man wirtschaftliche Anreize, die immer ihre Wirkung tun mögen, einmal außer acht und begrenzt das Problem auf die Frage der Wahlfreiheit, so wird hinreichend deutlich, daß jemand, der die freie Wahl hat, schon eine sehr große Liebe zu England haben muß, um sich in London, zu Deutschland, um sich in Berlin, oder zu Amerika, um sich in New York niederzulassen. Andererseits war es für den Autor dieser unterhaltsamen Seiten ein wohlvertrauter Gedanke, daß (unter den ausländischen Gästen mehr oder wenig ausgeprägt) die Vorliebe für Frankreich sich seltsamerweise nur auf solchem Boden zu nähren vermochte, wie er sich zwischen dem *Arc de Triomphe* und dem *Gymnase Dramatique* erstreckt: als ob es im *doux pays* nichts Gutes zu ernten gäbe. Es tut wenig zur Sache, wie es dazu gekommen ist, daß ihm diese Annahme auf einmal töricht vorzukommen schien, vor allem, da er selbst zweifellos Mitschuld daran trug. Die fraglichen unterhaltsamen Seiten sind nur das schlichte Zeugnis eines bescheidenen persönlichen Versuchs, dieselbe abzuschütteln. Er hat dafür, das muß eingestanden werden, keine besonderen Maßnahmen ergriffen; er machte sich einfach eines regnerischen Morgens Mitte September auf den Weg in die bezaubernde Kleinstadt Tours, wo er spürte, daß ihm dort so unmittelbar wie an jedem beliebigen anderen Ort deutlich werden könnte, daß – wenngleich Frankreich vielleicht Paris sein mochte – Paris doch keinesfalls Frankreich war. Die Schönheit der Offenbarung – man hätte sie sich kaum unmittelbarer wünschen können – zog ihn dann noch erheblich weiter fort, und sein bescheidenes, doch außerordentlich erfolgreiches Abenteuer hat, als vergnügliche Gedächtnisstütze, ein paar zwanglose Aufzeichnungen hervorgebracht.

TOURS

Eigentlich schäme ich mich, mit der Bemerkung anzufangen, daß die Touraine der Garten Frankreichs ist; dieser Vergleich ist ja längst zum Gemeinplatz geworden. Die Stadt Tours jedoch hat etwas Liebliches und Helles, das ahnen läßt, daß sie von einem Land der Früchte umgeben ist. Es ist eine sehr angenehme kleine Stadt; es dürfte wenige Orte dieser Größe geben, die reifer, vollendeter sind oder, wie ich annehmen möchte, sich in größerem Einklang mit sich selbst befinden und weniger zum Neid auf die Verpflichtungen größerer Orte neigen. Tours ist wahrhaft die Hauptstadt seiner lächelnden Provinz; einer Region unbeschwerten Überflusses, üppiger Lebensweise und jovialer, bequemer, optimistischer, eher phlegmatischer Anschauungen. Balzac sagt in einer seiner Erzählungen, daß ein echter Tourangeau keine Anstrengung unternimmt und sich nicht von der Stelle rührt, auch nicht, um einem Vergnügen nachzugehen; und es ist nicht schwer zu verstehen, wo die Quellen dieses liebenswürdigen Zynismus liegen. Der Tourangeau muß irgendwie überzeugt sein, daß er bei nahezu jeder Art von Veränderung nur etwas zu verlieren hat. Die Geschicke haben es freundlich mit ihm gemeint: er lebt in einem gemäßigten, vernünftigen und geselligen Klima an den Ufern eines Flusses, der zwar zuweilen das Land in der Umgebung überflutet, dessen Verwüstungen jedoch sich so leicht beheben lassen, daß seine Attacken (in einer Region, wo auf so vieles Gute Verlaß ist) vielleicht nur Anlaß zu heilsamer Ungewißheit geben mögen. Er ist von altehrwürdigen Traditionen religiöser, gesellschaftlicher, architektonischer und kulinarischer Art umgeben; und er mag die Genugtuung haben, daß er sich bis ins Innerste als französisch fühlen darf. Kein Teil seines bewunderungswürdigen Vaterlandes ist charakteristischer für die ganze Nation. Die Normandie ist die Normandie, Burgund ist Burgund, die Provence ist die Provence; doch die Touraine ist ihrem Wesen nach Frankreich. Sie ist das Land Rabelais', Descartes', Balzacs, guter Bücher und guter Gesellschaft wie auch guter Diners und feiner Häuser. Bei George Sand gibt es irgendwo eine hübsche Passage über die Milde, die angenehme Beschaffenheit der klimatischen Gegebenheiten Mittelfrankreichs – ›Son climat souple et chaud, ses pluies abondantes et courtes‹. Im Herbst 1882 waren die Regen wohl weniger kurz als reichlich; doch an schönen Tagen war ein zauberhafteres Wetter gar nicht vorstellbar. Die Weinberge und Obstgärten prangten im frischen, fröhlichen Licht; überall wurde etwas angebaut, doch überall schien es mühelos. Es gab keine sichtbare Armut; Wohlstand und Erfolg präsentierten sich als Frage des guten Geschmacks. Die weißen Hauben der Frauen schimmerten im Sonnenlicht, und ihre stabilen Holzschuhe klapperten fröhlich auf den harten, sauberen Straßen. Die Touraine ist ein Land alter Schlösser – eine Galerie von Architekturbeispielen und von großen Erbgütern. Das Bauernvolk hier hat weniger vom Luxus des Besitztums an sich als in den meisten anderen Gegenden Frankreichs; gleichwohl reicht ihr Anteil daran aus, um auch ihnen in gehörigem Maße jenen durchtrieben konservativen Ausdruck zu verleihen, den der Fremde so oft auf der kleinen *place* des Marktstädtchens, wo gefeilscht wird, in den faltigen braunen Masken über den Bauernkitteln beobachten kann.

Außerdem befinden wir uns im Herzen der alten französischen Monarchie; und da jene Monarchie glanzvoll und pittoresk war, schimmert noch ein Widerschein des Glanzes auf dem Strom der Loire. Einige der bemerkenswertesten Ereignisse der französischen Geschichte haben sich an den Ufern dieses Flusses zugetragen, und auf dem Boden, den er bespült, blühte eine Zeitlang die Renaissance. Die Loire gibt einer Landschaft, die von keinen, wie man so sagt, hervorstechenden Merkmalen geprägt ist, grandiosen ›Stil‹ und lenkt das Auge in Fernen, die noch poetischer sind als die grünen Horizonte der Touraine. Sie ist ein sehr launischer Strom, und manchmal kann man beobachten, wie sie zum Rinnsal wird und all die Häßlichkeiten ihres Flußbetts bloßlegt – gewiß eine empfindliche Unvollkommenheit für einen Fluß, dem es oftmals allein obliegt, den Orten, die er bespült, Atmosphäre zu verleihen. Doch will ich ihn schildern, wie ich ihn zuletzt gesehen habe; in Fülle zog er sich ruhig und mächtig in langen, langsamen Krümmungen dahin und warf das Himmelslicht halb zurück. Nichts kann schöner sein als der Blick über seinen Lauf, den man von den Festungsmauern und Terrassen von Amboise aus hat. Als ich eines lieblichen Sonntagmorgens von dieser Erhebung her durch einen milden Schimmer herbstlichen Sonnenlichtes auf ihn hinabsah, schien er mir geradezu das Urbild eines freigebigen, wohltätigen Stromes zu sein. Der bezauberndste Teil von Tours ist natürlich der schattige Kai, von dem aus man den Fluß überblickt und hinüberblickt auf den freundlichen Vorort Saint Symphorien und die terrassierten Anhöhen, die sich darüber erheben. Wirklich, die ganze Touraine hindurch besteht ein Großteil des Reizes der Loire darin, daß man an ihr entlangreisen kann. Der große Deich, der sie schützt oder das Land vor ihr schützt, bildet einen wunderbaren Weg von Blois nach Angers; und auf der anderen Seite leistet die Landstraße ihr ebenso beständig Gesellschaft. Wenn man auf breiter Straße reist, bietet ein breiter Fluß herrliche Gesellschaft; er erhellt und verkürzt den Weg.

Die Gasthäuser in Tours befinden sich in einem anderen Viertel, und eines von ihnen, das zwischen Stadtkern und Bahnhof liegt, ist sehr gut. Es ist deshalb erwähnenswert, weil das ganze Personal außerordentlich höflich ist – so unnatürlich höflich, daß sich bei einem zunächst der Argwohn regt, ob das Hotel irgendein verborgenes Gebrechen hat und deswegen die Kellner und Zimmermädchen den Gast im voraus zu besänftigen trachten. Insbesondere einen Kellner gab es, der das vollendetste soziale Wesen war, dem ich jemals begegnet bin; vom Morgen bis in die Nacht hinein gab er unaufhörlich ein Murmeln der Zuvorkommenheit von sich, wie das Surren einer Spindel. Ich darf hinzufügen, daß ich im Hôtel de l'Univers keine dunklen Geheimnisse entdeckt habe; denn der heutige Reisende weiß bereits, daß das Abendessen in Hotels meist lauwarm, der Speisesaal hingegen überheizt ist: eine ebenso universale wie verabscheuungswürdige Unsitte. Ansonsten gibt es in Tours eine gewisse Rue Royale, die Anspruch erhebt auf Monumentalität; sie wurde vor hundert Jahren erbaut, und die Häuser, die alle einander ähnlich sehen, sind in bescheidenem Rahmen pompöses achtzehntes Jahrhundert. Die Straße verbindet den Palais de Justice, das bedeutendste weltliche Gebäude der Stadt, mit der langen Brücke, die über die Loire führt – jene großzügige, massive Brücke, die von Balzac in *Le Curé de Tours* zu ›einem der schönsten Baudenkmäler der französischen Architektur‹ erklärt wird. Der Palais de Justice war im Herbst 1870 der Sitz der Regierung Léon Gambettas, nachdem der Diktator sich gezwungen gesehen hatte, Paris in seinem Ballon zu verlassen, und ehe sich die gesetzgebende Versammlung in Bordeaux konstituiert hatte. Die Deutschen besetzten während jenes schrecklichen Winters Tours: überhaupt erstaunlich, wieviele Orte die Deutschen besetzten. Man behauptet kaum zuviel, wenn man sagt, daß einem, wohin man in bestimmten Gegenden von Frankreich auch geht, zwei große historische Tatsachen begegnen: eine ist die Französische Revolution; die andere ist die deutsche Invasion. Die Spuren der Revolution überdauern in Hunderten von Narben und Beulen und Verstümmelungen, doch die sichtbaren Zeichen des Krieges von 1870 sind verschwunden. Das Land ist so reich, so lebendig, daß es fähig war, sich seine Wunden zu verbinden, den Kopf aufrecht zu tragen und wieder zu lächeln, so daß der Schatten jener Dunkelheit nun nicht mehr auf ihm ruht. Doch was man nicht sieht, kann man immer noch hören; und man erinnert sich mit einem gewissen Schaudern, daß nur wenige kurze Jahre zuvor diese Provinz, die so durch und durch französisch ist, unter der Knute eines fremden Feindes stand. Durch und durch französisch zu sein war offenbar kein Schutz; für einen so erfolgreichen Eindringling konnte es nur eine Herausforderung sein. Friede und Wohlstand jedoch haben jene Episode abgelöst; und inmitten der Gärten und Weinberge der Touraine kommt sie einem nur vor wie eine weitere Legende in einem Land voller Legenden.

Wie dem auch sei, nicht um dieser wechselvollen

Geschichte willen habe ich den Palais de Justice und die Rue Royale erwähnt. Für mich war das Interessanteste an der Hauptstraße von Tours, daß man, wenn man auf dem rechten *trottoir* in Richtung Brücke geht, zu dem Haus auf der anderen Straßenseite empor sehen kann, in dem Honoré de Balzac das Licht der Welt erblickt hat. Jenes heftige und komplizierte Genie war ein Kind der gutmütigen und üppigen Touraine. Es liegt etwas Widersprüchliches in dieser Tatsache, obgleich man, wenn man ein wenig darüber nachdenkt, vielleicht gewisse Entsprechungen zwischen seinem Charakter und dem seiner Geburtsprovinz finden kann. Tüchtig, arbeitsam und ständig unglücklich, trotz seines großen Erfolges, wie er war, möchte man doch zuweilen an ganz andere Einflüsse denken. Doch hatte er seine joviale, schwelgerische Seite – jene Seite, die in den *Contes Drolatiques* zum Ausdruck kommt, die eine romantische und epikureische Chronik der alten Land-güter und Klöster dieser Region sind. Und er war darüber hinaus das Produkt eines Bodens, in den recht viel Geschichte hineingetreten worden war. Balzac gab nicht nur vor, Monarchist zu sein; er war es tatsächlich, und er hatte eine tiefe Ehrfurcht vor der Vergangenheit. Das Haus Rue Royale Nr. 9 – dessen Erdgeschoß wie alle Erdgeschosse in der Rue Royale einen Laden beher-bergt – ist der Öffentlichkeit nicht zugänglich; und ich weiß nicht, ob die Überlieferung die Kammer bezeich-net, in welcher der Autor von *Le Lys dans la Vallée* seine Augen auf eine Welt öffnete, in welcher er solch außerordentliche Dinge sehen und ersinnen sollte. Wäre das der Fall gewesen, dann wäre ich gerne über ihre Schwelle geschritten; nicht um irgendeiner Reli-quie des großen Romanciers willen, die dort vielleicht zu finden war, und nicht einmal um irgendeiner mystischen wohltätigen Kraft willen, die vielleicht angeblich in den vier Wänden wohnt, sondern einfach weil der Anblick dieser Wände einem unweigerlich einen starken Eindruck von der Macht menschlichen Mühens geben muß. In der reifen Vollendung seiner Vision hat Balzac mehr menschliches Leben umfaßt als jeder andere seit Shakespeare, der versucht hätte, uns Geschichten darüber zu erzählen; und die gänzlich unbedeutende Umgebung, in der sein Bewußtsein dämmerte, ist das eine Ende des ungeheuren Raumes, den er durchmaß. Ich gebe zu, daß ich ein wenig erschüttert war, feststellen zu müssen, daß er in einem Haus ›in der Reihe‹ geboren wurde – und zudem einem Haus, das zum Zeitpunkt seiner Geburt erst etwa zwanzig Jahre alt gewesen sein konnte. Das alles ist wohl widersprüchlich. Wenn das Wohnhaus, das zu solcher Ehre ausersehen war, nicht ehrwürdig und altersgebräunt sein konnte, dann sollte es wenigstens einzeln dastehen.

In seiner kleinen Erzählung *La Grenadière* gibt es eine bezaubernde Schilderung des Blickes auf die gegenüberliegende Seite der Loire, wie er sich von dem Platz am Ende der Rue Royale bietet – einem Platz, der einigen Anspruch auf Größe erheben möchte, da er vom Hôtel de Ville und dem Musée überragt wird, einem Gebäudepaar, das unmittelbar auf den Fluß hinabschaut, und weil ihn Marmorbilder von François Rabelais und René Descartes zieren. Ersteres, das vor ein paar Jahren aufgestellt wurde, ist ein sehr würdiges Werk; das Piedestal des letzteren konnte natürlich nur die Inschrift *Cogito ergo Sum* tragen. Die beiden Statuen markieren die beiden entgegengesetzten Pole der Reise, die der erstaunliche französische Geist unternommen hat; und wenn es in Tours ein Bildnis Balzacs gäbe, dann müßte es mitten zwischen ihnen stehen. Nicht daß er etwa immer die glückliche Mitte zwischen dem Vernünftigen und dem Metaphysischen getroffen hätte; doch kann man von ihm sagen, daß die eine Hälfte seines Genies in die eine und die andere Hälfte in die andere Richtung blickte. Die Seite, die sich François Rabelais zuwendet, wäre summa summarum wohl die, die in der Sonne liegt. Doch es gibt keine Statue von Balzac in Tours; es gibt nur in einer der Kammern des melancholischen Museums eine ganz hübsche, doch derbe Büste. Die Schilderung in *La Grenadière*, von der ich eben gesprochen habe, ist zu lang, als daß ich sie zitieren könnte, ebensowenig habe ich Platz für irgendeinen der brillianten Versuche von Landschaftsmalerei, die in das schimmernde Gewirk von *Le Lys dans la Vallée* verwoben sind. Das kleine Landgut von Clochegourde, der Wohnsitz von Madame de Mortsauf, der Heldin jenes außerordentlichen Werkes, lag einen bequemen Fußmarsch von Tours entfernt, und das Bild im Roman ist vermutlich die Kopie eines Originales, das sich heute entdecken ließe. Ich unternahm jedoch nicht einmal den Versuch. Es gibt so viele Châteaux in der Touraine, deren Erinnerung die Geschichtsschreibung bewahrt, daß es zu weit führen würde, auch jene aufzusuchen, deren Erinnerung die Belletristik bewahrt. Ich ging nur so weit, mich zu bemühen, den ehemaligen Wohnsitz der Madame Gamard zu identifizieren, der bösen alten Haushälterin von *Le Curé de Tours*. Diese schreckliche Frau bewohnte ein kleines Haus auf der Rückseite der Kathedrale, wo ich mich einen ganzen Vormittag lang auf ziemlich törichte

Weise mit der Frage beschäftigte, welches Haus es gewesen sein könnte. Will man von der kleinen *place*, wo wir gerade stehengeblieben sind, um zur Grenadière hinüberzusehen – ohne diese, es muß zugegeben werden, sehr deutlich zu sehen –, zur Kathedrale gelangen, so folgt man dem Kai nach rechts und verliert den bezaubernden *côteau* aus den Augen, der jenseits des Flusses der Stadt zugewendet liegt – eine liebliche Ansammlung von Parks, Weingärten, verstreuten Villen, Giebeln und Türmchen von schiefergedeckten Châteaux, Terrassen mit grauen Balustraden und moosüberwachsenen, in purpurnen wilden Wein gehüllten Mauern. Bei einer großen Militärkaserne, die ein gezackter mittelalterlicher Turm schmückt, ein Überrest der alten Befestigungsanlagen, den die Tourangeaux von heute Tour de Guise nennen, biegt man wieder in die Stadt ein. Der junge Prinz von Joinville, Sohn jenes Herzogs von Guise, der auf Befehl Heinrichs III. in Blois ermordet wurde, war hier nach dem Tode seines Vaters über zwei Jahre lang gefangen, doch gelang es ihm eines Sommerabends 1591 unter den Augen seiner Bewacher zu entkommen, und er vollbrachte die Tat mit einem heldenhaften Wagemut, an den man sich beim Anblick dieses düsteren Gefängnisses stets erinnert. Tours hat eine Garnison von fünf Regimentern, und die kleinen rotbeinigen Soldaten beleben die Stadt. Man sieht sie den reinlichen Kai entlangspazieren, wo es keinen Handel gibt und nichts, was auf Schiffahrt hinweisen würde, nicht einmal Ruderboote, weder Fässer noch Fuder, weder Laden noch Löschen, weder Masten gegen den Himmel noch das Dröhnen von Dampf in der Luft. Das geschäftigste Treiben dort ist das geduldige und fruchtlose Angeln, in welchem die Franzosen als Anhänger des *l'art pour l'art* alle anderen Völker übertreffen. Die kleinen Soldaten, die der Inhalt ihrer riesigen Taschen niederdrückt, gehen respektvoll von einem Meister der Angelrute zum nächsten, die dasitzen und einen undefinierbaren Köder in dem breiten, gleichgültigen Strom sich vollsaugen lassen. Wenn man den Kai hinter sich läßt, hat man nur noch eine kurze Wegstrecke, bis man zur Kathedrale gelangt.

TOURS: DIE KATHEDRALE

Es handelt sich um eine sehr schöne Kirche zweiter Rangordnung, von einnehmendem mausgrauen Äußeren und mit zwei bizarren Türmen. Davor liegt ein freier kleiner Platz, von welchem man zur reich verzierten Fassade emporblicken kann; dagegen drängt sich die Umgebung wohl zu nahe an die Flanken und den Chor heran, um eine ungehinderte Bewunderung zu gestatten. An der Kathedrale von Tours, die dem Heiligen Gatianus geweiht ist, wurde sehr lange gebaut. Begonnen 1170, wurde sie erst in der ersten Hälfte des sechzehnten Jahrhunderts fertiggestellt; doch haben die Jahrhunderte und das Wetter die verschiedenen Teile der Kirche in ihren Schattierungen so glücklich durchdrungen, daß sie, auf den ersten Blick zumindest, keine auffallenden Diskrepanzen aufweist und sogar außergewöhnlich harmonisch und vollendet aussieht. Es gibt sicherlich viele Kathedralen, die großartiger sind, doch wohl nur wenige, die gefälliger wären; und dieser Eindruck von Zartheit und Anmut kommt am besten gegen Ende eines ruhigen Nachmittags zur Geltung, wenn die dicht mit Ornamenten geschmückten Türme, die sich über die kleine Place de l'Archevêché erheben, ihre eigenartigen Laternen in das sich neigende Licht emporrecken und den Heerscharen kreisender Tauben vielfältige Ruheplätze bieten. Zu solch einer Zeit erweckt die ganze Vorderseite einen Eindruck reicher Mannigfaltigkeit, obwohl in den Nischen – sie umgeben die drei hohen Portale (von einer Tiefe, die mehreren Skulpturenbögen Platz bieten würde) und sind auch in die vier großen Stützpfeiler gekerbt, die zu beiden Seiten der riesigen Fensterrosette emporragen – unter den kleinen gemeißelten Baldachinen keine Figuren stehen. Der Sturm der großen Revolution hat die Mehrzahl der Statuen in Frankreich heruntergefegt, und seither hat der Wind nie mehr sehr stark aus einer Richtung geweht, die sie wieder hätte aufstellen lassen. Die bosselierten und mit Kriechblumen geschmückten Aufsätze, die die Türme von Saint Gatien krönen, sind stilistisch uneinheitlich; doch haben sie, wie so viele Ambivalenzen, einen gewissen Charakter. Das Innere ist von erhabener, makelloser Schlankheit; es steigert sich im Chor, der mit alten Fenstern prunkt und einen breiten Umgang aufweist, zu großer Kühnheit und Stattlichkeit. Den wohl wichtigsten Kunstschatz bildet das anmutige kleine Grabmal der beiden (jung verstorbenen) Kinder von Karl VIII. und Anne de Bretagne in weißem Marmor mit Reliefs von Delphinsymbolen und exquisiten Arabesken. Der Knabe und das Mädchen liegen Seite an Seite auf einer schwarzen Marmorplatte, und zu Kopf und Füßen wacht ein kniendes Engelspaar über sie. Etwas Eleganteres als dieses Monument läßt sich nicht vorstellen; es ist das Werk von Michel Colomb, mit dem die französische Renaissance zu einem ihrer frühen Höhepunkte gelangte – eine Lektion guten Stiles. Sein ursprünglicher Standort war die große Klosterkirche Saint Martin, die so viele Jahrhunderte lang *die* heilige Stätte von Tours war, und es hat die Verwüstung, der dieses Bauwerk, das schon von den Religionskriegen und bei weiteren Profanierungen in der Folgezeit traurig gelitten hatte, 1797 endgültig zum Opfer fiel, glücklich überlebt. 1815 fand das Grab in einem ruhigen Winkel der Kathedrale Asyl.

Vielleicht sollte ich mich schämen, wenn ich eingestehe, daß ich imstande war, durch den profanen Namen Balzac sogar diesem ehrwürdigen Gotteshause ein zusätzliches Interesse abzugewinnen. Wer die schaurige kleine Geschichte *Le Curé de Tours* gelesen hat, erinnert sich vielleicht, daß, wie ich schon erwähnt habe, der schlichte und kindliche Abbé Birotteau, der das Opfer der teuflischen Machenschaften von Abbé Troubert und Mademoiselle Gamard wird, sein Quartier im Hause jener Dame hatte (sie vermietete besonders gern an Priester), das auf der Nordseite der Kathedrale stand, so dicht unter ihren Mauern, daß die Abstützung eines der großen Strebebögen im Garten der alten Jungfer niederging. Wenn man auf der Suche nach dieser mehr als historischen Wohnstatt auf der Rückseite um die Kirche herumgeht, hat man Gelegenheit zu sehen, daß die Flanke und der Chor von Saint Gatien einen ergötzlichen und kuriosen Anblick bieten. Eine enge Gasse drängt sich zwischen der hohen Mauer, die den erzbischöflichen Palast den Blicken entzieht, und den Strebebögen und dem schönen Südportal der Kirche unter weit vorspringenden Wasserspielen hindurch. Sie führt auf einen kleinen, unbelebten, grasüberwachsenen Platz mit dem Namen Place Grégoire de Tours. Hier ist das Äußere der Kathedrale durchweg sehr wettergebräunt, alt, gotisch, grotesk; Balzac nennt den ganzen Ort ›eine Steinwüste‹. Ein Flügel oder Hintergebäude (wie es scheint) des verborgenen Palastes, heruntergekommen, mit Giebel und einer seltsamen alten hervorspringenden Steinkanzel blickt auf diese melancholische Stätte herab, auf deren anderen Seite sich ein Seminar für junge Priester befindet, von denen einer aus einer Tür in einem ruhigen Winkel tritt und, da er sie einen Moment lang hinter sich offenhält, einen kurzen Blick in einen sonnigen Garten gewährt, wo man sich weitere schwarze junge Gestalten vorstellen mag, die dort auf und ab wandeln. Zu Mademoiselle Gamards Haus, in welchem sie den beiden Abbés Kost und Logis bot und auf niederträchtige Weise mit dem einen gegen den anderen konspirierte, muß man noch weiter um die Kathedrale herumgehen. Es läßt sich heute wohl nicht ganz mit Händen greifen, denn das Wohnhaus, das, so sagt man sich, Mademoiselle Gamard gehört haben muß, erfüllt nicht alle Bedingungen, die in Balzacs Beschreibung erwähnt werden. Gleichwohl bietet das fragliche Gebäude doch genügend Voraussetzungen; vor allem gewährt sein kleiner Hof dem großen Strebebogen der Kirche Gastfreundschaft. Ein anderer Strebebogen, der die Entsprechung zu diesem bildet (die beiden stützen zwischeneinander den Giebel des nördlichen Querschiffes), geht in dem kleinen Kloster nieder, dessen Tor zur kleinen, geräuschlosen Rue de la Psalette, wo offenbar nie irgend etwas geschieht, der Tür von Mademoiselle Gamard gegenüberliegt. Es gibt dort einen sehr freundlichen alten Sakristan, der mich von der Kirche her in

21

das Kloster einließ. Es ist recht klein und verlassen und reichlich beschädigt; doch kuschelt es sich mit sozusagen verschwendeter Freundlichkeit in den Schatten der großen Mauern der Kathedrale. Seine unteren Bogengänge sind gesperrt, und in der Mitte befindet sich ein Gärtchen mit Obstbäumen, die, wie ich mir vorstelle, zu sehr im Schatten stehen. In einer Ecke erhebt sich ein bemerkenswert malerisches Türmchen, das Gehäuse einer Wendeltreppe, die (allzu hoch ist es nicht) zu einer oberen Galerie führt, wo ein alter Priester, der *chanoine-gardien* der Kirche, mit seinem Brevier auf und ab ging. Das Türmchen, die Galerie und sogar der Chanoine-gardien gehörten an jenem lieblichen Septembermorgen zu der Kategorie von Gegenständen, wie sie Aquarellisten so sehr schätzen.

TOURS: SAINT MARTIN

Ich habe die Kirche Saint Martin erwähnt, die viele Jahre lang *die* heilige Stätte, das Hauptpilgerziel von Tours war. Ursprünglich die einfache Grabstatt des großen Apostels, der im vierten Jahrhundert Gallien christianisierte und der – er war zu Lebzeiten ein brillianter Missionar und wirkte viele Wunder – heute hauptsächlich in dem ruhmreichen Rufe steht, jener edle Mann gewesen zu sein, der am Tore zu Amiens seinen Mantel entzweischnitt, um ihn mit einem Bettler zu teilen (die Überlieferung verabsäumt, so glaube ich, mitzuteilen, was er mit der anderen Hälfte gemacht hat), gelangte die Abtei von Saint Martin während des Mittelalters zu Reichtum und Macht, bis sie schließlich als eines der prunkvollsten religiösen Gebäude der

Christenheit bekannt war, mit Königen als Titularäbten (die, wie Franz I., zuweilen umschwenkten und sie plünderten) und einem großen Schatz kostbarer Gegenstände. Sie fiel im neunten Jahrhundert einem Beutezug der Normannen und im sechzehnten einem der Hugenotten zum Opfer und empfing ihren Todesstoß von der Revolution, welche eine zerstörerische Energie an ihr ausgelassen haben muß, die ihren mächtigen Ausmaßen in nichts nachstand. Am Ende des letzten Jahrhunderts war eine riesige Ansammlung von Ruinen übriggeblieben, und was wir heute sehen, darf als die Ruine einer Ruine bezeichnet werden. Es ist schwer zu begreifen, wie ein so riesiges Bauwerk so vollständig hat vernichtet werden können. Der Ort, wo es gestanden hat, ist jetzt etlichen häßlichen Straßen überlassen worden, und zwei große Türme, die durch einen Zwischenraum getrennt sind, der beredtes Zeugnis von den Ausmaßen der Kirche ablegt, und über die dichtgedrängten Dächer zu den glücklicheren Spitzen der Kathedrale hinüberschauen, bewahren für die moderne Welt das Andenken an einen großen Reichtum, eine große Schändung vielleicht und jedenfalls eine große Strafe. Man möchte glauben, daß bis zum heutigen Tage ein beträchtlicher Teil der Fundamente der großen Abtei im Boden von Tours begraben liegt. Die beiden überlebenden verschiedengestaltigen Türme sind gewaltig; zusammen mit denen der Kathedrale bilden sie die großen Wahrzeichen der Stadt. Einer von ihnen trägt den Namen Tour de l'Horloge; der andere, der sogenannte Tour Charlemagne, wurde (zwei Jahrhunderte nach ihrem Tode) über dem Grab von Luitgarde, der Frau des großen Kaisers, errichtet, die im Jahre 800 in Tours starb. Ich kann nicht vorgeben, daß ich wirklich begreife, in welcher Beziehung diese äußerst mächtigen und effektvoll isolierten Massen von Mauerwerk zueinander gestanden haben, aber sie sind auch heute noch, wie sie so grau und einsam emporragen, von überwältigender Suggestivität, erheben sie doch ihr hehres Haupt hoch über das moderne Leben der Stadt und schauen traurig drein im Bewußtsein, sich, nun bar jeden Nutzens, überlebt zu haben. Ich weiß nicht, was aus den Gebeinen des gebenedeiten Heiligen geworden sein soll im Verlaufe der verschiedenen Wirrungen, in welchen sie vielleicht verlegt wurden; doch mag man eine mystische Verbindung zu seinen wunderwirkenden Reliquien in einem seltsamen kleinen Sanktuarium auf der linken Straßenseite erblicken, das dem Tour Charlemagne gegenüberliegt; dessen aus unvordenklichen Zeiten stammenden Sockel, der wie eine Höhle bewohnt ist – mit seinem winzigen Zugang, in welchem, als ich vorüberging, eine alte Frau stand und einen Topf säuberte, und seinem kleinen, dunklen, mit schlichten Blumen geschmücktem Fenster –, wüßte nebenbei ein Maler auf der Suche nach Motiven zu würdigen. Die gegenwärtige Grabstätte des Heiligen Martin ist (provisorisch, so nehme ich an) in einem Holzbauwerk aus jüngster Zeit untergebracht, wo in einem düsteren Keller, zu dem man über eine hölzerne, mit Votivtafeln und Papierrosen geschmückte Treppe hinabsteigt, ein von flackernden Kerzen und knienden Andächtigen umgebenes Tabernakel steht. Doch selbst das Dämmerlicht in diesem Gewölbe erzeugt, so meine ich, keinerlei Feierlichkeit; denn der ganze Ort ist seltsam vulgär und von greller Pracht. Die katholische Kirche bietet, was die heutigen Kirchen betrifft, sicherlich das grandioseste Schauspiel;

doch weiß sie sich offenbar im Besitz eines großen Fundus an Ergreifendem, auf den sie sich verlassen kann, wenn sie solche schäbigen kleinen Devotionsbaracken wie diese zu eröffnen wagt. Es ist unmöglich, nicht betroffen zu sein angesichts einer derart grotesken Einrichtung als letztem Glied in der Kette einer großen ekklesiastischen Tradition.

In derselben Straße befindet sich auf der anderen Seite, ein wenig abwärts allerdings, etwas, das eines Besuches würdiger ist als die Grabstätte des Heiligen Martin. Man klopfe bei einer hohen Tür in einer weißen Mauer an (über ihr befindet sich ein Kreuz), und eine Schwester des Konvents des Petit Saint Martin mit rosigem Gesicht läßt einen in das einnehmende kleine Kloster (oder eher zu den Ruinen eines Klosters) ein. Nur eine Seite dieses vortrefflichen Bauwerks ist erhalten geblieben, doch ist der Ort insgesamt recht wirkungsvoll. Vor dem schönen Arkadengang, der furchtbar beschädigt und kaum noch zu erkennen ist, erstreckt sich eine jener Alleen aus ineinander verflochtenen *tilleuls*, die sich in der Touraine so häufig finden und durch deren Gitterwerk gestutzter Zweige das grüne Licht so sanft durchsickert. Jenseits der Allee ist ein Garten, und jenseits des Gartens liegen die anderen Gebäude des Konventes, wo die sanftmütigen Schwestern eine Schule unterhalten, fraglos eine Prüfung ihrer Sanftmut. Der zerstörte Arkadengang, der aus dem frühen sechzehnten Jahrhundert stammt (ich weiß nicht mehr darüber, als was in Mrs Pattisons Buch *Renaissance in France* berichtet wird), ist ein wahrhaft berückendes Kunstwerk; die Gesimse und die Spitzen der Bögen sind mit den erlesensten Skulpturen von Arabesken, Blumen, Früchten, Medaillons, Cherubinen und

Greifen bedeckt, alles in schönstem und höchst verfeinertem Relief. Das Ganze gleicht der Ziselierung eines Armbandes in Stein. Der Stil, das Erfindungsvermögen, die Eleganz und die Verfeinerung sind von einem Rang, der unseren nachlassenden Maßstäben des Unterscheidungsvermögens wieder aufhilft. Solch ein Meisterwerk ist die reinste Blume der französischen Renaissance; etwas Zierlicheres findet sich nicht in der ganzen Touraine.

TOURS: SAINT JULIEN

Es gibt noch etwas Sehenswürdiges in Tours, das zwar nicht ausnehmend zierlich ist, aber dennoch großen Eindruck macht – die recht interessante alte Kirche Saint Julien, die in einer verwinkelten Ecke auf der rechten Seite der Rue Royale schlummert, unweit der Stelle, wo diese nichtssagende Passage mit ihrem kleinen Bewunderungsschrei auf das Ufer der Loire mündet. Saint Julien steht heute in einer Art vernachlässigter Senke, wo sie ziemlich dicht von Häusern umschlossen ist; doch im Jahre 1225, als das Bauwerk begonnen wurde, war dieser Standort zweifellos, wie die Architekten sagen, sehr viel repräsentativer. Gegenwärtig jedenfalls hat man, wenn man einen Blick auf den gedrungenen, ernsten romanischen Turm – der nicht hoch, aber dafür massiv ist – geworfen hat, das Gefühl, daß das Bauwerk einem etwas zu sagen hat und daß man innehalten muß, um ihm zu lauschen. Das Innere besteht aus einem riesigen und großartigen Schiff von ungeheurer Höhe, dem Schiff einer Kathedrale, mit einem schmalen Chor, Transepten und einigen bewunderungswürdigen alten Fenstern. Ich verbrachte dort eines Morgens eine halbe Stunde und lauschte dem, was die Kirche zu sagen hatte, in völliger Einsamkeit. Niemand kam zur Andacht herein, nicht einmal ein alter Mann mit einem Besen. Ich bin immer der Meinung gewesen, daß schöne Gebäude ein Geschlecht haben; und Saint Julien mit seinem edlen Schiff ist von dem Geschlecht seines Namenspatrons.

An demselben Morgen, glaube ich, machte ich mich auch auf die Suche nach den alten Häusern von Tours; denn die Stadt beherbergt etliche treffliche Beispiele für Wohnarchitektur der Vergangenheit. Das Wohnhaus, zu welchem der durchschnittliche Angelsachse am ehesten seine Schritte lenken wird, ist die sogenannte Maison de Tristan l'Hermite – eines Herrn, den die Leser von *Quentin Durward* nicht vergessen haben dürften –, der offizielle Henker jenes großen und schnell agierenden Züchtigers Ludwig XI. Unglücklicherweise ist das Haus von Tristan überhaupt nicht das Haus von Tristan; diese Illusion ist grausam zerronnen. Es sind überhaupt keine Illusionen in der guten Stadt Tours verblieben, was Ludwig XI. betrifft. Sein schreckenerregendes Schloß in Plessis, dessen Bild den jugendlichen Leser Scotts erschauern läßt, ist zu vorstädtischer Bedeutungslosigkeit herabgesunken; und die Wohnstatt seines *triste compère*, deren Vorderseite ein girlandenartiges Seil als Dekorationsmotiv aufweist, wurde, so heißt es, erst im darauffolgenden Jahrhundert errichtet. Doch kann man die Maison de Tristan um ihrer selbst willen besuchen, wenn nicht wegen Sir Walter; sie hat eine außerordentlich malerische alte Fassade, und man gelangt durch eine enge und gewundene Straße dorthin – eine Straße, die ein kurzes

Stück weiter an der Flußpromenade endet. Eine elegante gotische Einfahrt ist in das rostrote Ziegelwerk eingelassen, und seltsame kleine Untiere winden sich in den Ecken der Fenster, die von einem hohen, gestuften Giebel überragt werden, den eine Öffnung durchbricht, wo die große Ziegelfläche, die sich aus dem Schatten der Straße erhebt, gelb und verblaßt aussieht. Das Ganze ist entstellt und verfallen; doch bietet es ein prächtiges Motiv für eine Farbzeichnung. Allerdings muß ich dem Zeichner ein besseres Geschick – oder ein besseres Temperament – als das meine wünschen. Sollte er an der Glocke ziehen, um Einlaß zum Hof gewährt zu bekommen, der, wie ich glaube, sich noch mehr zum Zeichnen eignet, so möge er die Geduld haben zu warten, bis man auf sein Klingeln reagiert. Während man kommt, kann er ja schon die Außenseite zeichnen.

TOURS: PLESSIS-LES-TOURS

Die Maison de Tristan kann man, wie gesagt, um ihrer selbst willen besuchen; doch weiß ich kaum, wozu man die Überreste von Plessis-les-Tours erforschen soll. Um dorthin zu gelangen, wandert man krumme Vorstadtgassen entlang, in Stromrichtung der Loire, bis zu einem ungepflegten, unerfreulichen, absurden Ort, wo einem ein kleines plumpes Gebäude aus rotem Backstein vom Kutscher (sollte man mit dem Wagen unterwegs sein) als der legendäre Rahmen jenes düsteren Porträts ausgewiesen wird, und wo man von einem starken Geruch nach Schweineställen und anderen unsauberen Dingen im Moment dermaßen umgeworfen wird, daß man keine Kraft hat, gegen diese offenkundige Erfindung zu protestieren. Man betritt einen wegen Abfalls und eines bissigen Hundes schwer zugänglichen Hof, und aus einer schäbigen Pförtnershütte taucht eine alte Frau auf und versichert einem, man stehe tief in historischem Staube. Das rote Backsteingebäude, das wie eine kleine Fabrik aussieht, erhebt sich auf den Ruinen der Lieblingsresidenz des schrecklichen Ludwig. Es wird jetzt von einer Firma genutzt, die nächtlings ihre Straßenkehrer ausschwärmen läßt, deren riesige Karren in einer Linie davor aufgereiht stehen. Ich weiß nicht, ob es das ist, was Ironie des Schicksals genannt wird; auf alle Fälle bewirkt der Eindruck eine Unterstreichung der Tatsache (und zwar durch den empfänglichsten unserer Sinne), daß den Urhebern großen Unrechts keine Ehre widerfährt. Der schreckliche Ludwig wird schlicht auf eine Beleidigung der Geruchsnerven reduziert. Die alte Frau zeigt einem ein paar Ruinen – einige dunkle, feuchte, reichlich unzugängliche Gewölbe, die als Verliese bezeichnet werden, und einen alten Treppenturm in gutem Zustand. Es gibt die Konturen des alten Burggrabens; es gibt auch die Konturen des alten Wachraums, der jetzt ein Stall ist; und es gibt andere Silhouetten ununterscheidbarer Einzelheiten, die ich vergessen habe. Man braucht schon all seine Phantasie, und selbst dann kann man sich nicht vorstellen, daß Plessis ein Schloß von großen Ausmaßen gewesen ist, auch wenn die alte Frau, während das Auge über die benachbarten *potagers* wandert, große Vorträge über die Gärten und den Park hält. Der Ort hat ein schäbiges und fades Aussehen; und während man davonfährt, weiß man nicht recht, ob man sich freuen oder es

bedauern soll, daß all die haarsträubenden Schrecknisse
zu etwas Banalem geschrumpft sind.

TOURS: MARMOUTIER

Ein gewisser fader Eindruck erwartet einen, so meine
ich, auch in Marmoutier, welches das andere unerläßli-
che Ausflugsziel in unmittelbarer Nachbarschaft von
Tours ist. Die Überreste dieses berühmten Klosters
liegen auf der anderen Seite des Stromes, etwa eineinhalb Meilen von der Stadt entfernt. Man folgt dem Ufer
des großen braunen Flusses; an einem schönen Nachmittag würde man bestimmt gern noch weitergehen.
Das Kloster ist den Weg der meisten Klöster gegangen;
doch stellt der Ort insofern Restaurierung wie Ruine
zugleich dar, als die Schwestern des Heiligen Herzens
hier ein schrecklich modernes Konvent errichtet haben.
Ein großes gotisches Tor in einem hohen Bruchstück
alter Mauer läßt einen in eine gartenartige Umfriedung
von großer Ausdehnung ein, von wo aus man weiter in
ein außerordentlich sauberes kleines Empfangszimmer
geleitet wird, wo zwei treffliche Nonnen bei der Arbeit
sitzen. Eine dieser beiden kam mit mir hinaus und
führte mich herum – eine sehr resolute kleine Frau mit
spitzen Zügen, einer äußerst klargeprägten Sprech-
weise und jenen liebenswürdigen Umgangsformen, die
die katholische Kirche (für welche Lehren sie auch sonst
immer verantwortlich sein mag) so oft ihren Funktio-
nären einprägt. Ich habe niemals eine Frau gesehen, die
ihre Lektion besser gelernt hätte als diese kleine tra-
bende, murmelnde, erbauliche Nonne. Das Interesse,
das sich an Marmoutier heute knüpft, ist sozusagen

weniger ein visuelles Interesse als eines der Reflexion –
das heißt, wenn man bereit ist, (zum Beispiel) über die
wundersame Legende von den sieben Schläfern (die
man dort in einer Reihe liegen sehen kann) nachzudenken, die zusammen ihr Leben verbrachten – sie waren
Brüder und Cousins – in schlichter Frömmigkeit, in
dem vom gebenedeiten Heiligen Martin errichteten
Sanktuarium (in der Nachfolge seines Vorläufers, des
Heiligen Gatianus), angesichts des Hügels, der sich
über der Loire erhebt; fünfundzwanzig Jahre nach
seinem Tode hauchten sie ihre sieben Seelen im gleichen
Augenblick aus und erfreuten sich der seltenen Fügung,
daß ihre Gesichter, trotzend aller Sterblichkeit, ein
vollständig gesundes Aussehen bewahrten. Das Kloster
von Marmoutier, dessen Ursprünge auf die Felsgrotten
zurückgehen, in welche sich der Heilige Gatianus und
der Heilige Martin zum Gebet zurückzogen, war deshalb eine Schöpfung, die des letzteren würdig war, wie
die andere große Abtei in der Stadt selbst, die Gedenkstätte seiner ewigen Ruhe war. Die Felsen existieren
noch; und eine Wendeltreppe neuester Machart versetzt
einen in die Lage, bequem ihre Tiefen zu erforschen.
Diese heiligen Nischen sind aus dem Felsen gehöhlt und
vermitteln einem einen Eindruck, wenn es denn ohne
einen solchen nicht geht. Man wird sie hinreichend
anbetungswürdig finden, wenn man mitgeteilt bekommt, daß insbesondere die Klause des Heiligen Gatianus, des ersten christlichen Missionars in Gallien,
aus dem dritten Jahrhundert stammt. Die Nischen wurden einer Behandlung unterzogen, wie sie die Katholische Kirche heutzutage den meisten dieser Stätten
angedeihen läßt; sie wurden aufgeputzt und aufgemö-
belt, etikettiert und beschriftet – kurz, *ediert*, mit

Fußnoten versehen, wie ein altes Buch. Das ist eine Fehlentwicklung – denn den früheren Editionen eignete mehr Heiligkeit. Die modernen Gebäude (des Heiligen Herzens), auf die man von diesen günstigen Aussichtspunkten hinabblickte, sind in jenem vulgären Stil gehalten, der mit seinem mechanischen Stempel alles prägt, was die Katholische Kirche neu errichtet; und doch lag über der ganzen Szenerie eine große Anmut. Der Nachmittag war lieblich und glühte seinem Ende entgegen. Unter uns erstreckte sich der große Garten, der in der Blüte von Frucht, Wein und üppiger Verheißung stand, und jenseits floß der schimmernde Fluß. Die Luft war still, die Schatten lang, und schließlich war der Ort doch voller Erinnerungen, die zum Großteil als ehrbar angesehen werden dürfen. Gewiß war es hier besser als in Plessis-les-Tours.

BLOIS

In Tours obliegt es einem, Ausflüge zu machen; und wenn man sie alle macht, dann ist man pausenlos beschäftigt. Das Land ist ein reiches Reliquiar, und eine Stunde Fahrt von der Stadt aus in nahezu jede Richtung läßt einen die Bekanntschaft irgendeines denkwürdigen Bruchstücks von Wohnhaus- oder Kirchenarchitektur machen, irgendeines türmchenbewehrten Landgutes, eines einsamen Turmes, eines gieblichen Dorfes, irgendeiner Szenerie, die irgend etwas darstellt. Doch selbst, wenn man all das besichtigt – was in meinem Falle nicht geschah –, es ist hoffnungslos, alles aufzählen zu wollen, und zum Glück ergibt sich bei den Exkursionen von selbst eine Aufteilung in die bedeutenderen und die weniger bedeutenden. Einen Großteil der bedeutenderen kann man in ein oder zwei Wochen schaffen; doch hätte ein Sommer in der Touraine (was nebenbei eine reizvolle Unternehmung sein dürfte) gewiß nicht zu viele Tage, um die anderen auch zu berücksichtigen. Wenn man von Paris aus nach Tours kommt, empfiehlt es sich, ein paar Tage in Blois zu verbringen, wo ein unbeholfen geführtes, doch recht anziehendes kleines Gasthaus am Ufer des Flusses einem ein gewisses Maß jener vertrauten und unaufdringlichen Gastfreundlichkeit bietet, welche man nach ein paar Wochen, die man in der französischen Provinz verbringt, als die höchste Form der Unterbringung zu betrachten gelernt hat, die zu haben ist. Eine solche Einteilung zu praktizieren war mir unmöglich. Ich konnte nur (von Tours aus) nach Blois fahren, um dort einen Tag zu verbringen; doch brachte ich dieses Kunststück zweimal fertig. Es ist eine sehr sympathische kleine Stadt, wie wir heute so sagen, und eine Woche dort wäre gesellig auch ohne Begleitung. Auf dem Nordufer der Loire gelegen, richtet Blois ein helles, reinliches Antlitz der Sonne entgegen und erweckt jenen Eindruck fröhlicher Muße, wie er allen weißen Städten eignet, die ihr Bild in schimmernden Fluten reflektieren. Es ist jedoch nur die zum Wasser gelegene Seite von Blois, die dieses frische Aussehen zur Schau stellt; das Innere ist von jenem Braun, wie es alte, vergilbte Bücher haben, die in Pergament gebunden sind. Die einzige Enttäuschung ist notgedrungen die Entdeckung, daß das Schloß, welches ja das besondere Ziel der Pilgerschaft ist, nicht über dem Fluß emporragt, wie ich es mir immer eingebildet hatte. Es ragt über der Stadt empor, doch ist es vom Strom aus kaum sichtbar. Jenes besonders glückliche Geschick ist umgekehrt bei Amboise und Chaumont gegeben.

Das Château de Blois ist eine der schönsten und kunstvollsten aller alten königlichen Residenzen in diesem Teil von Frankreich, und ich glaube, ich sollte ihm mit meiner Beschreibung alle Ehre machen. Wenn man seine Schwelle überschreitet, tritt man geradewegs in das Sonnenlicht und den Sturm der französischen Renaissance. Doch ist es zu prunkvoll, als daß es sich beschreiben ließe – ich kann nur die Glanzlichter herausgreifen. Es muß vorausgeschickt werden, daß wir, wenn wir von dem Schloß sprechen, wie es sich uns heute darstellt, von einem restlos restaurierten Baudenkmal sprechen. Das Werk der Restaurierung ist ebenso kunstsinnig wie verschwenderisch, doch lähmt es die Phantasie. Dies ist wohl nahezu das erste, was man empfindet, wenn man sich dem Schloß von den Straßen der Stadt her nähert. Diese kleinen Straßen, die vom Fluß heraufführen, erheben den Anspruch, romantisch steil zu sein; tatsächlich erzielte eine von ihnen, die sich in eine hohe Prachttreppe mit auseinanderführenden Flügeln (den *escalier monumental*) verwandelt, dieses Ergebnis so wirkungsvoll, daß sie mich entfernt – ich weiß kaum warum – an den großen Hang des Kapitols in Rom neben der Kirche Aracoeli erinnerte. Der Anblick dieses Teils des Schlosses, der heute die Rückseite bildet (es ist die einzige Schloßansicht, die ich auf Reproduktionen gesehen hatte), stellt die Spuren der Restaurierung mit größter Selbstverständlichkeit zur Schau. Die lange Fassade, die nur aus in tiefen Nischen liegenden Fenstern mit Balkonbrüstungen besteht, erhebt sich auf dem Gipfel eines recht beachtlichen Hügels, was den Fundamenten eine schöne, abstürzende Bewegung verleiht. Alle dieser tiefen Fensternischen erglühen von Farbe. Sie sind in Rot und Blau neu übermalt worden, aufgelockert durch Goldbuchstaben; und ein jedes von ihnen sieht eher wie die königliche Loge in einem Theater aus als die Öffnung zu einem Palast voll dunkler Erinnerungen. Das alles miteingerechnet jedoch, und trotz der Tatsache, daß wie bei manch anderen Châteaux der Touraine (wobei immer das kolossale Chambord auszunehmen ist, das nicht in der Touraine liegt), der Eindruck von der Größe her weniger überwältigend ist, als man erwartet, ist auch noch der am wenigsten einladende Anblick von Blois im Übermaße eindrucksvoll. Hier wie im Ganzen überall bilden Leichtigkeit und Anmut den Grundton; und die tiefen Höhlungen der Fenster mit ihren glücklichen Proportionen, ihrer Skulpturierung und ihren Farben sind der leere Rahmen, der menschlicher Zierde bedarf. Es fehlt die Gestalt eines Franz I., um sie zu vollenden, oder einer Diana von Poitiers, oder gar eines Heinrichs III. Der Standort dieses leeren goldenen Käfigs taucht aus einer Einbettung in hellgrüne Vegetation empor, die man sich dort hat ansammeln lassen und die zu dem schroffen Anblick der Mauern beiträgt; auf der rechten Seite reicht sie an den neuesten Teil des Schlosses heran, das Gebäude, das 1635 von Gaston d'Orléans auf enorm hohen und massiven Fundamenten errichtet wurde. Dieses vornehme, kühle Herrenhaus – dessen Schaufront im Inneren des Hofes liegt – ist eines der Meisterwerke von François Mansart, den eine Art von Vorsehung daran gehindert hat, den ganzen Palast in der überheblichen Manier seines überheblichen Zeitalters umzugestalten. Das war ein Teil von Gastons Plan gewesen – er war ein geborener

Stümper, und dieses teure Projekt war seiner würdig. Seine Ausführung wäre gewiß einer der großen Mißgriffe der Geschichte gewesen. Nur teilweise ausgeführt, ist der Mißgriff nicht ganz und gar zu bedauern; denn wenn man im Schloßhof steht und das Auge von dem prachtvollen Flügel Franz' I. – der an freier und fröhlicher Erfindungskraft nicht zu übertreffen ist – zu den schnurgeraden Linien und durchgehenden Flächen des massigen Seitenflügels von Mansart hinübergleiten läßt, sieht man sich zu Reflexionen darüber veranlaßt, von welchem Vorteil es auch in der am wenigsten persönlichen aller Künste ist, wenn jemand etwas zu sagen hat, und von welcher Torheit ein Stil zeugt, der letztlich auf eine Anhäufung von Negationen hinausläuft. Für sich selbst genommen, hat Gastons Flügel recht viel von jenem *bel air*, der später zur Architektur Ludwigs XIV. gehören sollte; doch gegen seinen blühenden, lachenden, lebenden Nachbarn gesehen macht er den Unterschied zwischen Inspiration und Kalkül deutlich. Wir mißgönnen ihm jedoch kaum seinen Platz, denn er läßt den Rest des gesamten Bauwerks um so wertvoller erscheinen.

Wir sind übrigens in den Hof gelangt, indem wir über die Mauern gesprungen sind. Die orthodoxere Methode ist, einer neueren Terrasse zu folgen, die von der Seite des Gebäudes, von der ich zu Beginn sprach, ansteigend links um das Schloß herumführt zu einem kleinen Platz auf beträchtlich höherem Niveau, einem wirklichen Platz, und nicht einem bloßen Durchlaß, wie ihn der eher prosaische Raum, auf den die Rückseite (wie ich sie genannt habe) hinausgeht, darstellt. Diese kleine freie *place*, länglich gestaltet, hell und ruhig zugleich, die von Gras überwachsen sein sollte, bildet einen ausgezeichneten Rahmen für die Eingangsfront des Palastes – des Flügels Ludwigs XII. Alles ist üppig restauriert worden; doch war das vielleicht nur eine unvermeidliche Reaktion auf die noch größere Unbill, welcher das unselige Gebäude so lange Zeit unterworfen war. Es war in einen Zustand ruinöser Vernachlässigung geraten; diese wurde nur von dem Mißbrauch gemildert, den ihm einander ablösende Generationen von Soldaten angedeihen ließen; ihnen dienten seine entzückenden Zimmer als Kaserne. Weiß getüncht, verstümmelt, entehrt, wie es ist, kann man sagen, daß das Schloß von Blois gerade noch mit dem Leben davongekommen ist. Das gleiche historische Schicksal hat Amboise betroffen, und in gewissem Maße auch Chambord. Herrlich gleichwohl war die wieder aufgefrischte Fassade Ludwigs XII., als ich eines hellen Septembermorgens davorstand und sie betrachtete. In jenem weichen, klaren, heiteren Licht der Touraine wird alles ausdrucksvoll, wird alles beredt. Reizvoll sind der Stil, die geglückten Proportionen, die Farbgebung dieser schönen Fassade, der das neue Empfinden für eine rein häusliche Architektur – eine Architektur, die gleichsam von einer Zeit der Sicherheit und Ruhe zeugt, in welcher die Kunst zu voller Entfaltung gelangen konnte – eine Ausstrahlung von Jugend und Frohsinn verliehen hat. Wahr ist wohl, daß das Schloß von Blois auf lange Zeit weder sehr sicher noch sehr ruhig war; doch erwuchsen ihm die Gefahren von innen, von den bösen Leidenschaften seiner Bewohner, und nicht von Belagerung und Eroberung her. Die von Ludwig XII. stammende Vorderseite besteht aus rotem Ziegelstein, der hier und da von Purpur durchzogen wird; und der purpurne Schiefer des hohen Daches, das belebt wird von prächtig gearbeiteten Kaminen und von den verzierten Zinnen- und Bogenspitzen, von dem Stachelschwein Ludwigs, dem Hermelin und den Girlandengewinden, die die Insignien von Anne de Bretagne bildeten – diese purpurne Tönung des ornamentalen Daches setzt das sanfte Glühen des Mauerwerks fort. Die weiten hellen Fenster öffnen sich, als hätten sie sich geweitet, um die rosige Morgendämmerung der Renaissance einzulassen. Überhaupt haben die Fenster aller Châteaux der Touraine diesen Reiz, da ihre quadratische Form (anders als bei der Architektur des Tudorstils) durch die Abrundung der oberen Ecken korrigiert wird, welche der sich über der ausdrucksvollen Fensteröffnung wölbenden Linie das Aussehen nachgezogener Augenbrauen verleiht. Das niedrige Tor dieser Vorderseite wird von einer hohen, tief ausgebuchteten Nische gekrönt, in der unter einem prächtigen Baldachin in steifer Haltung rittlings auf einem steif drapierten Kampfroß ein Standbild des guten Königs Ludwig im Profil zu sehen ist. Gut, wie er gewesen sein mag – der Vater seines Volkes, wie er genannt wurde (ich glaube, er hat diverse Steuerabgaben aufgehoben) – war er doch nicht gut genug, um von den Säuberungen der Revolution verschont zu bleiben; und das Ebenbild, das ich gerade beschrieben habe, ist nichts weiter als eine Reproduktion der primitiven Statue, die in jener Zeit zerschlagen wurde.

Man schreite unter diesem Standbild hindurch in den Hof, und schon ist man vom sechzehnten Jahrhundert umgeben. Man mag es als verzeihliche Ausschweifung der Phantasie hingehen lassen, wenn ich sage, daß die ausdrucksvollen Gesichter eines Zeitalters, in welchem die menschlichen Leidenschaften sehr viel dichter an der Oberfläche lagen, von den Fenstern zu einem herabzuspähen scheinen, von den Balkons, aus dem dichten Blattwerk des Skulpturenschmucks. Der Teil des Flügels von Ludwig XII., der die Vorderseite des Hofes bildet, wird von tiefen Arkaden gestützt. Zur Rechten liegt der Flügel, den Franz I. hat errichten lassen, die Rückseite des gewaltigen Gebäudes, das man sieht, wenn man sich dem Schloß nähert. Dieses exquisite, dieses extravagante, dieses überirdische Stück Architektur ist der fröhlichste Ausdruck der französischen Renaissance. Es ist von einem Skulpturengewirk bedeckt, in welchem jedes Detail der Hand eines Goldschmiedes würdig ist. In der Mitte, oder eher ein wenig links davon, erhebt sich die berühmte Wendeltreppe (die plausibel, wenngleich, wie ich glaube, nicht mit religiöser Hingabe restauriert wurde), welche sogar die Epochen, die sie am schlimmsten mißbraucht haben, irgendwie dumpf bewundert haben müssen. Sie bildet eine Art von ziseliertem Zylinder, mit breiten Zwischenräumen, so daß es nahezu eine Freilufttreppe ist. Jeder Zentimeter dieses Gemäuers, seiner Balkons, seiner Streben, seiner großen zentralen Säulen ist mit anmutigen Bildern ausgemeißelt, mit seltsamen und erfindungsreichen Insignien, deren wichtigstes der große heraldische Salamander von Franz I. ist. Der Salamander findet sich überall in Blois – über den Kaminen, über den Türen, an den Wänden. Dieser ganze Trakt des Schlosses trägt die Handschrift jenes eminent malerischen Landesherrn. Das durchgehende Gesims oben an der Vorderfront gleicht einem ausgebreiteten, verlängerten Armband. Die Fenster des Dachgeschosses gleichen Heiligenschreinen. Die Wasserspeier, die Medaillons, die Statuetten und die Girlanden gleichen eher der kunstvollen Ausschmückung eines kostbaren Kabinettes als dem Zierat eines Gebäudes, das den Einwirkungen des Wetters und der Jahrhunderte ausgesetzt ist. Im Inneren gibt es Restaurierung im Übermaß, und alles ist in Farbe restauriert. Das Werk hat offenkundig einen großen Aufwand an Arbeit und Kosten erfordert, doch sticht es einem sogleich als übertrieben ins Auge. Die Frische der Farbe, die sich allenthalben darbietet, ist ein Mißklang, ein falscher Ton; sie scheint den düsteren Palast mit einem unnatürlichen Glanz aufzuhellen. Begonnen unter der Regierungszeit Louis Philippes, hat man dieses schreckliche Vorgehen – das einem jedesmal um so schrecklicher vorkommt, je besser der Gegenstand ist, der hierzu ausersehen wurde – so weit getrieben, daß es kaum einen Quadratzentimeter Innenraum gibt, der die Farbe der Vergangenheit bewahrt. Es ist wohl wahr, der Mißbrauch späterer Zeiten hat sich in so dicken Schichten über das ganze Gebäude gelegt, daß Maßnahmen erforderlich waren, um es am Leben zu erhalten; nur ist es vielleicht schade, daß die gescheiten Doktoren, nicht damit zufrieden, sein Leben zu retten, sich daran gemacht haben, ihn in voller Blüte wiederherzustellen. Die Neigung zur Konsequenz ist auf solch einem Gebiet eine gefährliche Verlockung. All die alten Räumlichkeiten sind sozusagen wiedergetauft worden; die Geographie des Schlosses ist wiederhergestellt. Die Wachräume, die Schlafzimmer, die Kammern, die Kapellen haben ihre Identität zurückerhalten. Auf jedes Fleckchen, das mit dem Mord an dem Herzog von Guise zu tun hat, wird von einem kleinen Jungen mit schriller Stimme hingewiesen, der einen von Raum zu Raum führt und der seine Lektion perfekt auswendiggelernt hat. Katharina von Medici, Heinrich III., Erinnerungen, Gespenster und Echos möglicher Beschwörungen und Wiederbelebungen sind allgegenwärtig. Alles ist von Karmesinrot und Gold überzogen. Die Kamine und die Decken sind prachtvoll; sie sehen aus wie kostspielige Kulissen in der großen Oper.

Ich hätte erwähnen sollen, daß man sich beim Betreten des Hofes der Vorderfront des Flügels von Gaston d'Orléans gegenübersieht, so daß der ganze Ort einen Kursus in französischer Geschichte darstellt. Von minderer Schönheit und Anmut gegen die anderen Abteilungen des Schlosses, ist der Flügel dennoch ein nobleres Monument, als es das Angedenken Gastons eigentlich verdient. Als zweiter Sohn Heinrichs IV. – dem als Vater ein ebenso glückloses Geschick beschieden war wie als Gatten –, als jüngerer Bruder Ludwigs XIII. und Vater der Grande Mademoiselle, der gefeiertsten, ehrgeizigsten, selbstgefälligsten und erfolglosesten *fille à marier* in der Geschichte Frankreichs, verbrachte er auf dem Schloß zu Blois in erzwungener Zurückgezogenheit das Ende eines Lebens voller ungeschickter Intrigen gegen Kardinal Richelieu, in welchem seiner Unbesonnenheit nur von seinem Kleinmut und seinem Pech nur von seiner Unfähigkeit zur Besserung die Waage gehalten wurde und das nach so vielen Torheiten und so vieler Schande, auf einen angemessenen Nenner gebracht wurde mit dem – zwar begonnenen, nicht jedoch vollendeten – Projekt, die schöne Wohnstatt seines Exils abzureißen, um eine bessere zu errichten. Mit Gaston d'Orléans jedoch, der dort ohne Würden lebte, beginnt der Niedergang in der Geschichte des Château de Blois. Seine interessante Epoche ist die der Religionskriege. Es war die Hauptresidenz Heinrichs

III. und der Schauplatz der wichtigsten Ereignisse seiner üblen und dramatischen Regentschaft. Es ist, wie ich gesagt habe, von Architekten und Dekorationsmalern im Übermaß restauriert worden; der Besucher unternimmt es auf seinem Weg durch die leeren Räume, die zugleich strahlend wie schlecht beleuchtet sind (sie wurden nicht wieder möbliert), diese auf eigene Faust ein wenig zu restaurieren. Seine Phantasie bedient sich der Dinge, die verblieben sind; er versucht, sich das Leben des sechzehnten Jahrhunderts in seinen Formen und Gewändern vor Augen zu führen – die Wirren, die Leidenschaften, Liebe und Haß, den Verrat, die Falschheit, die Aufrichtigkeit, die Treue, den Spielraum für persönliche Entwicklung, die Darstellung der ganzen Natur, die Vornehmheit der Kleidung, den Zauber der Sprache, den Glanz des Stils, das Pittoreske ohnegleichen. Das Bild ist voller Bewegung, voller Kontraste von Licht und Dunkelheit, insgesamt voller Abscheulichkeiten. Mit all dem vermischt ist das große theologische Movens, so daß dem Drama nur wenig zu seiner Vollendung fehlt. Welche Episode war je vollkommener – betrachtet als Geschehen in einem Drama – als der Mord am Herzog von Guise? Das anmaßende Wohlleben des Opfers, die Schwächen, Laster und Ängste des Urhebers der Tat, die perfekte Ausführung des Anschlages, und die Häufung der Greuel bei dem, was folgte – all das läßt diesen Mord – als Verbrechen –, klassisch erscheinen.

Doch sollten wir es nicht so schwer nehmen mit dem Château de Blois: schließlich bin ich zu meinem Vergnügen dorthin gefahren. Und wenn inmitten dieser düsteren Erinnerungen Ihr Besuch dort sich als ein Trauerspiel herauszustellen droht, dann gibt es eine exzellente Gelegenheit, diesen Eindruck loszuwerden. Sie können sich in Blois zu einem wirklich aufmunternden Nachspiel verhelfen. Es wird hier nämlich ein reizvolles Gewerbe betrieben, und zwar betrieben unter reizvollen Umständen. Man folge dem hellen, schmalen Kai flußabwärts, bis man die Stadt hinter sich läßt und die Stelle erreicht, wo die Straße neben der Loire kurvig und landschaftlich ansprechend wird, sich um die Biegung winziger Landzungen herumwindet und einen gespannt darauf macht, was sich wohl dahinter verbirgt. Doch lasse man sich von seiner Neugier nicht dazu verleiten, an einer bescheidenen weißen Villa vorüberzugehen, die auf den Strom hinausblickt, umfriedet von einem kühlen kleinen Hof; denn hier ist ein Künstler zu Hause – ein Fayencekünstler. Keinerlei Schild gibt einen Hinweis, und das Anwesen sieht ausgesprochen nach einem Privathaus aus. Doch wenn man am Tor läutet, wird man nicht abgewiesen. Im Gegenteil, man wird die Treppe hinauf in ein Atelier geleitet – es gibt dort nichts, das einem Laden ähnlich sähe –, das mit Stücken bemerkenswert schöner Töpferarbeit vollgestellt ist. Die Tonwaren sind vom Besten, eine sorgfältige Nachbildung alter Formen, Farben und Entwürfe; und der Meister der Werkstatt ist einer jener durch und durch künstlerischen Charaktere, die man in Frankreich so häufig findet. Der Empfang durch ihn ist so freundlich wie seine Arbeiten kunstvoll sind; und ich glaube, ich sage nicht zuviel, wenn ich behaupte, daß einem die Arbeiten noch besser gefallen, weil sie sein Werk sind. Seine Vasen, Schalen und Krüge, die Lampen, Platten und *plaques* mit ihrer hellen Glasur, ihren unzähligen Figuren, ihrer Familienähnlichkeit und ihrer Variationsvielfalt sind durch seine

Wohnräume verstreut; sie stellen zugleich sein Waren-
angebot wie einen Hausschmuck dar. Wie wir alle
wissen, leben wir in einem Zeitalter der Prosa, der
Maschinen, der Massenproduktion – also grober, hek-
tischer Herstellungsverfahren. Doch was man aus der
Werkstatt des höchst intelligenten M. Ulysse mitnehmen kann, ist das Erlebnis einer weniger ungeduldigen
Aktivität und eines größeren Strebens nach Vollendung. Er hat nur wenige Arbeiter, und er läßt ihnen
sehr viel Zeit. Der Ort ist eine kleine Vignette, er
hinterläßt einen bleibenden Eindruck – das ruhige,
weiße Haus in seinem Garten an der Straße neben dem
breiten, klaren Fluß, ohne den Rauch, ohne das
geschäftige Treiben, ohne die Häßlichkeit, ohne so
vieles, was zu unserer modernen Industrie gehört. Das
Ganze beeindruckte mich als ein Unterfangen, wie es
von Mr. Ruskin hätte inspiriert sein können und das
William Morris – obwohl das eine etwas gewagte
Behauptung ist – vielleicht hätte verzeihlich finden
können.

CHAMBORD

Als ich Blois das zweitemal besuchte, nahm ich eine
Kutsche nach Chambord und fuhr auf dem Rückweg
am Château de Cheverny vorbei und durch den Wald
von Russy – ein reizvoller kleiner Ausflug, zu dem die
Schönheit des Nachmittags (der freundlichste in einer
regnerischen Saison, die nur vereinzelt hellere Tage
zeitigte) nicht wenig beitrug. Um nach Chambord zu
gelangen, überquert man die Loire, läßt sie seitlich
hinter sich und schlägt einen Weg ein, der durch eine

Gegend führt, die an auffälligen Merkmalen immer ärmer wird und zuletzt keine andere Eigenschaft mehr hat als den Eindruck intensiver und eigentümlicher Ländlichkeit – was den Charakter, wenn schon nicht den Charme, so vieler Landstriche in Frankreich ausmacht. Es liegt nicht daran, daß man eine Wildnis vor Augen hätte, denn es ist eine weithin kultivierte Landschaft; es ist schlicht die Gegenwart des ackernden, sich abrackernden, sparsam wirtschaftenden Landmannes. Doch ist es eine tiefgehende, ungemilderte Ländlichkeit. Es ist eine Landschaft des Bauern; nicht, wie in England, eine des Landbesitzers. Auf dem Wege nach Chambord gelangt man in die flache und sandige Sologne. Der weite Horizont öffnet sich wie ein großer Gemüsegarten, ohne Abwechslungen, ohne eine Bodenerhebung, nur hier und da von einem langen, schmalen Waldstreifen unterbrochen. Die Abwesenheit von Hecken und Zäunen, Zeichen von Besitztum, fällt auf; alles geht in der allgemeinen Flachheit unter – die Fleckchen der Weingärten, die verstreuten Hütten, die Dörfer, die Kinder (die angewurzelt stehen und starren und fast immer hübsch sind), die Frauen auf den Feldern, die weißen Hauben, die ausgeblichenen Kittel, die großen Holzschuhe. Am Ende einer einstündigen Fahrt (in Blois wird einem versichert, daß man sogar mit zwei Pferden doppelt so lange braucht) passierte ich eine Art von Mauerlücke, die als Einfahrt zur Domäne eines verbannten Thronprätendenten dient. Ich folgte einer geraden Allee durch einen verunzierten Park – die Umfriedung des Parks von Chambord hat eine Länge von einundzwanzig Meilen; eine recht sandige, struppige, melancholische Anpflanzung, in welcher immer wieder Holz geschlagen worden sein muß, so daß heute

45

nur noch Gestrüpp von Unterholz vorhanden ist. Wie an so vielen Stellen in Frankreich gewahrt auch hier der Reisende, daß er sich in einem Land der Revolutionen befindet. Nichtsdestoweniger verleihen die große Ausdehnung und die langen Perspektiven der Alleen diesem kärglichen Buschwerk einen gewissen Rang; geradeso wie seine Schäbigkeit es in Übereinstimmung mit einem der stärksten Eindrücke bringt, die einen erwarten. Man folgt einer dieser langen Perspektiven eine entsprechende Weile, und schließlich sieht man die Kamine und Zinnen von Chambord gleichsam aus dem Boden aufragen. Die Zuschüttung der breiten Schloßgräben, von denen es einst umgeben war, hat das Schloß, vulgär ausgedrückt, reichlich heruntergebracht und ihm ein Air monströser Überladenheit gegeben, die zugleich sich als prunkvolle Exotik präsentiert. Die Türme, Türmchen, Kuppeln, Giebel, Laternen und Kamine wirken eher wie die Zinnen einer Stadt und nicht wie die emporragenden Teile eines einzigen Gebäudes. Man verläßt die Allee und findet sich zu Füßen einer ungeheuren, phantastischen Baumasse. Chambord zeigt eine seltsame Mischung aus Geselligkeit und Einsamkeit. Die Häuser eines kleinen Dorfes drängen sich in Sichtweite seiner großzügigen Fenster zusammen, und ein paar Gasthäuser in der Nähe bieten dem Pilger Erfrischung. Derlei Dinge sind natürlich Nebenerscheinungen der politischen Ächtung, die ihren dichten Schleier über den ganzen Ort gelegt hat. Chambord ist wahrhaft königlich – königlich in seinem großen Maßstab, seiner großartigen Gebärde, seiner Indifferenz gegen gemeine Rücksichten. Wenn eine Katze einen König anschauen kann, dann kann auch eine Taverne auf einen Palast schauen. Ich habe meinen

Ausflug zu diesem außerordentlichen Bauwerk in einem Maße genossen, als wäre ich ein Legitimist; und wirklich hat ja jedes Monument eines großen Systems, jede kühne Repräsentation einer großen Tradition etwas Interessantes an sich.

Man läßt sein Gefährt bei einem der Gasthäuser, die sehr anständig und ordentlich sind und in denen jedermann sehr höflich ist, als habe in dieser Hinsicht die Nachbarschaft eines königlichen Hofes tatsächlich den Stil geprägt, und begibt sich über Gras und Kies hinweg zu einer kleinen Tür, einer unendlich subalternen Tür, welche demjenigen, der sie durchschreitet, keinerlei Rechtstitel aber auch irgendwelcher Art verleiht. Hier läutet man die Glocke, worauf eine höchst solide Person erscheint (eine Person, die wiederum offensichtlich zum Ancien régime gehört), die einen durch ein Vestibül in einen Innenhof geleitet. Den vielleicht stärksten Eindruck, den ich in Chambord empfing, gewann ich, als ich in diesem Hof stand. Die Frau, die mir Einlaß gewährt hatte, kam nicht mit mir; ich würde meinen Führer schon irgendwo finden. Die Besonderheit von Chambord sind seine gewaltigen Rundtürme. Es sind, glaube ich, nicht weniger als acht, postiert an jeder Ecke des inneren und äußeren Baugevierts; denn das Schloß hat die Form einer größeren Bauanlage, die eine kleinere umschließt. Einer dieser Türme stand in dem Hof vor mir; er schien seinen Schatten über den Ort zu werfen, während droben, als ich hinaufsah, die Zinnen und Giebel nebst den riesigen Kaminen in die helle blaue Luft emporstiegen. Niemand war zugegen, es herrschte Stille; die Schatten von Wasserspeiern, von ungewöhnlich ausladenden Vorkragungen fielen schräg auf die klaren, grauen Mauerflächen. Man fühlte, daß das Ganze etwas Gigantisches an sich hatte. Ein Cicerone erschien, ein gleichgültiger junger Mann in einer recht schäbigen Livree, und führte mich herum, mit einer Mischung aus Ungeduld und Ziellosigkeit, aus Herablassung und Unterwürfigkeit. Ich maße mir nicht an, den Grundriß von Chambord zu begreifen, und ich darf hinzufügen, daß ich das nicht einmal wünsche; denn es ist viel unterhaltsamer (und fällt einem nicht eben schwer), sich das Ganze als ein kapriziöses, unentwirrbares Labyrinth vorzustellen. Drinnen ist es eine Wirrnis leerer Räume, eine königliche und romantische Kaserne. Der exilierte Prinz, der von ihm seinen Titel empfangen hat, verfügt nicht über die Mittel, vierhundert Räume instandzuhalten. Er begnügt sich damit, das riesige Äußere zu konservieren. Allein die Arbeiten an dem gewaltigen Dach dürften einen Großteil seiner Einkünfte verschlingen. Die große Sehenswürdigkeit im Inneren ist die berühmte Doppeltreppe, die geradewegs durch das Gebäude emporsteigt, mit zwei Treppenwindungen, so daß Leute hinauf- und hinabschreiten können, ohne einander zu begegnen. Diese Treppe ist ein wahrhaft majestätisches Kabinettstück an Humor; sie vermittelt einem recht eigentlich den Grundton von Chambord. Sie öffnet sich mit jedem Treppenabsatz auf einen riesigen Wachraum, in vier strahlenförmig vom Schacht der Wendeltreppe fortführenden Abzweigungen. Mein Führer veranlaßte mich, zu der großen, durchbrochenen Laterne hinaufzusteigen, die, am Ende der Treppenrotunde (die sich hier als kleinere Treppe nach oben fortsetzt) aus dem Dach hervorspringend, die Spitze der zackenstarrenden Krone des Gebäude-komplexes bildet. Diese Laterne ist oben mit einer riesigen *fleur-de-lis* in Stein geschmückt – die einzige, glaube ich, die herunterzureißen der Revolution nicht gelungen ist. Von hier oben überblickt man aus den schmalen Fenstern das weite flache Land und den verwilderten, melancholischen Park mit den sternförmig angelegten, schnurgeraden Alleen. Dann ergeht man sich auf dem Dach, einem Irrgarten von Galerien, Terrassen, Balkons, inmitten der Fülle von Kaminen und Giebeln. Dieses Dach, das in sich selbst eine Art Luftschloß ist, ist von extravaganter, mythischer Eigenart und hat, mit seiner verschwenderischen Ornamentik – der Salamander von Franz I. ist ein ständig wiederkehrendes Motiv –, mit seinen einsamen, gepflasterten Zwischenräumen, seinen sonnigen Nischen und dem Balkon, der auf den versperrten und grasüberwachsenen Haupteingang hinabschaut, einen seltsamen, halb traurigen, halb glanzvollen Zauber. Das Steinmetzwerk ist von einer feinen Schimmelschicht überzogen. Es gibt Stellen, die mich hin und wieder an jene ruhigen, modrigen Winkel in den Höfen und Terrassen des Vatikans erinnert haben, in die der Reisende, der den päpstlichen Palast durchstreift, von unbeachteten Fenstern aus hinabschaut. Zwei oder drei möblierte Räume werden besichtigt, mit Porträts der Bourbonen, scheußlichen Tapisserien der großen Damen Frankreichs und einer Spielzeugsammlung des *enfant du miracle*, alles Stücke militärischen Charakters und von feinster Machart. ›Tout cela fonctionne,‹ äußerte der Führer hinsichtlich dieser Miniaturwaffen; und ich fragte mich, wieviel Schaden der Comte de Chambord, sollte er es sich in den Kopf setzen, seine kleine Kanone abzufeuern, wohl anrichten würde.

Von unten würde das Schloß von der Überfülle

seiner oberen Auswüchse völlig erdrückt wirken, hätte es nicht den ungeheuren Gurt seiner Rundtürme, die ihm eine robuste seitliche Entfaltung zu erlauben scheinen. Diese Türme jedoch, schön, wie sie in ihrer Art sind, kamen mir ein wenig töricht vor; sie sind die Übertreibung einer Übertreibung. Bei einem Gebäude, das in einer Zeit errichtet wurde, als Verteidigung keine Rolle mehr spielte, und von dessen friedlichem Charakter die hundertfachen Verzierungen und Kuppeln künden, scheinen sie von einem Mangel an Erfindungskraft zu zeugen. Ich setze mich dem Vorwurf schlechten Geschmacks aus, wenn ich sage, daß das Château de Chambord, eindrucksvoll wie es ist, mir insgesamt einen Hauch von jener Torheit zu haben schien. Die Schwierigkeit liegt darin, daß sich in ihm nichts von besonders großer Tragweite symbolisiert; es hat sich, trotz mannigfacher Wechselfälle, nicht gefügt, daß das Bauwerk auf von bedeutsamen Ereignissen gezeichnete Geschicke zurückblicken kann. Verglichen mit den Schlössern von Blois und Amboise ist seine Vergangenheit eher ein unbeschriebenes Blatt; und in gewissem Maße spürt man eben diesen Gegensatz zwischen seiner pompösen äußeren Erscheinung und seiner zwar reicheren, doch einigermaßen farblosen Geschichte. Gewiß, es hatte das gütige Geschick, von Franz I. errichtet zu werden, in dessen Namen selbst sich ein Gutteil Geschichte ausdrückt. Warum er gerade auf diesem sandigen Flachland einen Palast errichten mußte, wird auf ewig eine unbeantwortete Frage bleiben, denn Könige waren niemals verpflichtet, Begründungen zu geben. Über die Tatsache hinaus, daß es ein an Jagdwild reiches Land und Franz ein leidenschaftlicher Jäger war, mutmaßt M. de la Saussaye, der Autor der recht vollständigen kleinen Beschreibung dieses Ortes, die man beim Buchhändler in Blois erstehen kann, daß er sich in der Wahl dieses Standortes von dem Zufall leiten ließ, daß dort vormals eine bezaubernde Frau gelebt habe. Die Comtesse de Thoury hatte einen Wohnsitz in der Nachbarschaft, und die Comtesse de Thoury war das Objekt einer jugendlichen Leidenschaft seitens des empfänglichsten aller Prinzen vor seiner Thronbesteigung gewesen. Dieses Riesenbauwerk wurde folglich, laut M. de la Saussaye, als ein *souvenir de premières amours* errichtet! Gewiß ist es ein recht massives Memento; und wenn diese zarten Anwandlungen in Proportion zu dem Gebäude standen, als deren Andenken es dient, dann hat die Flamme wahrhaftig gelodert. Es ist Gegenstand vielfacher Diskussion gewesen, wer der Architekt war, den Franz I. mit dem Bau beauftragt hat, und die Ehre, diese prachtvolle Residenz entworfen zu haben, ist für etliche der italienischen Künstler in Anspruch genommen worden, die im frühen sechzehnten Jahrhundert auf der Suche nach einem Mäzen nach Frankreich kamen. Heute jedoch scheint es einigermaßen gesichert, daß Chambord weder das Werk von Primaticcio noch das von Vignola oder Il Rosso ist, die allesamt Spuren ihres Aufenthaltes in Frankreich hinterlassen haben; sondern das eines obskuren und dennoch sehr vervollkommneten Genies, Pierre Nepveus, bekannt als Pierre Trinqueau, der in den Dokumenten, die einige Aspekte der Geschichte des Ursprungs des Bauwerks festhalten, als der *maistre de l'œuvre de maçonnerie* bezeichnet wird. Hinter diesem bescheidenen Titel verbirgt sich offensichtlich ein Meister, den wir als eines der originellsten Talente der französischen Renaissance anerkennen müssen; und es ist ein Beweis der Vitalität des künstlerischen Lebens jener Epoche, daß, da allenthalben Glanzvolles im Überfluß hervorgebracht wurde, ein Künstler derartig hohen Ranges von seinen Zeitgenossen nicht als Berühmtheit gefeiert wurde. Wir machen uns heutzutage unsere Berühmtheiten zu kleineren Preisen.

Die unmittelbaren Nachfolger Franz' I. besuchten weiterhin Chambord; doch wurde es von Heinrich IV. vernachlässigt und war seitdem niemals mehr die bevorzugte Residenz irgendeines der französischen Könige. Ludwig XIV. erschien dort bei verschiedenen Gelegenheiten; sein Auftritt war besonders glanzvoll; doch konnte Chambord einen Monarchen, der sich auf das kostspielige Unternehmen eingelassen hatte, zehn Meilen von Paris entfernt ein Versailles zu erschaffen, nicht zu langem Verweilen verführen. Mit Versailles, Fontainebleau, Saint-Germain und Saint-Cloud, die alle in bequemer Reichweite der Hauptstadt lagen, hatten die späteren französischen Souveräne wenig Veranlassung, in der trübseligsten Provinz ihres Königreiches frische Luft zu schöpfen. Folglich litt Chambord unter königlicher Indifferenz, wenngleich sich im letzten Jahrhundert eine Nutzung für seine verlassenen Hallen fand. 1725 wurde es von dem glücklosen Stanislaus Leszczyński bewohnt, der den größeren Teil seines Lebens damit verbrachte, sich zum König von Polen wählen zu lassen, um von seinem Thron vertrieben zu werden, und der, zu dieser Zeit als Flüchtling in Frankreich, sein Mißgeschick zum Teil dadurch kompensieren konnte, daß es ihm gelang, seine Tochter an Ludwig XV. zu verheiraten. Er wohnte acht Jahre lang in Chambord und ließ die Schloßgräben zuschütten. 1748 fand es einen illustren Bewohner in Moritz Graf von Sachsen, dem Sieger von Fontenoy, der jedoch zwei Jahre, nachdem er es in Besitz genommen hatte, ein Leben beschloß, das länger hätte währen können, wenn er weniger darauf erpicht gewesen wäre, dasselbe sich so angenehm wie möglich zu machen. Die Revolution verfuhr natürlich nicht besonders freundlich mit Chambord. Sie beraubte es soweit möglich jeglichen Zeugnisses seines königlichen Ursprungs und fegte wie ein Wirbelwind durch Gemächer, zu deren Schatz an Ausschmückung und Meublement mehr als zwei Jahrhunderte beigetragen hatten. In jenem Sturm wurden diese kostbaren Gegenstände zerstört oder unwiederbringlich verschleppt. 1791 wurde der französischen Regierung ein kurioser Vorschlag von einer Gruppe englischer Quäker unterbreitet, die auf die kühne Idee verfallen waren, den Palast zu einer Produktionsstätte irgendwelcher friedensdienlicher Güter zu machen, über die die Chroniken keine genauere Auskunft geben. Napoleon vergab Chambord als ›Dotation‹ an einen seiner Marschälle, Berthier, zu dessen Gunsten es, in napoleonischer Manier, in das sogenannte Fürstentum von Wagram umgewandelt wurde. Von der Fürstin von Wagram, der Witwe des Marschalls, wurde es nach der Restauration an die Treuhänder eines Nationalfonds verkauft, der gegründet worden war, um das Schloß dem noch unmündigen Herzog von Bordeaux, dem damaligen künftigen König Frankreichs, zum Geschenk zu machen. Die Schenkung erfolgte auch richtig; doch wurde dem Comte de Chambord, der zum Zeichen dafür, daß er dieses Präsent zu würdigen wußte, seinen Titel geändert hatte, sein Eigentum von der Regierung Louis Philippes vorenthalten. Er rief die Gerichtshöfe seines Landes an, um zu seinem Recht zu gelangen; und die Folge dieser Appellation war ein endloser Rechtsstreit, aufgrund dessen er jedoch schließlich, nach einer Zeitspanne von fünfundzwanzig Jahren, wieder in seine Rechte gesetzt wurde. 1871 stattete er der Domäne seinen ersten Besuch ab, die ihm ein halbes Jahrhundert zuvor angeboten worden war, ein Zeitraum, von dem er vierzig Jahre im Exil verbracht hatte. Es war Chambord, von wo aus er seinen berühmten Brief vom 5. Juli desselben Jahres datierte – jenen Brief, der an seine sogenannten Untertanen gerichtet war, in welchem er das weiße Banner der Bourbonen hocherhoben schwingt. Diese selten krasse Fehleinschätzung – praktisch eine Aufforderung an das französische Volk, ihrem Nationalemblem abzuschwören, jener unsterblichen Trikolore, dem Banner der Revolution und des Kaiserreiches, unter welchem es den Ruhm errungen hatte, der ihm von allem Ruhm bis dahin am teuersten gewesen war und der sich ihm mit der romantischsten, heroischsten, eines Epos würdigen, trostreichen Epoche seiner Geschichte verbindet – dieses glücklose Manifest, so wollte ich sagen, zeugt offensichtlich vom Maße an politischer Klugheit, mit welchem der exzellente Heinrich V. gesegnet war. Entweder hätte das Ansinnen weniger an Einfalt oder aber das Volk weniger an Ironie an den Tag legen sollen.

Insgesamt machte Chambord einen großen Eindruck; und zu der Stunde, da ich dort war, als das gelbe Nachmittagslicht sich über den Septemberwäldern neigte, da hatte es in seiner Verlassenheit doch eine gewisse Würde. Es sprach mit gedämpfter, doch vernehmlicher Stimme von der verschwundenen Monarchie, die so stark, so glanzvoll gewesen war, aber heute zu einer beinahe ebenso phantastischen Vision geworden ist wie die Kuppeln und Kamine, die sich vor mir erhoben. Ich gedachte, während ich dort verweilte, all der schönen Dinge, die notwendig sind, einer solchen Monarchie Gestalt zu verleihen; und daß dazu auch eine Überfülle an vermodernden, leeren Palästen gehört. Chambord ist rührend – das ist das beste Wort dafür; und wenn Hoffnungen auf eine zweite Restauration zu den Narreteien der Republik gehören, dann sollte ein wenig Nachdenken über die Beredsamkeit solcher Ruinen die Republik dazu veranlassen, sich in Acht zu nehmen. Ein empfindsamer Tourist darf vielleicht die Bemerkung wagen, daß sie es sich angesichts der Existenz all dieser von Gespenstern heimgesuchten Häuser, die in jener mystischen Weise die rückwärtsgerichtete Phantasie beflügeln, nicht leisten kann, närrisch zu sein. All das ging mir durch den Kopf, als ich nach Blois zurückfuhr, wobei ich den Weg nahm, der am Château de Cheverny vorbeigeht. Die Straße führte uns aus dem Park von Chambord hinaus, doch dann durch eine flache bewaldete Gegend, wo die Bäume von eher schmächtigem Wuchs waren, und dann wieder in die monotone Ebene der Sologne – die als Saatboden nicht sehr dankbar ist, wie ich mir vorstelle, der jedoch in jüngerer Zeit ein besseres Los beschieden ist durch die Magie munteren französischen Fleißes und Wirtschaftssinnes. Das Licht verblaßte schon allmählich, und meine Fahrt erinnerte mich an eine Stelle in irgendeinem ländlichen Roman der Madame Sand. Ich kam an mehreren Fachwerkkirchen vorüber, die sehr alt, schwarz und windschief aussahen und plumpe Vorhallen und niedrige Umgänge aus Holz hatten. Als ich schließlich in Cheverny anlangte, herrschte schon das Zwielicht der Dämmerung. Es war recht spät, um noch um Erlaubnis zur Besichtigung eines bewohnten Hauses zu bitten; doch war es die Stunde, welche mir am liebsten ist für nahezu alle Arten von Besichtigungen. Mein Kutscher machte an einem Tor in einer hohen Mauer halt, das auf eine kurze Allee führte, die ich zu Fuß zurücklegte; die Kutscher in jenen Landstrichen haben, aus Gründen, die sie wohl selbst am besten kennen, eine schreckliche Aversion dagegen, vor einem Hause vorzufahren. Ich stand einer sehr adretten kleinen Pförtnerin, die in Gesellschaft einiger Kinder vor ihrem Wächterhaus saß und die Abendluft genoß, Antwort auf ihre Frage nach meinem Begehr, und sie hieß mich ein Stück weitergehen und dann nach rechts abbiegen. Ich befolgte ihre Anweisungen aufs Wort, und als ich um die Ecke bog, hatte ich ein Haus vor Augen, von einem Zauber, wie ihn alte Rittergüter in Märchen haben. Ich warf nur einen recht kurzen und unvollständigen Blick auf Cheverny; doch war es Vollendung, was dieser Blick für einen kurzen Moment enthüllte. Ein ebenso nobles wie attraktives Herrenhaus schaute auf weite Rasenflächen, Blumenbeete und Baumgruppen hinaus. Es machte einen ausgesprochen eleganten Eindruck, der unter anderem auch durch eine Reihe von Renaissancebüsten hervorgerufen wurde, die in runde Nischen in der Fassade eingelassen waren. Das Anwesen wirkte so privat, so reserviert, daß es mir, einem Fremden und Ausländer, wie ein Gewaltakt vorkam, an der zierlichen Tür zu läuten. Doch wenn ich nicht geläutet hätte, wäre ich nicht in der Lage – was zu tun mir jetzt eine solche Freude bereitet –, meiner Empfänglichkeit für die außerordentliche Höflichkeit Ausdruck zu verleihen, mit welcher dieses herrliche

Haus dem Besucher gezeigt wird. Es war schon bald die Stunde der Abendmahlzeit – die heiligste Stunde des Tages; doch geleitete man mich anstandslos in die bewohnten Gemächer. Sie sind hinreißend schön. Hauptgegenstand meiner Erinnerung sind das entzükkende Treppenhaus von weißem, gemeißeltem Stein und die große *salle des gardes* mit der *chambre à coucher du roi* im Obergeschoß. Erbaut im Jahre 1634, stammt Cheverny aus viel späterer Zeit als die anderen königlichen Residenzen in dieser Gegend Frankreichs; es gehört dem Ende der Renaissance an und hat schon einen Hauch von Rokoko. Der Wachraum ist ein herrlicher Saal; und da er außer seiner prachtvollen Decke und dem Kamin und einigen verblaßten Tapisserien an den Wänden wenig aufzuweisen hat, richtet man sein Augenmerk um so eher auf seine noblen Proportionen. Der Diener öffnete die Läden eines einzigen Fensters, und die letzten Strahlen des Dämmerlichts drangen in die braun durchtränkte Finsternis. In derselben malerischen Weise bot sich mir das (anstoßende) Schlafgemach Heinrichs IV. dar, wo ein legendenumwoben wirkendes Himmelbett, dessen Draperien seit langem unverändert waren, in gespenstischem Zwielicht auszumachen war. Cheverny bleibt mir als eine ganz zauberische und auch geheimnisvolle Vision in Erinnerung. Es war schon dunkel, als ich nach Blois zurückfuhr, ein Weg von etwa neun Meilen, der durch den Wald von Russy führt, welcher sich in staatlichem Besitz befindet und der, obwohl er anscheinend aus kleinstämmigen Bäumen besteht, unter dem Sternenhimmel gewaltig und urtümlich genug aussah. Es lag ein feuchter, herbstlicher Geruch in der Luft, und hin und wieder hörte man, wie sich irgend etwas regte;

und während meines Weges durch die Abendluft gedachte ich Franz' I. und Heinrichs IV.

AMBOISE

Amboise kann man entweder von Blois oder von Tours aus besuchen; es liegt etwa auf halber Wegstrecke zwischen diesen Städten. Wichtig ist nur, daß man es überhaupt besucht, insbesondere, wenn man das schon wiederholt aufgeschoben hat; und daß man es möglichst an einem Tage besucht, wenn sich der großartige Blick auf die Loire, den man von den Festungsmauern und Terrassen hat, unter einem freundlichen Himmel darbietet. Drei Personen, von denen der Autor dieser Zeilen eine war, verbrachten den Großteil eines idealen Sonntagmorgens damit, diesen Blick zu genießen. Es war erstaunlich, wieviele ideale Tage wir zur Verfügung hatten im Verlaufe des nach Erinnerung des ältesten Tourangeau regnerischsten Herbstes, den es je gab. Die Stadt Amboise liegt wie Tours am linken Ufer des Flusses – eine kleine Stadt mit weißem Gesicht, die auf eine herrliche Brücke blickt und sich gleichsam auf der Rückseite gegen das Piedestal des Felsens lehnt, auf dem sich das dunkle Schloß auftürmt. Die Stadt ist so klein, das Piedestal so groß und das Schloß so hoch und überwältigend, daß die dichtgedrängten Häuser zu Füßen des Felsens wie die Krumen sind, die von einem wohlgedeckten Tisch gefallen sind. Man geht jedoch an ihnen vorüber, um auf einem Rundweg zum Schloß emporzusteigen, das man in schrägem Winkel von der Rückseite her erobert. Es befindet sich im Besitz des Comte de Paris, eines weiteren Anwärters auf den französischen Thron; es ist durch Erbschaft von einem weitläufigen Vorfahren, dem Duc de Penthièvre, auf ihn gekommen; dieser erwarb es gegen Ende des letzten Jahrhunderts von der Krone, die es nach einer Periode des Niedergangs wieder in Besitz genommen hatte. Ähnlich wie das Schloß von Blois hat es unter unstandesgemäßer Nutzung gelitten und wurde verunstaltet, doch anders als das Schloß von Blois ist es nicht vollständig restauriert worden. ›Es ist sehr, sehr schmutzig, doch auch sehr kurios‹ – in diesen Worten hatte ich es eine englische Dame beschreiben hören, die normalerweise in einen zerlesenen Tauchnitzband vertieft in dem kleinen *salon de lecture* des Hotels in Tours anzutreffen war. Die Beschreibung ist nicht unzutreffend; doch sollte nicht unerwähnt bleiben, daß der Schmutz im Schloß Amboise – wenn er auch zum Teil daherrührt, daß es jahrelang als Kaserne und als Gefängnis gedient hat – andererseits zugleich der Anwesenheit der restaurierenden Steinmetze zuzuschreiben ist, die einen erheblichen Teil des Gebäudes in Baugerüste eingekleidet haben. Man trifft also nicht nur auf Schmutz, und die Restaurierung einiger Abschnitte scheint schon abgeschlossen zu sein. In Amboise besteht dieser Vorgang größtenteils aus der Entfernung der vulgären Auswüchse der letzten beiden Jahrhunderte.

Das Innere ist praktisch in hoffnungslosem Zustand, da die alten Gemächer in kleine, neuere Zimmer aufgesplittert worden sind; es wird vollständig rekonstruiert werden müssen. Eine vortreffliche Frau mit militärischem Profil und jenem herben, bestimmten Gebaren, welches diese Hausherrinnen, die einen durch die Châteaux der Touraine führen, zu haben neigen, und in deren hoher Respektabilität – um nicht von der Fältelung ihres Hutes und dem Schnitt des dicken braunen Stoffes ihres Kleides zu reden – meine Begleitung und ich eine besondere Note oder Nuance von Orleanismus zu entdecken meinten – eine kundige, verständnisvolle, resolute Person also – stand uns während der besonders ergötzlichen Stunde, die wir auf den Wallanlagen von Amboise verbrachten, zur Verfügung. Drinnen entblößt und entstellt und draußen drohend gespickt mit Maurerleitern war die ganze Anlage gleichwohl außerordentlich eindrucksvoll und interessant. Ich sollte erwähnen, daß wir einen Großteil der Zeit damit verbrachten, das Panorama zu genießen. Lieblich war das Panorama und großartig; wir zogen es gewissen Partien des Inneren und sporadischen Ergießungen geschichtlicher Informationen so ostentativ vor, daß die alte Dame mit dem Profil zuweilen die Geduld mit uns verlor. Man hätte – wir gaben uns diese Blöße – uns zeihen können, wir zögen dieses Panorama gar der kleinen Kapelle des Heiligen Hubertus vor, die an der Schmalseite der großen Terrasse steht und über dem Portal eine herrliche Skulptur hat, die die wundersame Jagd jenes heiligen Mannes darstellt. Was Skulpturen anbelangt, ist diese kunstvoll ausgearbeitete Szene das Prunkstück von Amboise. Uns kam es vor, als seien wir niemals an einem Ort gewesen, von dem man so viele günstige Ausblicke nach drunten gehabt hätte. Was die Lage betrifft, so steht Amboise auf der Liste der Stätten, die auf einer Anhöhe liegen, gewiß an erster Stelle; und das sage ich, obwohl ich des Anspruches, den Chaumont und Loches hier erheben – welch letzteres übrigens (diese Erklärung bin ich schuldig) nicht an der Loire liegt –, sehr wohl eingedenk bin. Die

Aussichtsflächen, Bastionen, Terrassen, die hochge-
wölbten Fenster und Balkone, die hängenden Gärten
und schwindelerregenden Zinnen dieser verzweigten
Anlage lassen einen beständige Verbindung mit einem
unermeßlichen Horizont halten. Die große Sehenswürdigkeit hier ist der unvermeidliche Rundturm, der die
Nordseite einnimmt und der jetzt vollständig restauriert worden ist. Er ist von erstaunlichen Ausmaßen,
eine Festung in sich, und er beherbergt anstelle einer
Treppe eine großartige schräge Ebene, die so breit und
so sanft geneigt ist, daß man mit einer vierspännigen
Kutsche bis zur Spitze des Turmes fahren kann. Dieser
gigantische Zylinder hat heute keinen erkennbaren
Nutzen mehr; doch korrespondiert er glücklich mit
dem großen Umkreis des Panoramas. Die sich hoch
erhebenden Gärten von Amboise, die die unregelmäßigen Reste der Plattform einnehmen, auf welcher das
Schloß steht, und die in malerischer Hinsicht wettma-
chen, was ihnen an Ausdehnung fehlt, sind natürlich
nur ein beschränktes Areal. Doch in herbstliches Sonnenlicht getaucht, wie wir sie erlebten, und von doppelt
privatem Charakter aufgrund ihrer luftigen Lage,
boten sie unwiderstehliche Gelegenheiten zu einem
Spaziergang, der unterbrochen wurde, wenn man sich
gegen die niedrige Brüstung lehnte und um langer
Kontemplationen willen innehielt. Ich erinnere mich
insbesondere an eine bestimmte Terrasse, die mit
gestutzten Linden bepflanzt war, auf die wir von der
oberen Plattform des großen Turmes hinabsahen. Von
jener Stelle aus erschien es, um das Glück vollkommen
zu machen, als absolute Notwendigkeit, hinabzustei-
gen und dort den Morgen zu verbringen; es war ein
idealer Ort, um auf und ab zu wandeln und Gespräche

zu führen. Unsere verehrungswürdige Führerin, gegenüber der wir allmählich immer mehr in die Rolle von Kindern geraten waren, gewährte uns die Erfüllung dieses unschuldigen Wunsches – in dem Maße, wohlgemerkt, daß wir ein oder zwei Rundgänge unter den *tilleuls* machen durften. Am Ende dieser Terrasse befindet sich eine niedrige Tür in der Mauer, wo sich 1498 laut gängiger Überlieferung Karl VIII. den Kopf so folgenschwer anstieß, daß er starb. Innerhalb der Mauern von Amboise spielte es sich ab, daß seine Witwe, Anne de Bretagne, die schon um drei Kinder trauerte, deren zwei wir in dem Marmorgrabmal zu Tour verewigt gesehen haben, die ersten Anstürme jenes Grames überwand, der sich durch eine Verbindung mit dem Cousin und Nachfolger ihres Gatten, Ludwig XII., sogleich verflüchtigen sollte. Während des sechzehnten Jahrhunderts hielt sich der französische Hof häufig in Amboise auf; hier verbrachte die junge Mary Stuart etliche Stunden ihrer ersten Ehe. Die Religionskriege haben hier ihr unauslöschliches Stigma hinterlassen, wie überall, wo sie vorüberzogen. Wer heutzutage Amboise besucht und Phantasie hat, mag sich vorstellen, daß die Blutspuren sich mit dem roten Rost an den gekreuzten Eisengittern des unheimlich aussehenden Balkons vermischen, an welchem dem Gerücht zufolge die Köpfe der nach der Entdeckung der Verschwörung von La Renaudie hingerichteten Hugenotten aufgehängt wurden. Platz genug gab es an dieser kräftigen Balustrade – einem wunderbaren Stück Schmiedearbeit – für ein grausiges Arrangement. Dasselbe Gerücht stellt Katharina von Medici und die junge Königin auf diesem Balkon dar, wie sie den *noyades* (Ertränkungen) der gefangenen Hugenotten in der

Loire zusehen. Die Tatsachen der Geschichte sind schlimm genug; die erfundenen Geschichten womöglich noch schlimmer; doch ist kaum zu bezweifeln, daß die künftige Königin der Schotten die ersten Lektionen des Lebens in einer fürchterlichen Schule gelernt hat. Wenn sie in späteren Jahren ein Wunder an Unschuld und Tugend war, so war das nicht die Schuld ihrer einstigen Schwiegermutter, ihrer Onkel aus dem Hause Guise oder der Beispiele, die ihr vor Augen kamen, sei es an den Fenstern des Schlosses von Amboise oder in seinen weniger öffentlichen Schlupfwinkeln.

CHAUMONT

Es war jedoch schwer, an diese düsteren Taten zu glauben, als wir durch den goldenen Morgen auf die Friedlichkeit der weithin leuchtenden Loire schauten. Dieses Schauspiel ließ zuletzt den Wunsch entstehen, dem Flusse bis zum Schloß von Chaumont zu folgen. Allerdings wären wohl die Grausamkeiten, die von alters her in Amboise begangen wurden, den Reisenden, denen eine moderne Form von Unmenschlichkeit zu erleiden beschieden sein sollte, weniger gespenstisch vorgekommen. Die Wirtin des kleinen Gasthauses zu Füßen des Schloßfelsens – es steht gefällig am Flusse, und wir hatten dort gefrühstückt – erklärte uns, daß das Château de Chaumont, das im Herbst häufig für Besucher geschlossen sei, gerade zu diesem speziellen Zeitpunkt weit offenstehe, um uns zu empfangen, so daß es unsere Pflicht sei, eine ihrer Kutschen zu mieten und eilends dorthin zu fahren. Diese Versicherung klang so zufriedenstellend, daß wir uns im Handumdrehen auf den Sitzen des bequemsten Gefährtes dieser listigen Frau wiederfanden und, weder zu schnell noch zu langsam, am Rande der Loire dahinrollten. Die etwa einstündige Fahrt unter ausgedehnten Gruppen von Kastanienbäumen war hinreichend reizvoll, um sie um ihrer selbst willen zu unternehmen; und wirklich sahen wir, als wir Chaumont erreichten, daß uns als Lohn der übliche Lohn der Tugend zuteilwerden sollte, nämlich das Bewußtsein, das Richtige versucht zu haben. Das Château de Chaumont war unerbittlich geschlossen; das erfuhren wir von einer gesprächigen Pförtnerin, die ihrer abweisenden Auskunft so viel Freundlichkeit wie möglich gab. Das Dilemma dieser guten Frau war nahezu rührend; sie versuchte, zwei Unvereinbarkeiten miteinander zu versöhnen. Das Schloß ließ sich nicht besuchen, denn die Familie des Schloßherren hielt sich dort auf; und dennoch war es ihr zuwider, eine Gesellschaft fortzuschicken, von welcher sie die Güte hatte zu sagen, sie habe ein *grand genre*; denn, so merkte sie auch an, sie müsse ja ihren Lebensunterhalt verdienen. Sie versuchte, einen Kompromiß zu arrangieren, zu welchem auch gehörte, daß wir aus unserer Kutsche steigen und einen Hügel hinaufstapfen sollten, wo wir eine gekennzeichnete Stelle vorfinden würden, von der man über den Pfahlzaun des Gartens hinweg aus spitzem Winkel einen verstohlenen Blick auf einen kleinen Abschnitt der Schloßmauern werfen könnten. Dieser Vorschlag führte dazu, daß wir (einander) die Frage stellten, auf welchen Grad von Erniedrigung sich einzulassen für einen aufgeklärten Liebhaber des Pittoresken zulässig sei, nur um ja kein leeres Blatt in der Sammlung zu haben. Ein Mitglied unseres Trios entschied sich charakteristischerweise gegen jede Form der

Entwürdigung; so blieb sie in der Kutsche sitzen und zeichnete irgendeinen Gegenstand, der öffentliches Eigentum war, während ihre beiden Weggenossen, die nicht so stolz waren, einen schlammigen Pfad hinaufstiegen, der eine Art von Hintertreppe darstellte. Vielleicht hatten sie es nicht anders verdient – sie wurden enttäuscht. Chaumont ist feudal, wenn man will; doch herrscht hier der Geist der Moderne. Es stellt eine ungeheure, blankgescheuerte Baumasse dar, mit großen Rundtürmen, ohne die Zierde eines Blattes Efeu oder eines Fleckchens Moos, umgeben von Gärten von bescheidenen Ausmaßen (außer wo der schlammige Weg, von dem ich spreche, an ihnen vorbeiführt), und es sieht eher aus wie eine außerordentlich vergrößerte Villa. Der große Vorzug von Chaumont ist seine Lage, die nahezu genau derjenigen von Amboise gleicht; es läßt den Blick flußauf und flußab schweifen und scheint die halbe Provinz zu überschauen. Diese Lage entfaltete ihre Wirkung jedoch noch besser, nachdem wir den Hügel herabgekommen und wieder in die Kutsche gestiegen waren, um über die lange Hängebrücke zu fahren, die gleich hinter dem Dorf über die Loire führt und uns am anderen Ende zu dem kleinen Bahnhof von Onzain brachte, von wo wir mit dem Zug nach Tours zurückfahren wollten. Man drehe sich auf der Mitte dieser Brücke um und blicke zurück; das Bild ist eine Komposition, wie die Maler sagen. Die Türme, die Zinnen, die schöne Schauseite des Schlosses, das sich über den Saum seiner Gärten und die rostroten Dächer des Dorfes erhebt und in den Nachmittagshimmel blickt, der sich auch in dem großen Strom spiegelt, der drunten dahinzieht, all das trägt bei zu den glücklichsten Erinnerungen an die Touraine.

CHENONCEAUX

Nach Chinon sind wir nicht gekommen; es war ein Verhängnis. Geplant haben wir es ein dutzendmal; doch entweder scheiterte es am Wetter, oder die Züge fuhren nicht zur entsprechenden Zeit, oder ein Mitglied unserer Gesellschaft war erschöpft von den Abenteuern des Vortages. Dieser Ausflug wurde so oft aufgeschoben, bis er schließlich aufgehoben war. Außerdem mußten wir Chenonceaux, Azay-le-Rideau, Langeais und Loches besuchen. So verbinde ich keine Erinnerung mit Chinon; sondern nur Bedauern. Doch hat Bedauern, genau wie die Erinnerung, seine eigenen Visionen, insbesondere, wenn es, wie die Erinnerung, von Photographien gestützt wird. Das Schloß von Chinon kommt mir in seiner Gestalt wie eine riesige Ruine vor, eine mittelalterliche Festung von nahezu städtischen Ausmaßen. Es nimmt einen Hügel oberhalb der Vienne ein, und nachdem es zur Zeit seiner Blüte uneinnehmbar war, ist es heute unzerstörbar. (Ich riskiere diese Formulierung im Bewußtsein der prosaischen Wahrheit. Chinon erlitt in den Tagen, als es lohnende Beute war, mehr als einmal das Geschick der Eroberung, und gegenwärtig zerfällt es Zentimeter um Zentimeter. Es liegt jedoch, so glaube ich, auf der Hand, daß diese Zentimeter bei mehreren Morgen Mauerwerks wenig ausmachen.) In diesem Schloß fand die erste Unterredung zwischen Jeanne d'Arc und Karl VII. statt, und in dieser Stadt soll François Rabelais geboren worden sein. Darüber hinaus wird dem Liebhaber des Pittoresken ernstlich ans Herz gelegt, seine Schritte zu jenem Schlosse zu lenken. Doch versäumt man ja immer etwas, und mir war es lieber, Chinon zu versäumen als Chenonceaux. Die wenigen Stunden, die wir an jenem Ort verbrachten, waren außerordentlich vom Glück begünstigt, und wir versäumten nichts.

›1747‹, so sagt Jean-Jaques Rousseau in seinen *Confessions*, ›unternahmen wir eine Reise, um den Herbst in der Touraine zu verbringen, im Château von Chenonceaux, einer königlichen Residenz am Cher, erbaut von Heinrich II. für Diana von Poitiers, deren Initialen dort immer noch zu sehen sind, jetzt im Besitz von M. Dupin, dem Generalsteuerpächter. Wir vergnügten uns prächtig an diesem schönen Ort; wir hatten äußerst gut zu leben, und ich wurde fett wie ein Mönch. Wir machten recht viel Musik und führten Komödien auf.‹

Das ist die einzige Beschreibung, die Rousseau von einem der romantischsten Gebäude in Frankreich und von einem Lebensabschnitt gibt, der zu den angenehmsten seines unbequemen Lebensweges gezählt haben muß. Das achtzehnte Jahrhundert gab sich mit allgemeinen Epitheta zufrieden; und wenn Jean-Jaques sagt, daß Chenonceaux ein ›beau lieu‹ sei, dann glaubt er sich von weiterer Charakterisierung entbunden. Wir Spätgeborenen haben, zu unserem Vergnügen und unserer Pein gleichermaßen, die Mode spezifischer Begrifflichkeit erfunden, und ich fürchte, sogar schlichter Anstand verpflichtet mich, dieser Perle der Architektur der Touraine ein wenig mehr Tribut zu zollen als Rousseau. Glücklicherweise kann ich mich meiner Schuldigkeit voller Dank entledigen. Wenn man von Tours kommt, verläßt man das Loiretal und fährt das Tal des Cher hinauf, und nach etwa einer Stunde sieht man die Türmchen des Schlosses auf der rechten Seite zwischen Bäumen drunten über den Wiesen neben dem ruhigen kleine Flusse auftauchen. Der Bahnhof und das Dorf liegen zu Fuß etwa zehn Minuten vom Schloß entfernt, und im Dorfe befindet sich ein sehr sauberer Gasthof, wo Sie, wenn es Ihnen nicht allzusehr eilt, mit den Schatten der königlichen Mätresse und der eifernden Königin zu kommunizieren, vielleicht anhalten werden, um für den Abend ein Essen zu bestellen. Eine gerade, hohe Allee führt zu den Ländereien des Schlosses; um der Genauigkeit die Ehre zu geben, bin ich gezwungen hinzuzusetzen, daß sie von der Eisenbahnlinie gekreuzt wird. Doch hat man die Kreuzung so angelegt, daß das Schloß vorbeifahrende Züge nicht zur Kenntnis zu nehmen braucht – die tatsächlich, obwohl die Ländereien nicht groß sind, in völlig zureichender Entfernung vorbeifahren. Ich darf hinzusetzen, daß die Züge in diesem Teil Frankreichs allenthalben von geräuschloser, planloser, saumseliger, nahezu stationärer Beschaffenheit sind, wodurch sie weniger eine Belästigung darstellen als sonst. Es war Sonntagnachmittag, und das Licht war gelb, außer unter den Bäumen der Allee, wo es, obwohl der September sich seinem Ende zu neigte, grün dämmerte. Drei oder vier Bauern gingen im Festtagsgewand spazieren. Am Beginn der Allee saß ein Mann mit zwei Frauen auf einer Bank. Als ich mit meiner Begleitung näherkam, erhob er sich, nachdem er mich plötzlich fixiert hatte, und kam mit einem Lächeln auf mich zu, dessen (um mich einmal in Johnsons Manier auszudrücken) Zutraulichkeit durch Zurückhaltung gemildert und dessen Eifer durch Ehrerbietung verschönt war. Er näherte sich mir mit einer Art des Grußes, die mir bekannt vorkam, und ich kann zum Glück sagen, daß ich mich auch schon im nächsten Moment nicht mehr der Rohheit schuldig machte, nicht zu wissen, woher.

Es gibt nur einen Ort auf der Welt, wo die Menschen so lächeln, nur einen Ort, wo die Kunst des Grüßens von derart vollendeter Anmut ist. Dieses vortreffliche Geschöpf pflegte seinen Arm anzuwinkeln, wenn ich in Venedig meine Gondel bestieg; und jetzt legte ich meine Hand auf diesen Arm mit der Vertrautheit frohen Wiedererkennens; denn es war nur die Überraschung, die mich, wenn auch nur für einen Moment, davon abgehalten hatte, den freundlichen Francesco als Zierde der Landschaft der Touraine zu akzeptieren. Was, um alles in der Welt – das ist der richtige Ausdruck –, tat ein venezianischer Gondoliere in Chenonceaux? Er war mitsamt seiner Gondel und allem, was dazugehört, von der Herrin des bezaubernden Hauses aus Venedig herbeigeholt worden, um auf dem Cher herumzurudern. Unsere Begegnung war herzlich, wenngleich es etwas Gewalttätiges hatte, ihn so weit seiner Heimat zu sehen. Er war zu gut gekleidet, zu gut genährt; er war beleibt geworden, und seine Nase hatte die Tönung von gutem Bordeaux. Er ließ die Bemerkung fallen, daß das Leben in dem Haushalt, zu dem zu gehören er die Ehre hatte, das einer *casa regia* sei; was eine große Veränderung für den armen Checco bedeutet haben muß, dessen Gewohnheiten in Venedig keineswegs königlich waren. Gleichwohl war er immer noch der sympathische Checco; und nachdem ich ihn verlassen hatte, dachte ich noch fünf Minuten lang weniger an das kleine Lustschloß am Cher als an die Paläste des adriatischen Meeres.

Doch ließ die Aufmerksamkeit für das bezaubernde Gebäude, das sich unmittelbar vor uns erhob, nicht lange auf sich warten. Die blaßgelbe Front des Château, dessen geringe Ausmaße zuerst überraschend sind, erhebt sich jenseits eines beachtlichen Hofes, an dessen Eingang ein massiver und isoliert stehender Rundturm mit einem vorspringenden Türmchen an der Spitze (ein Relikt des Bauwerks, das der Vorgänger der jetzigen Villa gewesen war) Wache zu halten scheint. Dieser Hof ist nicht umfriedet – oder wenigstens nur umfriedet von den Gärten, von denen einige Abschnitte gegenwärtig dem Prozeß einer radikalen Umgestaltung unterworfen werden. Deshalb ragt, obwohl Chenonceaux nicht von großer Höhe ist, seine Fassade immer noch kühn genug empor. Diese Fassade, die zum Vollendetsten gehört, das die Touraine zu bieten hat, besteht aus zwei Stockwerken, die von einem Dachgeschoß überragt werden, das, wie so oft bei den Gebäuden der französischen Renaissance, der prachtvollste Teil des Hauses ist. In das steile Dach sind drei Fenster von wunderschöner Gestaltung eingelassen, überdacht von geschmückten Aufsätzen und gekrönt von mit Kriechblumen verzierten Spitzen. Das Fenster über der Tür bildet eine tiefe Nische; es öffnet sich auf einen Balkon, der in der Form einer doppelten Kanzel gestaltet ist – eine der bezauberndsten Einzelheiten der Vorderseite. Chenonceaux ist nicht groß, wie ich erwähnt habe, doch umschließt sein Areal ein gerüttelt Maß an Geschichte – einer Geschichte, die sich von derjenigen von Amboise und Blois darin unterscheidet, daß sie privater und empfindsamer Natur ist. Der Widerhall des Ortes, der heute sacht und sanft aus der Ferne kommt, ist nicht politischer, sondern persönlicher Art. Chenonceaux geht als Wohnsitz auf das Jahr 1515 zurück; damals errichtete der gewitzte Thomas Bohier – ein Staatsbeamter, der bei der Verwaltung der Finanzen der Normandie reichgeworden war und das

Besitztum von einer Familie erworben hatte, welche, nachdem sie viele Feudalherren hervorgebracht hatte, verarmt war – das gegenwärtige Gebäude auf den Fundamenten einer alten Mühle. Der architektonische Entwurf wird, ich weiß nicht mit wieviel Recht, Pierre Nepveu *alias* Trinqueau, dem kühnen Erbauer von Chambord, zugeschrieben. Nach dem Tode Bohiers ging das Haus an seinen Sohn, der jedoch mit brutalen Pressionen dazu gezwungen wurde, es an die Krone herauszugeben, als Kompensation für ein sogenanntes Defizit in den offiziellen Rechnungsbüchern seines flinken Vaters und Vorgängers. Franz I. behielt die Besitzung bis zu seinem Tode; doch Heinrich II. machte es bei seiner Thronbesteigung unverzüglich jener reifen Verführerin, dem Objekt der Bewunderung zweier Generationen, Diana von Poitiers, zum Geschenk. Diana verblieb im Genuß desselben bis zum Tode ihres Gönners; doch als dieses Ereignis eintrat, rächte sich die Witwe des Monarchen, die jahrelang sich in Schweigen der Vorherrschaft einer Rivalin hatte fügen müssen – die verzeihlichste aller Rachetaten, die sich mit dem Namen Katharina von Medici verbinden –, und warf sie hinaus. Diana benötigte keine Refugien, und Katharina wahrte die Form, indem sie ihr Chaumont zum Tausch überließ; doch Chenonceaux gab es nur einmal. Katharina widmete sich der Aufgabe, es noch einzigartiger zu gestalten. Das Element, das es zu einem Unikat seiner Art macht, ist erst wahrzunehmen und zu würdigen, wenn man um das Haus herumwandert, um es von der Seite zu sehen. Wenn eine gewisse hüpfende Leichtigkeit das charakteristische Merkmal von Chenonceaux ist, wenn sich in jedem seiner Züge zeigt, daß es ein Ort der Erquickung war – ein Ort, der zu zarten, erlesenen Lustbarkeiten ausersehen war –, dann bestätigt sich dieser Ausdruck nirgends besser als in der eigenartigen, unerwarteten Bewegung, mit welcher es sich über den Fluß hinweg fortsetzt. Der frühere Gebäudeteil steht im Wasser; er hatte seine Fundamente von der Mühle geerbt, welche Thomas Bohier hatte niederreißen lassen. Der erste Schritt war also auf Pfeilern soliden Mauerwerks vollführt worden; und die erfinderische Katharina – sie war eine *raffinée* – vollführte schlicht die nächsten Schritte. Sie setzte die Pfeiler bis zum anderen Ufer des Cher fort, und über diese ließ sie eine lange, gerade, doppelstöckige Galerie ziehen. Dieser Teil des Château, der im wesentlichen einem Hause gleicht, das auf einer Brücke errichtet wurde und diese über die gesamte Länge einnimmt, ist natürlich die große Merkwürdigkeit von Chenonceaux. Er weist auf jedem Stockwerk einen reizvollen Korridor auf, der im Inneren von beiden Seiten her durch das funkelnde Flußlicht illuminiert wird. Die Architektur dieser Galerien ist von außen gesehen von geringerer Eleganz als die des Hauptgebäudes, doch ist der Anblick des Ganzen köstlich. Ich habe von Chenonceaux als von einer ›Villa‹ gesprochen, wobei ich das Wort mit Bedacht gewählt habe, denn es ist weder ein Schloß noch ein Palast. Es ist zwar eine höchst außergewöhnliche Villa, doch hat es die wesentliche Eigenschaft einer Villa – nämlich das Aussehen, als sei es für das gewöhnliche Leben erschaffen. Diesem Aussehen widerspricht der Flügel über den Cher keineswegs, mit dem man doch nur Durchblicke im Inneren und intime Vergnügungen assoziiert – Spaziergänge zu zweit an regnerischen Tagen; Spiele und Tänze an herbstlichen Abenden; zusammen mit gelegentlichen Dialogen (oder Schweigen) im Mondschein, im Verlauf gar noch anregenderer Abende, in den deutlich hervortretenden Nischen der Fenster.

Mit Sicherheit läßt sich sagen, daß derlei Dinge dort im vorigen Jahrhundert stattfanden, unter der freundlichen Ägide von Monsieur und Madame Dupin. Diese Epoche präsentiert sich als die glücklichste in den Annalen von Chenonceaux. Ich weiß nicht, welchen Festzug die große Diana angeführt haben mag, und meine Phantasie, fürchte ich, wird nur schwächlich geschürt von den Aufzeichnungen über die luxuriösen Lustbarkeiten, welche an den Ufern des Cher von jener furchtbaren Tochter der Medici arrangiert wurden, deren Empfänglichkeit für die guten Dinge des Lebens in vollkommener Übereinstimmung stand mit ihrer Weigerung wahrzunehmen, warum andere am Leben bleiben und sie auch genießen wollten. Die beste Gesellschaft, die sich dort jemals versammelte, fand sich um die Mitte des achtzehnten Jahrhunderts in Chenonceaux ein. Das war, zumindest in Frankreich, gewiß das Zeitalter guter Gesellschaft, die Epoche, als die ›richtigen Leute‹ jegliche Eile aufboten, um zur rechten Zeit geboren zu werden. Solche Leute müssen natürlich zu den wohlversorgten Wenigen gehört haben – nicht zu den verelendeten Vielen; wenn eine Gesellschaft groß genug sein soll, um gut zu sein, so muß sie auch klein genug sein. Die sechzig Jahre, die der Französischen Revolution voraufgingen, waren das goldene Zeitalter der Kamingespräche und solcher Annehmlichkeiten, wie sie aus der Anwesenheit von Frauen erstehen, die zur Kunst der Geselligkeit sowohl geboren wie erzogen worden sind. Bei den Frauen jener Epoche war man wahrhaft in angenehmer Gesellschaft;

diese Tatsache wird in Tausenden von Dokumenten belegt. Chenonceaux bot einen vollkommenen Rahmen für freie Konversation; und ein nicht abreißender frohgemuter Diskurs muß sich mit dem fließenden Murmeln des Cher vermengt haben. Claude Dupin war nicht nur ein großer Geschäftsmann, sondern auch ein Mann der Ehre und ein Förderer des Wissens; und seine Frau war anmutig, geistreich und klug. Sie hatten dieses berühmte Besitztum durch Ankauf erworben (von einem der Bourbonen, da Chenonceaux nach dem Tod von Katharina von Medici zweihundert Jahre lang ständig in königlichen Händen geblieben war), und es kam auf ihren Sohn, Dupin de Francueil, den Großvater von Madame George Sand. Diese Dame beschreibt in ihrem Briefwechsel, der jüngst veröffentlicht wurde, einen Besuch, den sie vor über dreißig Jahren jenen Mitgliedern ihrer Familie abgestattet hat, die damals noch im Besitz des Hauses waren. Die heutige [1884] Eigentümerin von Chenonceaux ist die Tochter eines in Frankreich naturalisierten Engländers. Doch bin ich weit von meiner Geschichte abgekommen, die eine schlichte Skizze der Außenansicht dieser Stätte ist. Schräg von einer der Seiten gesehen, ist die Anlage zusammen mit Brücke und Galerie einzigartig und phantastisch, ein eindringliches Beispiel einer mutwilligen und kapriziösen Erfindung. Unglücklicherweise sind nicht alle Kapricen so anmutig und gelungen, und ich mißgönne die Ehre dieser hier der falschen und blutbefleckten Katharina. (Um genau zu sein, ich glaube, daß die Bögen der Brücke von der schon betagten Diana gelegt wurden. Es war allerdings Katharina, die das Baudenkmal vollendete.) Im Inneren ist das Haus, wie üblich, renoviert. Die Treppenhäuser und Decken sind in all den alten königlichen Residenzen in dieser Gegend von Frankreich die Teile, die am wenigsten gelitten haben; viele von ihnen haben noch viel von dem Leben der alten Zeit an sich. Einige der Gemächer von Chenonceaux jedoch, mit modernen Gegenständen vollgestellt wie sie sind, beziehen ein hinreichend gespenstisches und vielversprechendes Aussehen aus der tiefen Nischung ihrer schönen Fenster, welche die Schatten verdichtet und dunkle Winkel hervorruft. Es gibt eine zauberhafte kleine gotische Kapelle, deren Apsis auf das Wasser hinausragt und die sich an die linke Flanke des Hauses anschließt. Einige der oberen Balkone, die an der äußeren Fassade der Galerie entlang und entweder flußauf oder flußab schauen, bieten entzückende geschützte Verstecke. Wir schritten durch die untere Galerie zum anderen Ufer des Cher hinüber; dieser schöne Saal schien zur Zeit ein Purgatorium für antike Möbel zu sein. Er endet ziemlich abrupt; er hört einfach auf, mit einer durchgehenden Wand. Hier hätte sich natürlich ein Seitenflügel anschließen sollen, obwohl ich diese alte Unzulänglichkeit jedweder neuen Abhilfe vorziehe. Die Wand ist außerdem nicht so durchgehend, daß nicht eine Tür existiert hätte, die auf eine rostige Zugbrücke hinausgeht. Diese Zugbrücke führt über die kleine Lücke, die das Ende der Galerie vom Ufer des Flusses trennt. Das Haus ruht also nicht buchstäblich auf beiden Ufern des Cher, sondern es ruht auf dem einen und ruht nicht ganz auf dem anderen. Der Seitenflügel hätte das ausgeglichen; doch vermißten wir dieses imaginäre Element schon bald nicht mehr. Wir überquerten die kleine Zugbrücke und wanderten eine Zeitlang den Fluß entlang. Hier, vom gegenüberliegenden Ufer, sah das ganze Bauwerk noch zauberhafter aus als zuvor; und der schmale, friedliche, träge Cher, an dem zwei oder drei Männer zur Abendzeit angelten, floß unter den klaren Bögen und zwischen den soliden Piedestalen des Teiles, der ihn überspannte, mit wahrhaft weichem, verschwimmendem Licht in seinem Schoß dahin. Das war die richtige Perspektive; wir blickten über den Fluß der Zeit. Die ganze Szenerie war von köstlicher Sanftheit. Der Mond kam herauf; wir schritten durch die Galerie zurück und verweilten noch ein wenig in den Gärten. Es war ganz ruhig. Ich stieß im Dämmerlicht auf meinen alten Gondoliere. Er zeigte mir seine Gondel, doch fand ich es irgendwie abstoßend, sie hier zu sehen. *Mêler les genres*, wie die Franzosen sagen, gefällt mir nicht. Eine Gondel auf einem kleinen, flachen französischen Fluß? Das Bild war nicht weniger irritierend, wenngleich vielleicht weniger kränkend, als das Schauspiel eines Dampfschiffes auf dem Canale Grande, das mich eineinhalb Jahre zuvor aus Venedig vertrieben hatte. Wir kehrten zurück zum Bon Laboureur und warteten in der kleinen Gaststube auf den Spätzug nach Tours. Wir waren durchaus nicht ungeduldig, denn wir bekamen ein ausgezeichnetes Abendessen, mit dem wir uns zu beschäftigen wußten; und auch, nachdem wir diniert hatten, waren wir es immer noch zufrieden, eine Zeitlang dazusitzen und Bemerkungen über die überlegene Zivilisation Frankreichs auszutauschen. Wo sonst hätten wir es uns in einem Dorfgasthaus dermaßen wohlsein lassen können? Wo sonst hätten wir ohne Herablassung zu unserer Erquickung Platz nehmen können? Es hätte eine lange Reihe von Ländern gegeben, in denen es nicht zu unserem Glücke gewesen wäre, an einem Sonntagabend hungrig zu einer so bescheidenen Wirtschaft zu gelangen. In dem kleinen Gasthaus zu Chenonceaux war nicht nur die *cuisine* exzellent, sondern auch die Bedienung zuvorkommend. Serviert wurden die Speisen von Mademoiselle und ihrer Mama; so jedenfalls redete Mademoiselle die ältere Dame an, als sie für uns eine Flasche Vouvray mousseux entkorkte. Uns war sehr behaglich, wir waren sehr jovial; wir gingen sogar so weit, einander zu versichern, daß Vouvray mousseux ein herrlicher Wein sei. Dieser Meinung schloß sich allerdings ein Teil unseres Trios nicht an; doch dieses Mitglied der Gesellschaft hatte sich schon zuvor dem Vorwurf der Überempfindlichkeit ausgesetzt, als es sich weigerte, in Chaumont aus der Kutsche auszusteigen und sich die Hintertreppenansicht des Schlosses zu Gemüte zu führen.

AZAY-LE-RIDEAU

Ohne Überempfindlichkeit war es andererseits nur recht und billig zu erklären, daß das kleine Gasthaus zu Azay-le-Rideau äußerst schlecht war. Es war schrecklich schmutzig, und es wurde von einer dicken *mégère* geführt, die das Auftreten von vier vertrauensvollen Reisenden – wir waren zu viert bei jener Gelegenheit, mit einem erlauchten Vierten – offenkundig in Wut versetzte. Ich maß dieser ungezogenen Wirtin große Wichtigkeit bei, denn sie äußerte die einzigen unfreundlichen Worte, die ich (in Zusammenhang mit mir und meinen Anliegen) im Verlaufe einer etwa sechswöchigen Reise in Frankreich zu Ohren bekam. Frühstücke also nicht in Azay-le-Rideau, allzu vertrau-

ensvoller Reisender; oder wenn du es tust, dann sei
entweder äußerst devot oder äußerst kühn. Frühstücke
nicht, es sei denn unter dem Druck irgendwelcher
Umstände; doch lasse dich von keinerlei Umständen
davon abhalten, das große Herrenhaus dieses Ortes zu
besuchen, das sich durchaus mit Chenonceaux messen
kann. Das Dorf liegt nahe seinen Toren, obgleich man
es, wenn man diese Tore durchschreitet, durchaus
hinter sich läßt. Wie in Chenonceaux führt eine kleine
Allee zu dem Schloß, die eine hübsche Perspektive
bildet, wenn man sich dem skulpturengeschmückten
Eingang nähert. Azay stellt ein höchst vollendetes und
schönes Werk dar; ich würde es auf einer etwaigen Liste
der großen Häuser dieser Gegend Frankreichs, die jene
Häuser nach der Rangfolge ihrer Reize verzeichnet, an
dritte Stelle setzen. Was die Schönheit der einzelnen
Elemente betrifft, so rangiert es hinter Blois und Chenonceaux, doch kommt es vor Amboise und Chambord. Andererseits ist es an Würde den letzteren beiden
riesigen Anlagen unterlegen. Wie Chenonceaux ist es
ein Wasserschloß, wenngleich es spärlicher umspült ist
als das kleine Château am Cher. Es besteht aus einem
großen, viereckigen *corps de logis* mit Rundtürmen an
jeder Ecke und erhebt sich aus einem etwas zu verschla-
fenen Teich. Es ist von Wasser – dem Wasser des Indre
– umgeben, doch netzt es seine Füße nur auf einer Seite
im Schloßgraben. Auf einer der anderen Seiten
erstreckt sich eine kleine Terrasse, die als Garten gestaltet ist, und auf der Vorderseite dominiert ein weiter
Hof, der durch einen Flügel gebildet wird, welcher auf
der rechten Seite sich nach vorn hin erstreckt. Diese
Vorderseite, die von Skulpturen bedeckt ist, entfaltet
eine Wirkung von größter Pracht und Stattlichkeit. In

den Hof gelangt man mittels einer Brücke, die über den Teich führt, und das Haus würde sich in dieser Wasserfülle widerspiegeln, wenn das Wasser eine Nuance weniger trüb wäre. Doch liegt eben eine gewisse Stagnation – welche nicht nur auf einen der Sinne wirkt – über den pittoresken Teichen von Azay. Am diesseitigen Ende der Brücke befindet sich ein Garten, der von prachtvollen alten Platanen überschattet wird – ein Garten, der von Gewächshäusern und einem schönen, von einem doppelten Pförtnerhaus flankierten Eingangstor aus dem vorigen Jahrhundert umgeben ist. Jenseits des Schlosses und der stehenden Gewässer dahinter befindet sich ein sogenannter *parc*, der jedoch, das muß eingeräumt werden, wenig an parkähnlicher Schönheit aufweist. Die alten Herrenhäuser haben sich – in großer Zahl – in Frankreich erhalten; doch der alte Baumbewuchs ist nicht erhalten, und der entblößte Anblick der wenigen Morgen Landes, die die Châteaux der Touraine umgeben, ist mitleiderregend für den Reisenden, der sich die Maßstäbe für derlei Dinge im Lande der ›stately homes‹, der großen Landsitze des britischen Adels, angeeignet hat. Der Gartengrund des herrschaftlichen Chaumont gleicht dem einer englischen Vorstadtvilla; und dort wie an anderen Orten läßt der Anblick der ungepflegten Wege und Wiesen kaum einen Gedanken an den Gärtner aufkommen, wie ihn die britischen Inseln kennen. Der Landsitz, wie wir ihn vor uns sehen, stammt aus dem frühen sechzehnten Jahrhundert; und der emsige Abbé Chevalier spricht in seinem sehr vergnüglichen, wenn auch ein wenig schönfärberischen Buch über die Touraine* von ihm als

---

* *Promenades pittoresques en Touraine.* Tours 1869.

dem ›vielleicht reinsten Ausdruck der *belle Renaissance françoise*. ›Seine Höhe‹, so fährt er fort, ›gliedert sich in zwei Stockwerke und findet Abschluß unter dem Dach in einem hervorstehenden Gesims, das eine Reihe von Pechnasen imitiert. Gemeißelte Kamine und hohe Giebelfenster, die von Bildwerken bedeckt sind, ragen aus den Dächern empor; elegant gestaltete Erker auf Kragsteinen stehen mit größter Schwerelosigkeit über die Ecken des Gebäudes hinaus. Die Nüchternheit der Hauptlinien, die Harmonie zwischen den leeren und den ausgefüllten Flächen, die herausstehende Vorkragung der krönenden Teile, die Zartheit aller Details bilden ein berückendes Ganzes.‹ Und dann spricht der Abbé von der wunderbaren Treppe, die die Nordfront ziert und die, mit ihrer Fortsetzung im Inneren, den wichtigsten Kunstschatz von Azay ausmacht. Die Treppe führt in einer der prächtigsten Säulenhallen empor – einem Portikus, über dem ein riesiger Salamander in den dekorativsten Verrenkungen schwelgt. Die skulpturierten Steingewölbe, die die Windungen der Treppe im Inneren überdachen, die Früchte, Blumen, Monogramme und heraldischen Symbole sind von nobelstem Effekt. Das Innere des Château ist prachtvoll, luxuriös und äußerst modern; doch bietet es kein Bild, das sich mit seinem äußeren Antlitz vergleichen ließe, über dem, mit seinen reizvollen Proportionen, seiner üppigen, doch keineswegs extravaganten Skulpturierung, etwas ausgesprochen Ruhiges und Reines liegt. Besonderes Gefallen fand ich an dem hohen, steilen, alten Dach mit seiner Neigung aus bläulichem Schiefer, und an der Weise, wie die wettergegerbten Kamine aus diesem hervorzuwachsen schienen – wie Lebewesen in tiefem Boden. Der einzige

Mangel des Hauses ist die Glätte und Kahlheit seiner Mauern, die nichts von der zarten Patina zeigen, die – für das Auge – so gut zu der Oberfläche alter Wohnstätten paßt. Doch trifft auch zu, daß diese Kahlheit dem Gebäude eine Art von silbrig weißem Anstrich verleiht, in welchem sich der Schimmer der ruhigen Teiche und sogar des kargen und schattenlosen Parkes fortsetzt.

LANGEAIS

Ich weiß kaum, was ich über die Farbe von Langeais sagen soll, welches, wenngleich ich es bis zum Ende meiner kleinen Skizze der Touraine aufbewahrt habe, das Ziel des ersten Ausfluges war, den ich von Tours aus gemacht habe. Langeais ist recht dunkel und grau; es ist vielleicht das schlichteste und schmuckloseste aller Loireschlösser. Ich weiß nicht, warum ich es mir vor allen anderen angesehen habe, es sei denn, es war, weil ich mich an jene Duchesse de Langeais erinnerte, die in mehreren Romanen von Balzac auftritt, und diese Assoziation eine machtvolle Wirkung auf mich ausübte. Die Duchesse de Langeais ist eine etwas durchsichtige Fiktion; doch ist das Schloß, von welchem sich Balzac den Adelstitel seiner Heldin ausgeborgt hat, ein sehr massives Faktum. Meine obigen Zweifel, ob ich es außergewöhnlich grau nennen sollte, rühren daher, daß ich es unter einem Himmel sah, der fast alles dunkel aussehen ließ. Ich habe jedoch eine sehr angenehme Erinnerung an jenen feuchten und melancholischen Nachmittag, der sehr viel herbstlicher war als viele der Tage, die ihm folgten. Langeais liegt flußabwärts an der Loire, in der Nähe des Flusses, von Tours aus gesehen auf der anderen Seite, und um dorthin zu gelangen, braucht man eine halbe Stunde mit dem Zug. Man kommt auf dem Weg an dem Château de Luynes vorüber, das mit seinen Rundtürmen, die das Nachmittagslicht einfangen, auf dem Hügel in der Ferne ungemein schön aussieht; man kommt auch an den Ruinen des Schlosses von Cinq-Mars vorüber, dem angestammten Wohnsitz des jungen Günstlings Ludwigs XIII., des Opfers Richelieus und Helden des Romans von Alfred de Vigny, der üblicherweise jungen Damen empfohlen wird, die dem Studium des Französischen obliegen. Langeais ist sehr eindrucksvoll und entschieden düster; es stellt den Übergang von der Architektur der Verteidigung zu der der Eleganz dar. Es erhebt sich massiv und steil aus der Mitte des Dorfes, dem es seinen Namen verleiht und das es völlig beherrscht; so daß einem, wenn man auf der gewundenen, leeren Straße davor steht, nichts anderes übrigbleibt, als zu seiner schweren, überhängenden Brüstung und den riesigen Türmen emporzustarren, die von Schieferdächern, die Löschhütchen gleichen, überragt werden. Wenn man jedoch dieser Straße bis zu ihrem Ende folgt, begegnet man den üblichen Zierden eines französischen Dorfes: kleinen Teichen oder Zisternen, mit Frauen, die am Rande auf den Knien hocken und einen triefenden Leinenklumpen klopfen und walken: braunen alten Weibern, deren Gesichtshaut die Nachthauben (die sie bei Tage tragen) blendend weiß aussehen läßt; kleine Durchgänge, die die dichte Reihe der Dorfhütten durchbrechen und hinter diesen einen kurzen Blick auf die Lebendigkeit eines grünen Gartens eröffnen. Auf der Rückseite des Schlosses erhebt sich ein Hügel, auf dem früher einmal einige Ausläufer des Schlosses gestanden haben müssen und der zum Teil wirklich noch von seinem Hof umschlossen wird. Man kann um diese Erhebung herumgehen, die mit den kleinen Dorfhäusern zu ihren Füßen das Schloß nach hinten abschirmt. Diese Umfriedung wird jedoch nicht trutzig bewacht; denn ein schmaler, unebener Pfad, den man sogleich erreicht, führt zu einem offenen Tor hinan. Dieses Tor bietet Einlaß zu einem ausdruckslosen und recht klein bemessenen *parc*, der den Rücken des Hügels bedeckt und durch den man zu den Schloßgärten gehen kann. Diese Gärten von geringer Ausdehnung liegen mit ihren leuchtenden Beeten den dunklen Mauern gegenüber und bilden, indem sie den sanft ansteigenden Hügel bedecken, gleichsam die vierte Seite des Hofes. Dies ist der stattlichste Anblick der Anlage, die einem reichlich düster und grau erscheint, wenn man – nachdem man ein adrette junge Frau, die aus dem Schloß hervorstürzt, um einen nach seinem Begehr zu fragen, um Erlaubnis gebeten hat – dort auf einer Gartenbank sitzt und die drei hohen Türme auf sich wirken läßt, die sich an diese innere Fassade anlehnen und jeweils das Gehäuse einer Treppe bilden. Die riesige, auf Kragträgern ruhende Brüstung (eine der Sehenswürdigkeiten von Langeais), die nur zur Zierde dient, da sie keine Pechnasen aufweist, obwohl es so aussieht, setzt sich auch an der inneren Fassade fort. Das Ganze hat eine schöne, feudale Ausstrahlung, obwohl es doch auf den Ruinen des Feudalismus errichtet wurde.

Das Hauptereignis in der Geschichte des Schlosses ist die Hochzeit von Anne de Bretagne mit ihrem ersten Gatten, Karl VIII., die 1491 in seinem großen Saal stattfand. In diesen großen Saal wurden wir von der adretten jungen Frau geführt – in diesen großen Saal wie zu etlichen anderen Sälen, Wendeltreppen, Galerien, Gemächern. Der Cicerone von Langeais hat es allzu eilig; auf diese Tatsache wird auch in dem ausgezeichneten Guide-Joanne hingewiesen. Diese schlecht verhohlene Unsitte läßt sich im Lande der Loire jedoch bei jedem beobachten, der einen Schlüssel trägt. Gewiß, in Langeais gibt es nicht allzuviel Gelegenheit für den Touristen, in seiner Schwäche des Herumtrödelns zu schwelgen; denn die Gemächer, wenngleich sie alle möglichen kuriosen Antiquitäten enthalten, sind nicht von erstrangigem Interesse. Sie sind wirklich kalt und moderig, mit jenem anrührenden Geruch alter Möbel, wie alle Gemächer sein sollten, durch welche der unersättliche Amerikaner im Gefolge eines gelangweilten Domestiken wandert und immer wieder stehen bleibt, um eine verblichene Tapisserie anzustarren oder den Namen auf dem Rahmen irgendeines einfältig lächelnden Porträts zu lesen.

Für unsere Rückreise nach Tours hatten meine Begleitung und ich auf einen Zug gezählt, welcher (wie es in Frankreich nicht ungewöhnlich ist) nur auf dem *Indicateur des Chemins de Fer* existierte; und statt auf den nächsten zu warten, mieteten wir ein Gefährt, das uns nach Hause bringen sollte. Es entpuppte sich als eine armselige *carriole* oder *patache*, mit dem Zubehör einer schwerfälligen weißen Stute und eines kleinen, runzligen uralten Bauern, der dem Anlaß zu Ehren einen neuen Kittel von außerordentlicher Steifheit und Bläue angelegt hatte. Wir mieteten den Zweisitzer von einer energischen Frau, die mit eigenen Händen einspannte; in der Touraine und dem Blésois spielen Frauen offenbar in der Fahrzeugvermietung wie auch in vielen anderen Geschäftszweigen eine wesentliche Rolle. Tatsächlich gibt es keinen Bereich menschlicher Aktivität, in welchem man in Frankreich nicht damit rechnen müßte, eine Frau beschäftigt zu sehen. Gewiß, es sind keine Frauen unter den Priestern; doch sind die Priester mehr oder weniger Frauen. Sie sind nicht in der Armee, könnte man sagen; doch eigentlich sind sie die wahre Armee. Sie sind überwältigend. In Frankreich muß man mit den Frauen rechnen. Die Fahrt von Langeais zurück nach Tours war lang, langsam und kalt; gelegentlich bekamen wir einen Spritzer Regen ab. Doch führt die Straße zumeist dicht an der Loire entlang, und es lag etwas in unserem Zockeltrott durch das dunkelnde Land neben dem dahinfließenden Strom, das sich durchaus genießen ließ.

LOCHES

Daß ich meine kurze Erwähnung von Loches bis zum Schluß aufgespart habe, hat zur Folge, daß ich nicht mehr genug Platz und Muße dafür habe; doch eigentlich würde ein kurzer und eiliger Bericht über jenen außerordentlichen Flecken meinem Besuch am besten entsprechen. Es war eine ängstliche Freude, die wir, meine Begleitung und ich, an jenem Nachmittag ergatterten, als wir den Zug nach Loches nahmen. Dieses Mal war das Wetter fürchterlich gegen uns gewesen: wieder und wieder wurde ein Tag, der schön zu werden versprochen hatte, nach dem Mittagessen hoffnungslos schlecht. Schließlich entschieden wir, daß wir, wenn wir den Ausflug nicht bei Sonnenschein machen konnten, ihn mit der Hilfe unserer Schirme machen würden.

Wir packten sie also mit festem Griff und brachen zum Bahnhof auf, wo wir draußen unzumutbar lange von den Manövern gewisser Züge aufgehalten wurden, die mit entlassenen (und heiteren) Rekruten beladen waren, deren Dienstzeit um war und die im Begriffe standen, dem zivilen Leben wiedergegeben zu werden. Die Züge in der Touraine sind eine Zumutung; für Ausflüge sind sie eigentlich kaum zu gebrauchen. Wenn sie eine Hinfahrt zur richtigen Zeit bieten, dann nur unter der Bedingung, daß sie einen zur falschen Zeit wieder zurückbringen; sie lassen einem entweder viel zu wenig Zeit, um das Schloß oder die Ruine zu erforschen, oder sie lassen einen über Zeiträume hinweg angepflanzt vor diesen stehen, die länger dauern als der Wissensdrang vorhält. Sie sind boshaft, kapriziös, ärgerlich. Das Problem bestand darin, daß wir nur eine oder zwei Stunden für Loches hatten, so daß wir dem Zufall nichts überlassen konnten. Einer der Zufälle war jedoch, daß der Regen aufhörte, ehe wir dorthin gelangten, und von einer milden Temperatur und einem kühlen und niedrigen Himmel abgelöst wurde, die vollkommen zu der alten, grauen Stadt paßten. Loches ist gewiß einer der größten Eindrücke für den Reisenden in Mittelfrankreich – diese große Anhäufung denkwürdiger Dinge, die sich seinem Blicke darbietet. Es erhebt sich über dem Tal der Indre, jenes reizvollen Flusses, der, in Wiesen und Riedgras gefaßt, die Provinz von Berry und viele der Romane von Madame George Sand durchzieht; vom Gipfel eines Hügels, den es bis zum Fuße hin bedeckt, läßt es eine Wirrnis von Terrassen, Wallanlagen, Türmen und Spitzen emporragen. Da wir, wie ich schon sagte, wenig Zeit hatten, erklommen wir ungestüm den Hügel und wanderten zügig durch sein Labyrinth von Altertümern. Der Regen hatte definitiv aufgehört, und abgesehen davon , daß wir dauernd an unseren Zug denken mußten, sahen wir Loches unter günstigsten Umständen. Wir genossen jenes Gefühl, mit dem der gewissenhafte Tourist wohlvertraut ist – oder sein sollte – und für das er jedenfalls in seiner vorgeprägten Sprache ein Klischee parat hat. Wir ›machten die Erfahrung‹, wie man so sagt (was für ein hochtrabender Ausdruck), ›einer angenehmen Enttäuschung‹. Wir waren überrascht und erfreut; wir hatten aus irgendeinem Grunde geargwöhnt, daß es mit Loches nicht viel auf sich habe.

Ich weiß kaum, was das Beste dort ist: die eigenartige und eindrucksvolle kleine Stiftskirche mit romanischer Vorhalle oder Narthex, mit ihren von primitiver Skulpturierung der prächtigsten Art überzogenen Eingängen, mit ihrem Prunkstück des sogenannten Heidenaltars, der in Metall getriebene kämpfende Krieger aufweist, mit ihren drei pyramidenförmigen Kuppeln, so unerwartet, so unheimlich, wie ich es nirgends sonst bei kirchlicher Architektur angetroffen habe; oder der riesige viereckige Bergfried aus dem elften Jahrhundert – der felsenähnlichste Turm, an den ich mich erinnern kann, in dessen unermeßliche Dicke ich nicht eindrang; oder die unterirdischen Mysterien zweier weiterer, weniger spektakulärer, doch nicht weniger historischer Verliese, in welche uns ein entsetzlich herrischer kleiner Cicerone geleitete, mit Hilfe hinabführender Leitern, Seile, Fackeln, Warnungen, ausgestreckter Hände und manch furchterregender Anekdoten – und alles in undurchdringlicher Dunkelheit. Diese schrecklichen Gefängnisse von Loches, unglaublich tief und fern des Tageslichtes, riefen die Erinnerung an Ludwig XI.

wach und wurden, wie ich glaube, zum größten Teil von ihm errichtet. Einer der Schloßtürme ist mit den Haken oder der Halterung des berühmten eisernen Käfigs verziert, in welchem er den Kardinal La Balue gefangenhielt, der so viel länger überlebte, als es sich bei dieser außerordentlichen Verquickung von Abgeschiedenheit und Zurschaustellung hätte erwarten lassen. All diese Dinge gehören zu dem Schloß von Loches, dessen ungeheure *enceinte* den oberen Teil des Hügels in seiner Gesamtheit überzieht und eine Unzahl von geschleiften Portalen, verwinkelten Durchgängen, gewundenen, zu Ausfallpforten führenden Wegen und lange Fassaden aufweist, die auf Terrassen hinausgehen, welche zu betreten dem Besucher versagt ist, der voller Ärger bemerken muß, daß man von dort die großartigsten Ausblicke hat. Diese Ausblicke sind Eigentum des Subpräfekten des Departements, der im Château de Loches residiert und sich auch eines Gartens erfreuen kann – gedrängt und gestutzt, wie die Gärten alter Schlösser, die auf Hügelspitzen thronen, nun einmal oft sind – in dem ein Roßkastanienbaum von märchenhafter Größe steht, ein Baum von einem solch ungeheuren und vollkommenen Umfang, daß die gesamte Bevölkerung von Loches in konzentrischen Kreisen unter seinen Zweigen Platz nehmen könnte. Das Juwel des Ortes jedoch ist weder der große *marronier* noch die Stiftskirche, weder das mächtige Verlies noch die gräßlichen Gefängnisse Ludwigs XI.; es ist schlicht das Grab der Agnes Sorel, *la belle des belles,* die so viele Jahre lang die Mätresse Karls VII. war. Sie wurde 1450 in der Stiftskirche beigesetzt, von wo ihre sterblichen Überreste zusammen mit dem diesen zum Angedenken errichteten Grabmal zu Beginn unseres

Jahrhunderts in einen der Schloßtürme überführt wurden. Sie hat sich allezeit – ich weiß nicht, mit wieviel Recht – eines reineren Rufes erfreut als die meisten der Damen, die ihre Stellung innegehabt haben, und diese Reinheit drückt sich in der zarten Statue aus, die ihr Grab krönt. Sie stellt sie liegend dar, von schönem Ernst, die Hände in Züchten gefaltet; zu beiden Seiten ihres Hauptes kniet ein kleiner Engel, und ihre Füße, die sich in den Falten ihres bescheidenen Gewandes verbergen, ruhen auf einem Paar liegender Lämmer, unschuldiger Hinweise auf ihren Namen. Agnes war jedoch durchaus kein Lamm, jedenfalls nicht insofern sie sich, zumindest laut volkstümlicher Überlieferung, energisch für die Vertreibung der Engländer aus Frankreich eingesetzt hat. Einer der Eindrücke, die Loches evoziert, ist, daß der junge Karl VII., wie schlecht es um ihn hinsichtlich eines Kronschatzes und einer Hauptstadt auch immer bestellt gewesen sein mag – ›le roi des Bourges‹, so wurde er in Paris genannt –, dennoch eher ein bevorzugter Sterblicher war, indem er vor der Nachwelt zwischen der edlen Johanna und der *gentille Agnès* aufragt; wobei allerdings sehr viel mehr Ehre von der einen dieser beiden Gefährtinnen auf ihn fällt als von der anderen. Ein fast ebenso zartes altertümliches Relikt wie dieses faszinierende Grabmal ist die exquisite kleine Andachtskapelle der Anne de Bretagne, von den Räumlichkeiten des Schlosses das einzige Gemach, das der Beachtung wert ist. Dieser kleine Raum, der kaum größer ist als ein Kabinett und zu dem Gebäudeanbau gehört, den Karl VIII. errichten ließ, ist über und über mit den eigenartigen und bemerkenswert dekorativen heraldischen Symbolen des Hermelintüpfels und des Knotenstrickes verziert. Die

Ausführung selbst ist nicht einmal von besonderer Anmut, doch entfaltet die ständige Wiederholung des Emblems an den Wänden und an der Decke eine prachtvolle Wirkung, trotz der neuen weißen Tünche, mit welcher diese, wenn ich mich richtig erinnere, überzogen worden sind. Die kleinen Straßen von Loches wandern in Windungen den Hügel hinab und sind voller bezaubernder, pittoresker Motive: ein altes Stadttor, das unter einem mittelalterlichen Turm hindurchführt, den gotische Fenster und leere Statuennischen zieren; ein bescheidener, doch zierlicher *hôtel de ville* im Renaissancestil, der sich dicht an seine Seite drängt; eine eigenartige *chancellerie* aus der Mitte des sechzehnten Jahrhunderts, mit mythologischen Gestalten und einer lateinischen Inschrift an der Fassade – wobei diese letzteren beiden Gebäude recht unerwartete Sehenswürdigkeiten in der wirr zusammengewürfelten und abschüssigen kleinen Stadt sind. Loches hat auf der anderen Seite der Indre eine Unterstadt, auf welche von der Anhöhe hinabzusehen wir uns begnügten, während wir uns allerdings gefragt hatten, ob es, selbst wenn es nicht schon spät geworden und der Zug zu einer passableren Zeit gefahren wäre, der Mühe wert sei, den Weg über die Brücke zu nehmen, um zu der Terracotta-Büste von Franz I. emporzuschauen, die die Hauptzierde des Château de Sansac und des Vororts Beaulieu bildet. Ich glaube, wir faßten den Entschluß, daß wir es lassen sollten, daß wir schon oft an der längsten Nase der Geschichte Maß genommen hatten.

BOURGES

Ich weiß nicht, ob man je die genauen Grenzen eines Ausfluges im Unterschied zu denen einer Reise festgelegt hat; wie dem auch sei, es schien mir nicht zu meinen Aufgaben in Tours zu gehören, diese Frage zu lösen. Deshalb erachtete ich es – obwohl es der Zweck meines Aufenthaltes in Tours gewesen war, Ausflüge zu machen – auf dem Weg nach Bourges als unmöglich, zu bestimmen, zu welcher Kategorie diese kleine Expedition gehören mochte. Ich kehrte erst am dritten Tage nach Tours zurück; und die Entfernung, die größtenteils nach Einbruch der Dunkelheit zurückgelegt wurde, war sogar noch größer, als ich angenommen hatte. Das allerdings war zum Teil einem lästigen Aufenthalt in Vierzon zuzuschreiben, wo ich mehr als genug Zeit hatte, zu Abend zu essen, und zwar sehr schlecht, am *buffet*, und das Gebaren einer Familie zu beobachten, die in Tours in meinen Eisenbahnwagen eingestiegen war und zu meiner Erbauung den ganzen Weg über von jenem Bahnhof an ohne jegliche Zurückhaltung parlierte – eine Familie, die zur Klasse der *petite noblesse de province* zuzuordnen ich unterhaltsam fand. Ihre adlige Herkunft bestätigte sich durch die Weise, wie alle im Speisesaal ›*maigre* aßen‹ (es war zufällig Freitag), als wäre es möglich gewesen, dort auch etwas anderes zu haben. Sie aßen zwei oder drei Omeletts pro Kopf und ebenso viele Küchlein, während die sehr bestimmte, gesprächige Mutter ihre Kinder bewachte, als der Kellner das gebratene Geflügel servierte. Es war mein Geschick, bis zum Ende Zeuge der Geheimnisse dieser Familie zu sein; denn während ich Platz nahm im leeren Zug, der darauf wartete, uns nach Bourges zu bringen, stopfte dieselbe umsichtige Frau ihre ganze Familie in mein Abteil, obwohl im vorderen und im hinteren Wagen überhaupt kein Reisender war. Es war besser, so stellte ich fest, am Bahnhof von Vierzon die Abendmahlzeit eingenommen zu haben (auch wenn sie aus Omeletts und Küchlein bestand) als im Hotel in Bourges, das mir, als ich dort um neun Uhr abends anlangte, nicht gerade wie die Krönung der Hotellerie vorkam. Die Gasthäuser in den kleineren französischen Provinzstädten sind alle ›commercial‹, wie der Begriff lautet, und der *commis-voyageur* hält sie triumphierend mit Beschlag belegt. Von ihm bekam ich in den folgenden Wochen noch recht viel zu sehen; denn er war offensichtlich der einzige Reisende in den südlichen Provinzen, und es war mein tägliches Schicksal, ihm an der Table d'hôte und in der Eisenbahn gegenüberzusitzen. Man erkennt ihn an zwei untrüglichen Kennzeichen – seine Hände sind dick, und er steckt sich die Serviette in den Hemdkragen. Trotz dieser Idiosynkrasien schien es sich mir um einen reservierten und unauffälligen Menschen zu handeln, mit unvergleichlich wenig jener demonstrativen Leutseligkeit, die als seine Haupteigenschaft beschrieben worden ist. Ich habe niemanden gesehen, der mich an Balzacs ›illustren Gaudissart‹ erinnert hätte; und wirklich habe ich im Verlaufe meiner einmonatigen Reise durch große Teile Frankreichs so wenig oberflächliches Geplauder gehört, daß ich mich fragte, ob sich mit dem Geist der Leute nicht ein Wandel vollzogen habe. Sie kamen mir so schweigsam vor wie Amerikaner, wenn Amerikaner einander nicht ›vorgestellt‹ worden sind, und schienen unendlich viel weniger geneigt zu sein, in der Eisenbahn oder an der Table d'hôte beiläufige Bemerkungen auszutauschen, als der zwanglose und oberflächliche Engländer; eine Tatsache, die vielleicht nicht erwähnenswert wäre, wiche sie nicht von dem Ruf ab, den die Franzosen lange Zeit genossen haben, nämlich eine sehr umgängliche Nation zu sein. Der Gemeinplatz vom Charakter eines Volkes ist jedoch vage und dazu angetan, dem Reisenden, der eigene Beobachtungen anstellt, als recht weit danebengegriffen aufzufallen. Die Engländer, die seit Unzeiten (hauptsächlich von den Franzosen) als die stumme, steife, unnahbare Rasse dargestellt wurden, legen heute eine bemerkenswerte Leutseligkeit und Gesprächigkeit an den Tag und zeichnen sich durch eine leichte Hand im Umgang mit Menschen aus. Andererseits sieht sich wohl jeder, der Gelegenheit hatte, ein halbes Dutzend Franzosen zu beobachten, die den ganzen Tag zusammen in einem Eisenbahnwagen verbringen, ohne je das Schweigen zu brechen, dazu gezwungen anzunehmen, daß der traditionelle Ruf dieser Herren einfach irgendein überlebtes altes Klischee ist. Es hatte zweifellos vor der Revolution seine Gültigkeit; doch hat es seitdem große Veränderungen gegeben. Die Frage, ob es von besserem Geschmack zeugt, wenn man mit Fremden spricht oder wenn man den Mund hält, ist eine andere Sache; ich neige dazu anzunehmen, daß die französische Reserviertheit das Ergebnis einer bestimmteren Auffassung von sozialem Verhalten ist. Ich gehe nur darauf ein, weil sie vom nationalen Ruf abweicht und zugleich mit ganz unkomplizierten Lebensansichten in gewissen anderen Hinsichten in Einklang steht. Bezüglich mancher der letzteren Aspekte war der Boule d'Or in Bourges äußerst instruktiv; prunkend mit einer Empfangshalle, in welcher inmitten von alten Stiefeln, die zum Putzen gebracht worden waren, von alten Leintüchern, die zum Waschen sortiert wurden, und von übelriechenden Lampen, die ihrer Wiederauffüllung harrten, nahm dort ein seltsames, vertrauliches, buntgewürfeltes Haushaltsleben seinen Lauf. Kleine Küchenjungen mit weißen Hauben und Schürzen schliefen auf schmierigen Bänken; der Stiefelputzer starrte einen an, während man hilflos in einer Reihe von Fächern nach seinem Kerzenhalter oder seinem Schlüssel fingerte; und inmitten des Kommens und Gehens der *commis-voyageurs* saß eine kleine Näherin über die Unterwäsche der Wirtin gebeugt – welch letztere eine schwerfällige, starre, schweigsame Frau war, die die Leute sehr streng ansah.

BOURGES: DIE KATHEDRALE

Sie sollte nicht in der Art und Weise besichtigt werden, wie ich den ganzen Weg von Tours zurückgelegt hatte; so daß ich innerhalb von zehn Minuten nach meiner Ankunft im Hotel mich noch einmal in die Dunkelheit hinauswagte, um irgendwie und irgendwo eine glücklichere Beziehung herzustellen. Wie spät am Abend ich auch immer an einem Ort ankomme, ich gehe niemals zu Bett, ohne mir meinen Eindruck verschafft zu haben. Die natürliche Stelle in Bourges, um danach Ausschau zu halten, schien die Kathedrale zu sein; die darüber hinaus das einzige war, was meine Anwesenheit *dans cette galère* rechtfertigen konnte. Ich verließ den kleinen Platz vor dem Hotel und ging eine enge, steile Gasse hinauf, die mit großen, groben Steinen gepflastert war und von einem Fußweg noch nichts gehört hatte. Es war eine strahlend sternklare Nacht; die Stille einer schlafenden *ville de province* lag über allem; ich hatte den ganzen Ort für mich allein. Am oberen Ende der Gasse bog ich rechts ab, wo mich ein kurzer, kaum wahrnehmbarer Weg auch sogleich in Sichtweite der Kathedrale brachte. Ich näherte mich ihr schräg von hinten; sie ragte ungeheuer und erhaben in der Dunkelheit über mir empor. Sie steht zuoberst einer ausgedehnten, doch nicht sehr hohen Erhebung, über die Bourges verstreut liegt – ein sehr guter Standort, verglichen mit dem vieler französischer Kathedralen, denn sie sind nicht alle so nobel gelegen wie Chartres und Laon. Auf der Seite, von welcher ich auf sie zuging (der Südseite), steht sie einigermaßen frei, obwohl die Umgebung ärmlich ist; auf der Vorderseite ist sie eher zu eng eingeschlossen. Diese Mängel gleicht sie jedoch auf der nördlichen und auf der rückwärtigen Seite aus, wo sie vom Garten des erzbischöflichen Palais, der zu einem öffentlichem Park mit den üblichen, streng gestutzten Alleen des *jardin français* umgestaltet wurde, herrlich zu bewundern ist. Ich muß hinzusetzen, daß ich diese Aspekte erst am nächsten Tage würdigen konnte. Als ich so im Licht der Sterne dastand, von denen viele herbstlich klar waren, während andere als Sternschnuppen über den Himmel schossen, ragte das riesige unförmige Schiff der Kirche über mir empor, wie wohl sehr ähnlich der schwarze Rumpf eines Schiffes auf hoher See über dem einsamen Schwimmer emporragt. Sie sah gigantisch aus, unheimlich, ein dunkler Leviathan.

Am nächsten Morgen, es war schönes Wetter, verlor ich keine Zeit, zu ihr zurückzukehren, und ich stellte mit Zufriedenheit fest, daß das Tageslicht ihr keinen Abbruch tat. Die Kathedrale von Bourges ist wirklich von glanzvoller Größe, und wenn sie einiges an Leichtigkeit und Anmut zu wünschen übrig läßt, so ist sie vielleicht deshalb um so imposanter. Ich las in dem exzellenten Handbuch von M. Joanne, daß sie ›dès 1172‹ geplant wurde; doch erst anfangs des dreizehnten Jahrhunderts wurde mit ihrem Bau begonnen. ›Das Schiff‹, so setzt der Autor hinzu, ›wurde *tant bien que mal, faute de ressources* fertiggestellt; die Fassade entstammt in ihrem unteren Teil dem dreizehnten und vierzehnten und in ihrem oberen Teil dem vierzehnten Jahrhundert.‹ Die Erwähnung des Schiffes bezieht sich darauf, daß die Transepte fortgelassen wurden. Die Westfront besteht aus zwei gewaltigen, doch unvollkommenen Türmen; deren einer (der südliche) mit riesenhaften Strebepfeilern versehen ist, so daß sein Umriß wie der einer Pyramide nach unten hin hervorsteht. Dies ist der größere der beiden. Wenn sie Spitzen hätten, dann wären diese Türme wahre Wunderwerke; doch so, wie sie sind, fehlt es ihnen im Vergleich zu der übrigen Kirche an Höhe. Es gibt fünf tief ins Innere sich verengende Portale nebeneinander, jedes von einem Giebel gekrönt, wobei der Giebel über dem Mitteltor außerordentlich hoch ist. Die Fassade selbst erhebt sich, türmt sich über diesen Portalen empor, woran sich ihre Breite ermessen läßt, in großem Maßstab, getragen von Galerien, Bögen, Fenstern und Skulpturen, und gestützt von den außerordentlich starken Strebepfeilern, von denen ich gesprochen habe und die, wenn sie sie auch mit tiefen, seitwärtigen Schatten verschönen, nicht zur Verbesserung ihres Stiles beitragen. Die Portale, insbesondere das mittlere, sind äußerst interessant; sie sind von eigenwilligen frühen Skulpturen ausgefüllt. Das mittlere allerdings muß ich gesondert beschreiben. Es hat nicht weniger als sechs Figurenreihen – die anderen haben vier –, von denen einige, vor allem die oberen, noch an Ort und Stelle sind. Der Bogen an der Spitze hat drei übereinanderliegende Reihen von kunstvoll gearbeiteten Bildwerken. Die oberste wird von der Darstellung Christi als Weltenrichter, einer großen Figur, starr und schreckenerregend, mit ausgestreckten Armen, in zwei Teile gegliedert. Zu beiden Seiten von ihm sind drei oder vier Engel mit den Leidenswerkzeugen angeordnet. Unter ihm im zweiten Fries steht der Engel des Gerichts mit der Waage; und zu beiden Seiten von diesem sehen wir die Vision des Jüngsten Gerichts. Die Guten machen sich mit grenzenloser Lust und Selbstzufriedenheit bereit, in den Himmel emporzusteigen; während die Schlechten in Gruben und Kessel voller Feuer geschleppt, gestoßen, geschleudert, gestopft und gestampft werden. In diesem Segment gibt es ein bezauberndes Detail. Neben dem Engel zur Rechten, wo die Bösen der Dämonen Beute sind, steht eine kleine weibliche Figur, die eines Kindes, das mit demütig gefalteten Händen und sanft erhobenem Haupt darauf wartet, daß der gestrenge Engel über sein Geschick entscheidet. An diesem Geschick nimmt jedoch ein schrecklicher großer Teufel äußerst interessiert Anteil: er scheint im Begriffe, sich des zarten Geschöpfes zu bemächtigen; er hat ein Gesicht wie ein Bock und eine ungeheure Hakennase. Doch der Engel legt freundlich eine Hand auf die Schulter des kleinen Mädchens – die Bewegung ist voller Hoheit –, als wolle er sagen: ›Nein; sie gehört der anderen Seite.‹ Der Fries darunter stellt die allgemeine Auferstehung dar, wo sich die Guten wie die Bösen aus ihren Gräbern erheben. Nichts könnte wunderlicher und bezaubernder sein als der Unterschied in der Darstellung, wie sie sich jeweils, die Posaune des Jüngsten Gerichtes in den Ohren, verhalten. Die Guten steigen mit einer gewissen züchtigen Fröhlichkeit, mit einem von Ehrerbietung gemäßigten Eifer aus ihren Gräbern; einer von ihnen kniet nieder zum Gebet, sobald er sich aus der Erde befreit hat. Die Bösen andererseits kann man an ihrer extremen Schüchternheit erkennen; langsam und verängstigt kriechen sie hervor; sie sind im Verzug und scheinen ›Du liebe Zeit!‹ zu sagen. Diese kunstvoll gearbeiteten Skulpturen, die ganz und gar von treuherzigen Absichten und der konkreten Realität früher Religiosität zeugen, sind bemerkenswert gut erhalten; sie weisen äußerlich keinerlei Anzeichen von Restaurierung auf und scheinen kaum unter den Jahrhunderten gelitten zu haben. Sie sind sehr ausdrucksstark; der Künstler hatte den Vorteil, genau die Wirkung zu kennen, die er hervorrufen wollte.

Das Innere der Kathedrale ist von großer Schlichtheit und Majestät und vor allem von ehrfurchtgebietender Höhe. Das Kirchenschiff ist in dieser Hinsicht wirklich außerordentlich; alles andere, das ich kenne, erscheint dagegen als klein. Ich sollte jedoch hinzusetzen, daß ich, was Architektur betrifft, immer der Meinung des letzten Wortführers bin. Jedes großartige Gebäude erscheint mir, während ich es betrachte, als das Höchste an Ausdruck. Wie dem auch sei, während der Stunde, die ich dasaß, um die hohe Perspektive der Kathedrale von Bourges auf mich wirken zu lassen, entsprach das Innere des großen Schiffes meiner Vision vom Vorabend. Ein solches Gebäude hat etwas von stiller Größe, von Unendlichkeit; es sänftigt und klärt den

Geist, es erleuchtet das Gemüt. Es gibt zwei Seiten-schiffe zu beiden Seiten des Hauptschiffes – also fünf insgesamt – und, wie schon erwähnt, keine Transepte; dadurch, daß sie fortgefallen sind, verlängert sich die Perspektive, so daß von meinem Platz in der Nähe der Tür das Juwel des Mittelfensters in den Tiefen des spätgotischen Chores eine Meile oder zwei entfernt zu sein schien. Das zweite oder äußere Paar der Seiten-schiffe ist zu niedrig, und das erste zu hoch; ohne diese Unzulänglichkeit würde das Hauptschiff einen noch wunderbareren Flug zu vollführen scheinen. Die dop-pelten Seitenschiffe gehen ganz um den Chor herum, der ungewöhnlich prachtvoll alte Glasmalerei aufweist. Ich habe wohl ebenso schöne Glasmalerei in anderen Kirchen gesehen, doch ich glaube, so viel auf einmal habe ich nirgends gesehen.

Neben der Kathedrale auf der Nordseite befindet sich ein eigenartiges Bauwerk aus dem vierzehnten oder fünfzehnten Jahrhundert, das mit seiner Abstützung wie ein ungeheurer Strebepfeiler aussieht, der den Nordturm festigt. Es bildet einen massiven Bogen hoch oben in der Luft und ist von romantischer Wir-kung, wenn Leute darunter hindurch zu den offenen Gärten des erzbischöflichen Palais wandeln, die sich auf der Rückseite der Kirche beträchtlich weit hin erstrek-ken. Das Bauwerk, das den Bogen stützt, hat den Umfang eines größeren Hauses und beherbergt Räume, mit deren Nutzung ich nicht vertraut bin, in die sich jedoch gewiß die tiefen Schwingungen der Kathedrale, das Vibrieren ihrer mächtigen Glocken und das Brausen ihrer Orgeltöne durch den großen Stein-arm übertragen.

Das erzbischöfliche Palais, das nicht, wie in Tours,

von Mauern umgeben ist, stellt sich als stattliches Wohngebäude aus dem letzten Jahrhundert dar; zum Zeitpunkt meines Besuches war es in Restaurierung, da es dort gebrannt hatte. Die besagten Gärten, deren Zugang hohe, eiserne Tore bilden, sind die Promenade – die Tuilerien – der Stadt, die, obschon sie in sich sehr hübsch sind, durch die darüber emporragende Kirche sich unermeßlich wirkungsvoller ausnehmen. Es war warm und sonnig; die Bänke waren nicht besetzt; und so saß ich lange dort, in jenem angenehmen Gemütszustand, der den Reisenden in fremden Städten heimsucht, wenn er nicht zu sehr in Eile ist, während er sich fragt, wo er wohl als nächstes hingehen soll. Die durchgehende, ungebrochene Linie des Daches der Kathedrale war sehr nobel; doch sah ich von dieser Stelle aus, um wieviel schöner die Wirkung gewesen wäre, wenn man die Türme, die fast ganz aus dem Blickfeld verschwunden waren, höher hinaufgezogen hätte. Die erzbischöflichen Gärten enden an einer Seite oberhalb einer Art von Esplanade oder vorstädtischer Allee, die auf einer tieferen Ebene liegt, gegen die sich die Gärten öffnen, wo gerade einige Kommandos von Soldaten (Bourges ist voller Soldaten) zusammengezogen worden waren. Auch die Zivilbevölkerung versammelte sich, und ich sah, daß irgend etwas bevorstand. Ich erfuhr, daß ein Gemeiner der Chasseurs wegen Diebstahls ›verabschiedet‹ werden sollte, und jedermann war begierig, der Zeremonie beizuwohnen. Etliche andere Kommandos erschienen auf dem Gelände, nebst einigen Militärs, die aus formellen Gründen gekommen waren. Einer von ihnen beschrieb mir diesen Vorgang der Entlassung aus der Truppe, und einen Augenblick lang spürte ich eine gräßliche

Neugier, dabei zuzusehen; sie war auch schuld daran, daß ich noch ein wenig verweilte. Doch nur ein wenig; die abscheuliche Natur dieses Schauspiels ließ mich davoneilen, zur selben Zeit, da andere hinzueilten. Als ich all dem den Rücken kehrte, dachte ich darüber nach, daß Menschen doch grausame Wesen sind, obgleich ich mir nicht einmal schmeicheln konnte, daß die Roheit des Vorgehens etwas ausschließlich Französisches sei. In einem anderen Lande wäre der Zulauf ebenso groß gewesen, und die Moral von all dem war offenbar, daß militärische Strafen ebenso schrecklich sind, wie militärische Ehrungen erhebend wirken.

BOURGES: JACQUES CŒUR

Die Kathedrale ist nicht das einzige Schmuckstück von Bourges; das Haus von Jacques Cœur bietet sich in kaum weniger schmucker Haltung dar. Die Geschichte dieses bemerkenswerten Mannes war äußerst seltsam; auch er wurde ›verabschiedet‹, wie der armselige Soldat, den anzuschauen ich mir nicht die Zeit nahm. Er wurde immerhin von einem Zeitalter rehabilitiert, das sich nicht fürchtet, paradox gescholten zu werden, und sein Bildnis in Marmor ziert die Straße vor seinem Haus. Wollte man ihn nach dieser Darstellung deuten – eine weibische Figur in langem Gewand mit Turban, großen bloßen Armen und in dramatischer Pose –, so müßte man ihn sich als eine Art grausamer Sultanin vorstellen. Er trug die Kleidung seiner Zeit, doch war er ein moderner Geist; er war ein Vanderbilt oder ein Rothschild des fünfzehnten Jahrhunderts. Er verschaffte dem undankbaren Karl VII. das Geld, mit dem dieser die Truppen besoldete, welche unter Führung der heldenhaften Jungfrau die Engländer von französischem Boden vertrieben. Sein Haus, das heute als Justizpalast dient, scheint zu der Zeit, als es gebaut wurde, mit ähnlichen Augen betrachtet worden zu sein wie man heute den Wohnsitz von Mr. Vanderbilt in New York betrachtet. Es steht am Rande der Erhebung, auf welcher ein Großteil der Stadt errichtet ist, so daß seine Rückseite zu einer niedrigeren Ebene hinabfällt und man, wenn man sich ihm von dieser Seite her nähert, wie ich es tat, einen längeren Stufenweg hinansteigen muß, um zur Vorderfront auf der anderen Seite zu gelangen. Die Rückseite muß in alter Zeit einen Teil der Stadtmauer gebildet haben; jedenfalls bietet sie dem Blick des Betrachters zwei große Türme, die laut Joanne einst zur Verteidigungsanlage von Bourges gehört haben. Auf der unteren Ebene, von der ich spreche – dem Platz vor dem Postgebäude –, sieht das Palais Jacques Cœurs sehr groß, mächtig und feudal aus; die Vorderseite sieht von der oberen Straße her sehr einnehmend und zierlich aus. Dieser Straße wendet es eine doppelstöckige Fassade von beträchtlicher Länge zu; und es hat drinnen wie draußen eine Vielzahl eigenartiger und schöner Details zu bieten. In dem Maßwerk über dem Portal sind zwei falsche Fenster, in denen zwei Gestalten, Skulpturen, ein Mann und eine Frau, offensichtlich Bedienstete des Hauses, so dargestellt sind, als schauten sie auf die Straße herab. Die Wirkung ist anheimelnd und zugleich grotesk; die Figuren sind so lebensecht, daß man sie bemitleidet, dazu verurteilt worden zu sein, in einer so langweiligen Stadt Jahrhunderte am Fenster zu verbringen. Sie scheinen Ausschau zu halten nach der Rückkehr ihres Herrn, der sein schönes Haus eines Morgens verließ, um niemals zurückzukehren.

Die Geschichte von Jacques Cœur, die von M. Pierre Clément in einem Band niedergeschrieben wurde, der die Auszeichnung der Académie française erhielt, ist äußerst wundersam und interessant, doch habe ich hier nicht den Platz, um näher darauf einzugehen. Es gibt keine seltsameren und nur wenige tragischere Beispiele dafür, wie ein großes Vermögen von einem auf den anderen Tag in sich zusammenfällt, oder für den Aberglauben der Antike, daß die Götter den Menschen ihren Erfolg neiden können. Kaufmann, Millionär, Bankier, Schiffseigentümer, königlicher Günstling und Finanzminister, Erforscher des Ostens und Monopolinhaber des glitzernden Handels zwischen jenem Teil des Globus und seinem eigenen, großer Kapitalist, der die glanzvollen Operationen unserer Gegenwart vorwegnahm, sühnte er seinen Wohlstand in Armut, Gefangenschaft und Folter. Die dunklen Punkte auf seinem Lebensweg sind von M. Clément aufgehellt worden, der darüber hinaus ein sehr lebendiges Bild des korrupten und ausgemergelten Zustandes Frankreichs um die Mitte des fünfzehnten Jahrhunderts zeichnet. Er hat gezeigt, daß die Ausplünderung des großen Kaufmanns ein absichtsvoll kalkulierter Akt war und daß der König ihn ohne Skrupel oder Scham der Habgier einer einzigartig schurkischen Clique von Hofschranzen opferte. Die ganze Geschichte bietet ein außerordentliches Bild willkürlicher Raubgier – die denkbar roheste Behauptung des Rechtes des Stärkeren. Das Opfer wurde enteignet, kam jedoch mit dem Leben davon, es gelang ihm, Frankreich zu verlassen und in Italien Zuflucht zu finden, wo er dem Papst seine Dienste antrug. Es ist ein

Beweis für die Wertschätzung, die er in Europa genoß, und für die Mannigfaltigkeit seiner Fähigkeiten, daß Calixtus III. ihn mit dem Oberbefehl einer Flotte betraute, welche von seiner Heiligkeit zu einer Kampagne gegen die Türken ausgerüstet wurde. Es war Jacques Cœur jedoch nicht beschieden, sie zum Sieg zu führen. Er starb, kurz nachdem die Expedition begonnen hatte, auf der Insel Chios im Jahre 1456. Das Haus in Bourges, seiner Geburtsstadt, zeugt in gewissem Maße von seinem Reichtum und Glanz, wenngleich es hier und da unter jenem Platzmangel leidet, der an vielen Gebäuden des Mittelalters auffällt. Der Hof dagegen ist ausgesprochen großzügig gestaltet, geschmückt mit Türmchen und Arkaden, mit etlichen schönen Fenstern und in die Mauern eingelassenen Skulpturen, die die verschiedenen Quellen des großen Reichtums des Besitzers darstellen. Laut M. Pierre Clément sei dieser Teil des Hauses von einer ›incomparable richesse‹ gewesen – eine Einschätzung seiner Reize, die heute leicht übertrieben erscheint. Die Basreliefs, von denen ich gesprochen habe, haben jedoch etwas Zierliches und Anheimelndes – kleine Szenen mit Darstellungen aus Ackerbau und Industrie, die zeigen, daß der Eigentümer sich nicht scheute, die Aufmerksamkeit auf seine Erträge und Unternehmungen zu lenken. Heutzutage würden wir solche Andeutungen, auch in Gestalt von Skulpturen, im Hause eines Königs der Kaufleute, wie erfolgreich er es auch aus eigener Kraft zu etwas gebracht hat, als wenig geschmackvoll empfinden. Woran liegt es dann also, daß diese kuriosen kleinen Tafeln nicht unser Mißfallen erregen? Vielleicht daran, daß ausgesprochen altertümliche Gegenstände aus irgendeinem mysteriösen Grunde niemals

als vulgär erscheinen. Einen solchen Eindruck mag dieser Millionär des fünfzehnten Jahrhunderts mit seinem Palast und den ›protzigen‹ Skulpturen vielleicht auf einige kritische Geister unter seinen Zeitgenossen gemacht haben.

Die Pförtnerin, die mich in das Gebäude geleitete, war eine liebe kleine alte Frau mit dem freundlichsten, reizendsten, traurigsten Gesicht – ein kleines weißes Altersgesicht mit dunklen schönen Augen – und höchst zuvorkommendem Gebaren. Sie führte mich zu einem Saal im oberen Stockwerk hinauf, wo es einige sehenswürdige Kamine und ein wunderbares altes Dach aus Eichenholz gab, welch letzteres den Bauch eines langen Schiffes darstellte. Es liegt eine gewisse Kuriosität darin, daß ein in Bourges Geborener – einer Binnenstadt par excellence, durch die nicht einmal ein Fluß (den man einen solchen nennen könnte) fließt, der zu seefahrerischen Ambitionen inspirieren könnte – sein Ende als Flottenadmiral finden sollte; doch legt dieses schiffsförmige Dach, das von äußerster Eleganz ist und sich in einem anderen Gemach wiederholt, wohl den Gedanken nahe, daß Jacques Cœurs Phantasie sich gern von Wind und Wellen treiben ließ. Da er mit orientalischen Produkten handelte und viele Galeonen besaß, ist es tatsächlich recht wahrscheinlich, daß er selbst in manchen mediterranen Häfen genauso zu Hause war wie in der Hauptstadt des ländlichen Berry. Und sah er, wenn er zur Decke seines Wohnhauses emporschaute, seine Schiffe auf dem Kopf stehen, so deutete sich darin nur die schnellste Art und Weise an, wie ihre Schätze zu entladen wären. Er selbst ist über einem der großen Steinkamine in Gesellschaft seiner Gemahlin dargestellt, Macée de Léodepart – mit Vergnügen schreibe ich einen solch außergewöhnlichen Namen nieder. In weißen Stein gemeißelt sitzen die beiden Schach spielend an einem offenen Fenster, durch welches sie ihre Aufmerksamkeit sehr viel mehr auf die Vorübergehenden zu richten scheinen als auf das Spiel. Sie werden auch in anderen Posen gezeigt; wenn ich sie auch nicht auf der Komposition an der Spitze eines Kamines erkennen kann, wo die Festungsmauern eines Schlosses dargestellt sind, von denen die Verteidiger (kleine Figuren zwischen den Zinnen) gar zornig und ausdrucksvoll Wurfgeschosse herabschleudern. Es fällt einem schwer zu glauben, daß der Mann, der sich mit diesen freundlichen und humorvollen Insignien umgab, sich so ernster Verfehlungen hätte schuldig machen sollen, die nach dem schweren Schwert der Gerechtigkeit gerufen hätten.

Es ist jedoch eine bemerkenswerte Tatsache, daß sich mit Bourges juristische Assoziationen einer reineren Art verbinden, als die Verfolgung des Jacques Cœur darstellt; diese läßt sich – trotz der Rehabilitation durch die Geschichte – kaum als beendet bezeichnen mit Rücksicht darauf, daß sich die Gerichtshöfe der Stadt in seiner vormaligen Wohnstätte eingerichtet haben. Nicht weit davon entfernt steht das Hôtel Cujas, eine der Sehenswürdigkeiten von Bourges und viele Jahre lang das Wohnhaus des großen Rechtsgelehrten, der im sechzehnten Jahrhundert das Studium des Römischen Rechts wiederbelebte und dieses Fach gegen Ende seines Lebens an der Universität der Hauptstadt des Berry lehrte. Der Gelehrte Cujas hatte, trotz seiner mit sitzender Lebensweise verbundenen Studien, ein rechtes Wanderleben geführt; er starb 1590 in Bourges. Ich sollte vielleicht nicht gerade von einer sitzenden

Lebensweise sprechen, da ich in der *Biographie Universelle* (der einzigen Quelle meiner Kenntnisse über den berühmten Cujacius) gelesen habe, daß er sich bei seinen Studien gewöhnlich bäuchlings auf dem Fußboden ausstreckte. Er setzte sich nicht, er legte sich nieder; und die *Biographie Universelle* zeigt ein (für ein derart ernstes Werk) amüsantes Bild des kleinen, dicken, unordentlichen Gelehrten, wie er *à plat ventre* von einem Bücherhaufen zum nächsten durch sein Zimmer kriecht. Das Haus, in dem sich diese einmalige Art von Gymnastik abspielte und das jetzt der Gendarmerie als Hauptwache* dient, ist eines der malerischsten in Bourges. Verfallen und verblaßt, hat es doch eine reizvolle Renaissancefassade. Eine hohe Mauer trennt es von der Straße, und auf dieser Mauer, die von einem breiten offenen Tor geteilt wird, sitzen zwei hervorkragende Türmchen. Das offene Tor führt auf den Hof, jenseits dessen sich das melancholische Wohnhaus erhebt, das ebenfalls von Türmchen und kostbaren alten Fenstern verziert ist und in einem schönen Farbton von ausgeblichenen roten Ziegeln und rostfarbenen Steinen leuchtet. Für eine provinzielle Seitengasse ist es eine reizvolle, überraschende Entdeckung; einer jener Zufälle, auf den der Reisende, der eine Vorliebe fürs Zeichnen hat (sei es auf einen kleinen Zeichenblock oder in das Skizzenheft seines Hirns), hofft und sich entschließt, auf gut Glück um eine Ecke zu biegen. Im Hof wienerte ein stämmiger Gendarm in Hemdsärmeln seine Stiefel; ein alter, knorriger Weinstock, seiner Reben beraubt, hing über ein Tor herab und warf seine Schatten auf das rauhe Gefüge der Mauer. Das Anwe-

* Heute befindet sich darin das Musée du Berry. (Anm. d. V.)

sen war in hohem Maße des Zeichenstifts würdig. Leider muß ich jedoch sagen, daß es nahezu das einzige Motiv in Bourges war. Es sollen dort noch verschiedene andere sehenswürdige alte Häuser existieren, und ich wanderte auf der Suche nach ihnen aufs Geratewohl umher. Doch war mir wenig Erfolg beschieden, und am Ende wurde ich skeptisch. Bourges ist eine *ville de province* in des Begriffes vollster Bedeutung, insbesondere wenn er abschätzig verwendet wird. Die Straßen, eng, gewunden und schmutzig, haben breitestes Kopfsteinpflaster; die Häuser sind zum Großteil schäbig, ohne Lokalkolorit. Das Erscheinungsbild präsentiert sich im ganzen weder als modern noch als alt – eher in einer Art von Mittelmäßigkeit mittleren Alters. Es gibt eine außerordentliche Anzahl glatter Mauern – Mauern von Gärten, Innenhöfen, Privathäusern –, die sich von der Straße abwenden, wie aus verständlichem Ärger darüber, daß es dort so wenig zu sehen gibt. Rundherum erstreckt sich eine langweilige, flache, gesichtslose Landschaft, auf welche die glanzvolle Kathedrale herabblickt. Es liegt eine besondere Art von Stumpfheit und Häßlichkeit über diesem Typus französischer Städte, der aber, das muß ich sogleich hinzusetzen, nicht der häufigste ist. In Italien hat alles seinen Reiz, seine Farben, seine Anmut; auch noch Verlassenheit und Langeweile. In England mag eine Domstadt verschlafen sein, doch ist sie in der Regel liebenswert. Im Verlauf der sechs Wochen jedoch, die ich *en province* verbrachte, sah ich wenige Ortschaften, die nicht ausdrucksvoller gewesen wären als Bourges.

Ich kehrte zur Kathedrale zurück; sie war schließlich doch eine Sehenswürdigkeit. Dann ging ich wieder in mein Hotel, wo gerade Essenszeit war, und ließ mich, wie schon gewohnt, mit den *commis-voyageurs* zum Mahle nieder, die das Brot mit der Hand brachen und keinen Gang ausließen; und nach diesem Imbiß zog ich mich eine Zeitlang in das Café zurück, das im Erdgeschoß des Gasthauses lag und auf den Hof hinausging. Dieses Café war ein freundlicher, anheimelnder, geselliger Ort, wo es zur Gepflogenheit des Herrn über dieses Etablissements zu gehören schien, die Gäste zu duzen, und zur Gewohnheit der Gäste, den Kellner zu duzen. Unter diesen Umständen fühlte sich der Kellner natürlich dazu berechtigt, sich mit einem Herrn, der hereingekommen war und ihn um Schreibzeug gebeten hatte, am selben Tisch niederzulassen. Er war diesem Herrn zu Diensten mit einer scheußlichen kleinen Mappe, die von glänzendem schwarzen Tuch überzogen war und nebst zwei Blatt dünnen Papiers drei Siegelmarken und eines jener Folterinstrumente enthielt, die in Frankreich als Schreibfedern gelten – sie sind unabänderlich die Utensilien, die auf solch eine Anfrage hin zum Vorschein kommen; und als er später nichts zu tun hatte, nahm er gegenüber am selben Tisch Platz und begann selbst einen Brief zu schreiben. Dieser belanglose Vorfall erinnerte mich aufs neue daran, daß Frankreich ein demokratisches Land ist. Ich denke, hieran gemahnte mich ebenso die freie, ungenierte Weise, in welcher direkt hinter mir eine Partie Whist ihren Verlauf nahm. Man widmete sich ihr mit lärmender Heiterkeit, die hin und wieder von einem Schuß Reizbarkeit gewürzt wurde. Ein junger Mann war dort, auf den ich mein besonderes Augenmerk richtete; solch ein wunderbares Exemplar seiner Klasse war er. Zuweilen war er sehr witzig, gesprächig, spaßig, machte Wortspiele und prahlte; als er dann im weiteren

Verlauf des Spieles verlor und die *consommation* zahlen mußte, fiel die Liebenswürdigkeit von ihm ab und er beschimpfte seinen Partner, erklärte, er würde nicht mehr spielen, und ging wütend fort. Der Gegensatz konnte gar nicht perfekter oder amüsanter sein. Wie sich das Ganze abspielte, war von einer Art, wie man sie, so meine ich, unter unseren angelsächsischen Zeitgenossen niemals hätte beobachten können; weder die Lebhaftigkeit der ersten Phase noch die Verdrossenheit der zweiten. Um jedoch die Ausgewogenheit zu wahren, möchte ich anmerken, daß diese Männer zwar einerseits allesamt furchtbare ›Proleten‹, andererseits mit ihren Zigaretten und ihrer Inkonsequenz weniger grob, weniger brutal waren als unser lieber angelsächsischer ›Prolet‹; wie denn das helle kleine Kaffeehaus, wo die unerschütterliche Hausmutter auf ihrem Sessel unter dem Spiegel hinter dem *comptoir* saß, Zucker herausgab und an einem Strumpf stopfte, ein sehr viel zivilisierteres Lokal war als ein britischer Pub oder ein Hotelclubraum mit Pfeifen und Whisky oder auch als ein amerikanischer Saloon.

LE MANS

Ich bin mir gewiß, daß es sich, als ich von Tours aus nach Le Mans aufbrach, um eine Reise handelte und nicht um einen Ausflug; denn ich hatte nicht die Absicht zurückzukehren. Es war tatsächlich ein Problem, von dort wegzukommen, was nämlich gar nicht so leicht ist in Frankreich in den ersten Oktobertagen, wenn die gesamte *jeunesse* des Landes wieder in die Schule zurückkehrt. Sie wird dabei offensichtlich von

Eltern und Großeltern begleitet; die Eisenbahnen sind vollbesetzt mit kleinen blaßgesichtigen *lycéens*, die mit einer Miene der Sehnsucht und des Verweilenwollens aus den Fenstern starren – was nicht unnatürlich ist bei kleinen Angehörigen eines Menschenschlages voll intensiven Lebens; sie sind im Begriffe, wieder jenen großen Ausbildungskasernen unterstellt zu werden, die in so gewaltsamem Widerspruch stehen zu unserer amerikanischen Einschätzung der Möglichkeiten, wie sie das Knabenalter bietet. Der Zug hielt alle fünf Minuten; doch zum Glück war die Landschaft reizvoll – hügelig und buschbewachsen, ausnehmend wohlgelaunt und gelegentlich von gepflegten kleinen Châteaux gesprenkelt. Die alte Hauptstadt der Provinz Maine, die einem großen amerikanischen Staat ihren Namen gegeben hat, ist eine ziemlich interessante Stadt, doch gestehe ich, daß ich dort weniger Bewunderungswürdiges fand, als ich erwartet hatte. Meine Erwartungen waren zweifellos mein eigener Fehler gewesen; es gibt keinen besonderen Grund, weshalb Le Mans hätte faszinierend sein sollen. Gewiß, es steht auf einem Hügel – einem viel vorteilhafteren Hügel als die sanfte Erhebung von Bourges. Dieser Hügel jedoch fällt nicht nach allen Seiten hin steil ab; von der Eisenbahn aus war er, als ich ankam, nicht einmal wahrnehmbar. Doch da ich schon Vergleiche anstelle, darf ich vielleicht anmerken, daß andererseits der Boule d'Or in Le Mans ein merklich besserer Gasthof ist als der Boule d'Or in Bourges. Er überblickt einen Marktplatz, der von gewissem Charakter ist und den Hang hinabzugleiten scheint, an dem er liegt, wenngleich in der Mitte eine häßliche *halle* – eine runde Markthalle – steht, die für das Gleichgewicht sorgt. Wie in Bourges ließ ich mir es in Le Mans angelegen sein, als erstes die Kathedrale anzuschauen, und ich verlor keine Zeit, meine Schritte dorthin zu lenken. Der Eindruck, den sie auf mich machte, wurde durch den Vergleich mit der großen Kirche, die ich ein paar Tage zuvor gesehen hatte, beeinträchtigt; doch weist sie etliche edle Züge auf. Sie steht am Rande der Erhebung der Stadt, die zu beiden Seiten steil abfällt, und bildet einen imposanten Baukörper, der auf der Rückseite, so wirkt es von unten gesehen, von recht kleinen, doch einmalig zahlreichen Strebepfeilern strotzt. Auf meinem Weg dorthin kam ich zufällig durch die einzige Straße, die ein paar altertümliche und sehenswerte Häuser aufweist, eine sehr verwinkelte und schäbige Gasse von wirklich mittelalterlichem Aussehen, die die Ehre hat, als Grand' Rue bezeichnet zu werden. Hier befindet sich das Haus der Königin Berengaria – ein absurder Name, da das Gebäude etwa dreihundert Jahre nach dem Tode der Gemahlin von Richard Löwenherz errichtet wurde, der im Südschiff der Kathedrale ein Grabdenkmal gewidmet ist. Das fragliche Bauwerk – des Zeichenstiftes äußerst würdig, wenn der Zeichner es aus hinreichender Entfernung wahrnehmen könnte – ist eine kunstvoll gearbeitete, düstere kleine Fassade, die die Straße überwölbt, verziert mit Steintafeln, die von zarter Renaissanceskulpturierung bedeckt sind. Eine dicke alte Frau, die in der Tür eines kleinen Gemüseladens neben diesem Haus stand – eine besonders freundliche alte Frau mit borstigem Schnurrbart und gewinnendem Wesen –, erzählte mir, was es mit dem Haus auf sich habe, und wies mich auch auf ein morsch aussehendes Holzhaus in derselben Straße hin, näher in Richtung der Kathedrale, die Maison Scarron. Der Verfasser des

Roman Comique und von etwa tausend humorvollen Versen erfreute sich in jungen Jahren eine Zeitlang einer Pfründe in der Kathedrale von Le Mans, was ihm das Recht gab, in einem der Kapitelhäuser zu wohnen. Er war ein recht seltsamer Kanonikus, doch ist seine Geschichte eine Verknüpfung von Seltsamkeiten. Er machte der komischen Muse vom Lehnsessel eines Krüppels aus den Hof, und in derselben Haltung – er war nicht einmal imstande niederzuknien – vollzog er jene Werbung, die ihn zum ersten Gemahl einer Dame machte, deren zweiter Ludwig XIV. sein sollte. Die künftige Madame de Maintenon hatte wenig Komödienhaftes an sich; doch hatte sie schließlich zweifellos so viel davon, wie nötig war, um die Frau eines erbarmungswürdigen Mannes zu sein, der sich veranlaßt sah, für sein Grab ein derartiges Epitaph zu ersinnen, wie ich es hier aus der *Biographie Universelle* zitiere:

> Celui qui cy maintenant dort,
> Fit plus de pitié que d'envie,
> Et souffrit mille fois la mort,
> Avant que de perdre la vie.
> Passant, ne fais icy de bruit,
> Et garde bien qu'il ne s'éveille,
> Car voicy la première nuit,
> Que le pauvre Scarron sommeille.

Vor der Kathedrale ist eine recht ruhige, angenehme *place*, die einige gute Motive zu bieten hat; insbesondere ein Türmchen an der Ecke eines der Türme und ein sehr schönes Wohnhaus mit steilem Dach hinter niedrigen Mauern, über welche es hervorschaut, mit einem großen eisernen Tor. Dieses Haus hat zwei oder drei kleine spitze Türme, ein großes schwarzes abschüssiges Dach und ein allgemeines Flair von Geschichte. Es gibt Häuser, die dramatische Schauplätze sind, und es gibt Häuser, die bloß Häuser sind. Die Schwierigkeit mit der Wohnarchitektur in den Vereinigten Staaten liegt darin, daß sie nichts Dramatisches an sich hat, zum Glück, und das Charakteristische eines alten Gebäudes wie das turmbewehrte Wohnhaus auf dem Hügel von Le Mans ist, daß es nicht einfach nur ein Haus ist. Es ist gleichsam ebenso eine Person. Es wäre allerdings gut, wenn es ein wenig von seiner Persönlichkeit an die Schauseite der Kathedrale abgegeben hätte, die keine eigene hat. Schäbig, vernachlässigt, unvollendet, bietet diese Vorderseite ein romanisches Portal, doch nichts, was an Türme erinnern würde. Auf den ersten Blick sieht man von außen die Eigenart der Kirche – die Diskrepanz zwischen dem romanischen Langhaus, das klein ist und aus dem zwölften Jahrhundert stammt, und den ungeheuren und glanzvollen Transepten und dem Chor, die aus einer um hundert Jahre jüngeren Epoche herrühren. Dieser Teil der Kirche erhebt sich hoch über das Langhaus, das sich schlicht wie eine dem Chor vorgebaute Vorhalle ausnimmt, mit einem kleinen und sehenswerten Portal an der eigenen Südflanke. Die Transepte, die nicht sehr breit sind, doch sehr hoch emporragen, bieten den Betrachtern auf der *place* ihre beiden Obergadenfenster in vollem Umfang dar, die droben die ganze Breite der Wand einnehmen. Das südliche Seitenschiff endet in einer Art von Turm, der der einzige ist, dessen sich die Kathedrale rühmen kann. Im Inneren ist vor allem die Wirkung des Chores superb; er ist eine Kirche in sich, für die das Langhaus einfach eine Art von Aussichtspunkt darstellt. Als ich dort stand und in meinem Murray las, daß er von der

Epoche der vollendeten Spitzbogengotik geprägt ist, fand ich nichts, das sich gegen diese Bemerkung hätte einwenden lassen. Der Chor wird durch den Vergleich mit Bourges wenig beeinträchtigt, und für sich genommen schien er mir ebenso schön zu sein. Er ist von einem doppelschiffigen Chorumgang umgeben, wobei die Bögen, die ihn gliedern, auf sehr dicken, ungebündelten Säulen ruhen. Es gibt zwölf Kapellen in diesem Umgang und in der Mitte eine bezaubernde kleine Marienkapelle voller farbenprächtiger alter Glasfenster. Die ungebrochene Höhe dieses nahezu isolierten Chores ist äußerst nobel; seine Schwerelosigkeit und Anmut, seine schwebende Symmetrie tragen das Auge empor zu luftiger Höhe, von wo aus es nur langsam herabgleitet. Die schönen Oberfenster des Chores bilden weit droben eine prunkvolle Bildergalerie, die in lebhaften Farben erblüht. Im Südschiff findet sich das unförmige Bildnis – eine ungestalte steinerne Frau, die auf dem Rücken liegt –, das vorgibt, die besagte Königin Berengaria vorzustellen.

Die Rückseite der Kathedrale bietet wie gewöhnlich einen sehr schönen Anblick. Ein kleiner Garten verhüllt hier das Fundament der Kirche; doch steigt man den Hügel zu einer großen *place de foire* hinab, an die sich eine schöne alte öffentliche Promenade anschließt, die Les Jacobins genannt wird, eine Art von Tuilerien en miniature, wo ich eine Weile die rechtwinkligen Alleen, die bar jeden Blattwerkes waren, entlangwandelte und einen tiefen Eindruck vergehender, vergangener Dinge empfing. Die Kathedrale scheint auf dem Piedestal ihres Hügels in beträchtlicher Ferne hinter dem Jahrmarktsplatz und den Jacobins zu liegen; und man kann sie zwischen den recht nackten Stämmen der geradlinig angepflanzten Bäume aus vorteilhafter Distanz bewundern. Ich bewunderte sie, bis ich meinte, sie in Erinnerung zu behalten (besser, als es sich später herausstellen sollte), und dann schlenderte ich fort und schaute mir nur noch eine sehenswürdige alte Kirche an, Notre-Dame-de-la-Couture. Dieses geheiligte Gebäude bot zehn Minuten lang ein Bild, doch ist das Bild jetzt verblaßt. Rekonstruieren kann ich eine gelblich-braune Fassade und ein mit frühen Skulpturen geschmücktes Portal; doch sind die Einzelheiten den Weg aller unvollständigen Eindrücke gegangen. Nachdem man eine Weile im Chor der Kathedrale gestanden hat, gibt es keine weiteren Eindrücke in Le Mans, die allzu tief gehen. Aus irgendeinem Grunde, den ich nicht mehr zurückverfolgen kann, hatte ich mehr erwartet. Ich glaube, der Grund lag zum Teil einfach im Namen des Ortes; denn Namen, ob nun aus guten Gründen oder nicht, üben jedenfalls eine sehr aktive Wirkung aus. Le Mans hat, wenn ich nicht irre, einen kernigen, feudalen Klang; läßt an etwas Dunkles und Kantiges denken, eine Vision von alten Festungsanlagen und Toren. Vielleicht hatte ich mich unangemessen stark von der mir zufällig zur Kenntnis gelangten Tatsache beeindrucken lassen, daß Heinrich II., der erste der englischen Plantagenets, dort geboren wurde. Natürlich ist es leicht, sich von vornherein Gewißheit zu verschaffen, doch ist es nicht oft so, daß man lieber gar keine Gewißheit haben möchte? Es macht manchmal Vergnügen, sich auf das Risiko einer Enttäuschung einzulassen. Ich nahm die meinige, wie sich zeigte, mit genügender Gelassenheit hin, während ich vor dem Abendessen neben der Tür eines Kaffeehauses am Marktplatz bei einem *bitter-et-curaçao* saß, der mir

Gesellschaft leisten sollte (ein unschätzbarer Vorwand zu solcher Stunde!). Ich erinnere mich, daß sich in dieser Situation ein Eindruck meiner bemächtigte, der alle möglichen Enttäuschungen zugleich einschloß wie ausschloß. Der Nachmittag war warm und still; die Luft war wunderbar weich. Die guten Manceaux saßen in kleinen Gruppen und Paaren um mich herum; sänftigend drangen die schönen Schattierungen französischer Artikulation, der vereinzelten Silben dieser vollkommenen Sprache an mein Ohr. Der Ausblick auf den Platz hatte nichts besonders Reizvolles an sich. Es war die übliche französische Szenerie. Doch verspürte ich einen Zauber, eine Art von Sympathie, ein Gefühl für die Erfülltheit französischen Lebens und die Leichtigkeit und Klarheit der gesellschaftlichen Atmosphäre, zusammen mit dem Wunsch, zu wohlmeinenden Urteilen zu gelangen, ein positives Interesse auszudrücken. Ich weiß nicht, warum diese transzendentale Stimmung gerade dann und dort über mich kam; doch ist jene mußevolle halbe Stunde vor dem Café, an jenem milden, von menschlichen Lauten erfüllten Oktobernachmittag, vielleicht der bleibendste Eindruck, den ich von Le Mans mit fortnahm.

ANGERS

Ich bin schockiert, gerade nach dieser noblen Verkündung von Prinzipien feststellen zu müssen, daß in einem kleinen Notizbuch, das ich zu jener Zeit bei mir trug, die gefeierte Stadt Angers als ein ›Reinfall‹ bezeichnet wird. Ich gebe dieses vulgäre Wort nur mit größtem Zögern wieder, und nur, weil es mich schneller zu meinem Hauptpunkt bringt. Dieser Punkt ist, daß Angers zu jener unerfreulichen Kategorie alter Städte gehört, die man, wie es so heißt, ›hergerichtet‹ hat. Nicht, was alt ist an dem Ort, fällt dem empfindsamen Touristen heutzutage ins Auge, sondern was neu ist, wenn er verärgert zweitklassige Boulevards entlanggeht und sich ziellos umsieht nach nicht vorhandenen Giebeln. Kurz, das ›Schwarze Angers‹ ist ein Opfer moderner Verbesserungen geworden und seines bewunderungheischenden Namens ganz unwürdig – ein Name, der ähnlich wie der von Le Mans in meinen Augen immer einen höchst malerischen Wert gehabt hat. Er nimmt sich besonders gut aus in einem Folio Shakespeares (in *König Johann*), wo wir ihn uns mit einem herrlich knirschenden Inselakzent (wenngleich das nicht die Aussprache jener Zeit gewesen wäre) ausgesprochen vorstellen. Angers spielt eine wichtige Rolle in der englischen Frühgeschichte: es war die Hauptstadt des Geschlechts der Plantagenets, Heimat jenes Geoffrey von Anjou, der als zweiter Gatte die Kaiserin Mathilde, Tochter Heinrichs I., heiratete, Rivale Stephans von Blois war und Vater Heinrichs II. wurde, des ersten Königs aus dem Hause Plantagenet, der, wie wir gesehen haben, zu Le Mans geboren wurde. Diese Tatsachen erwecken die natürliche Annahme, daß Angers historisch aussehen dürfte; sie gingen mir durch den Kopf, während ich mit dem Zug von Le Mans aus durch eine Landschaft fuhr, die wirklich hübsch war und mit ihren von Hecken unterteilten Feldern und der ansehnlichen Rundheit ihrer Bäume eher nach der gewohnten englischen als der gewohnten französischen Szenerie aussah. Auf dem Weg vom Bahnhof zum Hotel jedoch wurde offenbar, daß ich eines guten Vorwandes ermangeln würde, die Nacht im Cheval Blanc zu verbringen; ich sah voraus, daß ich noch vor Ablauf des Tages zufriedengestellt sein würde. Ich blieb im Weißen Roß immerhin lange genug, um festzustellen, daß es ein außergewöhnlich guter Provinzgasthof war, einer der besten, auf die ich während der sechs Wochen, die ich in diesen Etablissements zubrachte, traf.

›Töricht und vulgär modernisiert‹ – das ist eine weitere Blüte aus meinem Notizbuch, und Notizbücher sind ja nicht verpflichtet, maßvoll zu sein. ›Es gibt einige enge, gewundene Gassen mit ein paar sehenswerten alten Häusern‹, ich zitiere weiter; ›es gibt ein Schloß, dessen Äußeres ganz außerordentlich ist, und es gibt eine Kathedrale von mäßigem Interesse.‹ Es ist recht und billig zu sagen, daß das Château d'Angers selbst einer Pilgerreise würdig ist; der einzige Nachteil besteht darin, daß man es in einer Viertelstunde gesehen hat. Man kann nicht mehr tun, als es sich anzuschauen, und das ist mit einem gründlichen Blick erledigt. Es hat weder Schönheit und Anmut noch Details zu bieten, nichts, das einen bezaubern oder aufhalten würde; es ist einfach sehr alt und sehr groß – so alt und so groß, daß dieser einfache Eindruck genügt, und es nimmt seinen Platz in der Erinnerung als vollkommenes Exemplar einer ausgedienten Festung ein. Es steht am Stadtrand, umgeben von einem riesigen, tiefen Schloßgraben, den ursprünglich das Wasser der Maine flutete, die nun durch einen Kai von ihm abgetrennt ist. Der Uferbezirk von Angers ist dürftig, es mangelt ihm an Farbe und Bewegung; und es ist immer etwas Mißliches an einer Stadt, die in der Nähe eines großen Flusses und doch nicht direkt an ihm liegt. Die Loire ist ein paar Meilen entfernt; doch begnügt sich Angers mit einem ärmlichen Zufluß jenes Stromes. Die Wirkung war naturgemäß viel besser, als sich die riesige dunkle Masse des Schlosses mit seinen siebzehn gewaltigen Türmen aus den schützenden Fluten erhob. Diese Türme sind ungeheuer in Umfang und Massivität; sie sind umgürtet von großen Bändern oder Ringen aus weißem Stein und verbreitern sich zur Basis hin beträchtlich. Von einem zum anderen ziehen sich hohe Vorhänge unendlich alt aussehenden Mauerwerks, offenbar ein dichtes Gefüge aus Schiefer, dem Material, aus dem die Stadt ursprünglich erbaut war (dank der ergiebigen Schieferbrüche in der Nähe) und welchem sie ihren Beinamen ›Die Schwarze‹ verdankt. Es gibt keine Fenster, keine Öffnungen, und heute auch keine Zinnen und keine Dächer mehr. Diese Beigaben wurden von Heinrich III. entfernt, so daß das Bauwerk trotz seiner Grimmigkeit und Schwärze nicht einmal das Interesse für sich beanspruchen kann, wie ein Gefängnis auszusehen; wenn es denn, wie ich annehme, das Wesen eines Gefängnisses ausmacht, nicht zum Himmel hin offenzuliegen. Die einzigen Charakteristika der gewaltigen Bauanlage sind die glatten, finsteren Flächen und Wölbungen des Mauerwerks, das in so großem Maßstab von eigenartiger und eindrucksvoller Wirkung ist. Begonnen von Philipp August und fertiggestellt unter Ludwig dem Heiligen, blickt das Château d'Angers natürlich auf recht viel Geschichte zurück. Der glücklose Fouquet, extravaganter Finanzminister Ludwigs XIV., dessen Sturz von den Gipfeln des Ruhms so plötzlich und so gründlich war, saß hier 1661 gefangen, gleich nach seiner Festnahme in Nantes. Ebenso saßen hier Hugenotten und Vendéer fest hinter Schloß und Riegel.

Ich ging um die Brustwehr herum, die den äußeren Rand des Schloßgrabens schützt (es geht immer bergauf, und der Graben wird tiefer und tiefer), bis ich zum Eingang gelangte, der der Stadt zugewandt liegt und so kahl und stark befestigt ist wie alles andere. Der Pförtner brachte mich in den Hof; doch gab es dort nichts zu sehen. Der Ort dient als Munitionsdepot, und im Hof befindet sich eine Vielzahl häßlicher Gebäude*. Man kann als einziges um der Aussicht willen die Bastionen abschreiten; doch herrschte zum Zeitpunkt meines Besuches trübes Wetter, und die Bastionen begannen und endeten in sich selbst. So ging ich wieder hinaus und warf einen weiteren Blick auf das große schwarze, von weißgerippten Türmen befestigte Äußere, und ich sah, daß ein besessener Zeichner ihm ein Bild abgewinnen könnte, insbesondere wenn es ihm gelänge, die kleine schwarze Bronzestatue des guten Königs René (ein schwaches Werk Davids d'Angers) ›mit darauf zu bekommen‹, wie man so sagt, welche, in Sichtweite stehend, die melancholische Vorstadt ziert. Er wäre jedoch sehr viel besser beraten mit dem eindrucksvollen Fachwerkhaus (ich nehme an, aus dem fünfzehnten Jahrhundert), das die Maison d'Adam genannt wird und gewiß das Spitzenexemplar der historischen Wohnarchitektur in Angers darstellt. Dieses wunderbare Haus in der Stadtmitte ist mit seinem Giebel, dem kunstvollen Fachwerk und der gründlichen Restaurierung ein ausgesprochen imposantes Baudenkmal. Das Erdgeschoß dient einem Weißwarenhändler als Geschäft, das unter dem verheißungsvollen Firmenzeichen Mère de Famille floriert; und

---

* Seit 1945 in Gartenanlagen umgewandelt. (Anm. d. Verlags)

über seinem Laden ragt die hohe Fassade in fünf vorspringenden Stockwerken empor. Da das Haus in der Ecke einer kleinen *place* steht, hat es eine doppelte Fassade, und die schwarzen, mit Schnitzwerk verzierten und sich kreuzenden Balken und Holzstreben, die eine große Fläche einnehmen, sind ausgesprochen pittoresk. Die Maison d'Adam ist in durchaus großem Stil erbaut, und ich muß leider sagen, daß ich es verabsäumt habe, mich zu erkundigen, welche Geschichte sich mit ihrem Namen verbindet. Wenn ich oben von der Kathedrale als ›mäßig‹ gesprochen habe, so sollte ich sie vermutlich um Verzeihung bitten; denn dieser schwere Vorwurf wurde wohl von der Tatsache ausgelöst, daß sie nur aus einem Langhaus ohne Seitenschiffe besteht. Ein wenig Nachdenken bringt mich jetzt zu der Überzeugung, daß eine solche Gestalt eine Auszeichnung ist; und wirklich finde ich in meinem Notizbuch ein wenig später die ziemlich inkonsequente Anmerkung, daß sie ›äußerst schlicht und großartig‹ ist. Das Langhaus wird in demselben Bändchen als ›groß, ernst und gotisch‹ bezeichnet, wenngleich der Chor und die Transepte als recht schmal festgehalten sind. Doch es wird nicht geleugnet, daß das Ganze eine originelle und ins Auge fallende Ausstrahlung besitzt; und so hat es schließlich den Anschein, daß die Kathedrale von Angers, die während des zwölften und dreizehnten Jahrhunderts erbaut wurde, eine hinreichend ehrwürdige Kirche ist, um so mehr, als ihre hohe Westfront, die von einem sehr primitiven gotischen Portal geschmückt wird, zwei elegante, sich verjüngende Turmspitzen trägt, zwischen welche unglücklicherweise ein häßliches neues Frontispiz eingefügt wurde.

Ansonsten habe ich von Angers nur noch das sehenswerte alte Café Serin in Erinnerung, wohin ich ging, nachdem ich mein Abendessen im Gasthof eingenommen hatte, um auf meinen Zug zu warten, der mich um neun Uhr abends in ein paar Stunden nach Nantes bringen sollte – ein bemerkenswertes Etablissement, aufgrund seiner weitläufigen Größe und seines Flairs von verblichenem Glanz, seiner braunen Vergoldung und den verräucherten Fresken, doch auch aufgrund der Tatsache, daß es im zweiten Stock eines unscheinbaren Hauses in einer unbeleuchteten Straße verborgen lag. Es sah kaum nach einem Ort aus, wo man einkehren würde; doch wenn man es erst einmal gefunden hatte, repräsentierte es sich zusammen mit der Kathedrale, dem Schloß und der Maison d'Adam als eines der historischen Baudenkmäler von Angers.

NANTES

Wenn ich zwei Nächte in Nantes verbrachte, so geschah das eher aus Gründen der Bequemlichkeit denn aus Neigung; obgleich ich diese allerdings in einem großen runden Gemach verbrachte, das einen stattlichen, erhabenen Anblick des achtzehnten Jahrhunderts bot – einen Anblick, der mich ein wenig tröstete angesichts des Schmutzes der ganzen Stadt. Der hohe, altmodische Gasthof (er hatte eine riesige, zugige *porte-cochère*, und man mußte eine ungeheure schwarze Steintreppe emporsteigen, um zu seinem Zimmer zu gelangen) sah auf einen langweiligen Platz herab, der von anderen hohen Häusern gesäumt wurde und dessen Abschluß an einer Seite das Theater bildete, ein pompöses, mit Säulen und den Statuen der Musen verziertes

Gebäude. Nantes gehört zur Kategorie jener Städte, die immer ›blühend‹ genannt werden, und die Lage nahe der Loiremündung sorgt, so nehme ich an, für regen Handel und Wandel. Es ist eine weiträumige, recht regelmäßige Stadt, die aber in den Vierteln, die ich durchstreifte, weder sehr frisch noch sehr ehrwürdig aussieht. Den Grundton geben die freundlichen Kais an der Loire an, wo hohe Häuser aus dem achtzehnten Jahrhundert aufragen (solche finden sich auch in anderen Straßen in großer Zahl) – Häuser mit großen *entresols*, die sich durch Bogenfenster, klassische Ziergiebel und Balkongeländer in schöner alter Schmiedearbeit auszeichnen. Diese Elemente finden sich noch vollendeter in Bordeaux; doch wenn man Bordeaux außer Acht läßt, hat Nantes in architektonischer Hinsicht recht viel zu bieten. Die Perspektive die Kais hinauf und hinab weist den kühlen neutralen Farbton auf, den man so oft in französischen Städten findet, die am Wasser gelegen sind – das helle Grau, das auch den Grundton der französischen Landschaftsmalerei bildet. Die ganze Stadt strahlt Größe oder zumindest gutfundierte Wohlhabenheit aus. Während des einen Tages, den ich dort verbrachte, hatte ich natürlich Zeit, einen Besuch im Musée zu machen; um so eher, als ich eine Schwäche für Provinzmuseen habe – eine Neigung, die wenig von der Qualität der jeweiligen Sammlungen abhängt. Die Bilder mögen schlecht sein, doch ist das Gebäude oft sehenswert; und außerdem läßt sich in einer bestimmten Gemütsverfassung auch schlechten Bildern ein gewisses Maß an Amüsement abgewinnen. Wenn sie einigermaßen alt sind, sind sie oft rührend; doch müssen sie eine gewisse Antiquiertheit haben; denn ich muß gestehen, daß ich für Kunstwerke, deren mangelnde Qualität jüngeren Ursprungs ist, nichts übrig habe. Die kühlen, ruhigen, leeren Räume, in denen unbedeutende Sammlungen häufig aufbewahrt werden, die roten Dachziegel, das diffuse Licht, der muffige Geruch, die Umgebung von Mementos toter Moden, der verdrießliche Wärter mit schwarzem Käppchen, der einen ausgeblichenen Vorhang beiseitezieht, um einem das glanzlose Prunkstück des Museums zu zeigen – diese Dinge haben etwas von unaufdringlicher Geschichtlichkeit, und von irgend etwas zeugen schließlich auch die vergilbten Leinwände. Im Museum von Nantes bezeugen viele von ihnen den Geschmack eines ruhmreichen Feldherrn, denn sie wurden der Stadt von Napoleons (zum Duc de Feltre ernannten) Marschall Clarke vermacht. Hinzu kommt noch die übliche Anzahl an Werken der zeitgenössischen französischen Schule, eine Auslese von den Jahressalons, die der Staat dem Museum zur Gabe gemacht hat. Wohin der Reisende in Frankreich auch kommt, überall wird er an diese rühmliche Praxis erinnert – nämlich daß die Regierung eine gewisse Anzahl von ›Bildern des Jahres‹ ankauft, die dann sogleich auf die Provinzen verteilt werden. Regierungen lösen einander ab und mühen sich mit verschiedenen Parolen um Erfolg; doch ›Kunstförderung‹ ist ein Brett, wie man in diesem Falle sagen könnte, in jeder politischen Plattform. Die Kunstwerke sind oft schlecht ausgewählt – es gibt so eine Art offiziellen Geschmacks, die man sofort erkennt –, doch ist dieses Verfahren von Grund auf großzügig, und eine Regierung, die es vernachlässigte, würde man als vulgär empfinden. Das einzige, woran ich mich in diesem speziellen Musée erinnern kann, ist ein schönes

Frauenporträt von Ingres – sehr flächig und chinesisch, doch in der Linienführung interessant und sehr stilvoll.

Es gibt ein Schloß in Nantes, das in gewissem Maße demjenigen von Angers ähnlich sieht, doch vom Äußeren her sehr viel weniger durch weitläufige Größe beeindruckt und im Inneren an Details von sehr viel größerem Interesse ist. Der Hof beherbergt die Überreste eines sehr schönen Beispiels spätgotischer Baukunst – ein hohes, elegantes Gebäude aus dem sechzehnten Jahrhundert. Dem Château mangelt es naturgemäß nicht an Geschichte. Es war die Residenz der alten Herzöge der Bretagne und kam zusammen mit der übrigen Provinz durch die Herzogin Anne, der letzten Vertreterin dieses Geschlechtes, als Brautgeschenk an Karl VIII. Ich las in dem ausgezeichneten Handbuch von M. Joanne, daß es von nahezu jedem der französischen Könige besucht wurde, von Ludwig XI. an abwärts; und auch, daß es als nicht gar so freiwilliger Aufenthaltsort für diverse andere illustre Persönlichkeiten diente, angefangen von dem entsetzlichen Marschall de Retz, der im fünfzehnten Jahrhundert wegen Mordes an etlichen Hunderten kleiner Kinder, die er in gräßlichen Ritualen opferte, in Nantes hingerichtet wurde, bis hin zu der hitzigen Herzogin von Berry, der Mutter des Grafen von Chambord, die dort 1832 einige Stunden lang festgesetzt wurde, unmittelbar nach ihrer Gefangennahme in einem Haus in der Nachbarschaft. Ich betrachtete das betreffende Haus – man kann es von der Terrasse vor dem Château aus sehen – und versuchte, mir jene peinliche Szene vorzustellen. Die Herzogin hatte, nachdem sie in der legitimistischen Bretagne erfolglos das Banner des Aufstandes (zugunsten der exilierten Bourbonen) erhoben hatte und bei den Häschern Louis Philippes ›auf der Liste stand‹, wie der Ausdruck lautet, sich in einem kleinen, aber königstreuen Hause versteckt, wo sie nach fünf Monaten Klausur von einem ihrer Bediensteten, einem elsässischen Juden namens Deutz, für Gold an den gestrengen M. Guizot verraten wurde. Unmittelbar vor ihrer Gefangennahme hatte sie viele Stunden lang zusammengekauert in einem Verschlag hinter einem Kamin gesessen, und als man sie schließlich ans Licht hervorzog, war sie schrecklich versengt gewesen. Der Mann, der mir das Schloß zeigte, wies mich noch auf eine andere historische Stätte hin, ein Haus mit kleinen *tourelles* am Quai de la Fosse, in welchem Heinrich IV. der Sage nach das Edikt unterzeichnet hat, das von Ludwig XIV. widerrufen wurde. Ich bin jedoch nicht in der Lage, mich für diesen Stammbaum zu verbürgen.

Es ist da noch etwas anderes an der Geschichte der schönen alten Häuser, die die Loire beherrschen, dessen man sich, so möchte ich meinen, einigermaßen sicher sein darf; nämlich daß sie, so friedlich sie heute auch dastehen mögen, auf die Schrecknisse des Terrors von 1793 herabgeblickt haben, auf die blutige Herrschaft des Ungeheuers Carrier und seine schändlichen *noyades*. Die gräßlichste Episode der Revolution wurde in Nantes in Szene gesetzt, wo Hunderte von Männern und Frauen zu Paaren zusammengebunden auf Flöße verbracht und dann auf den Grund der Loire versenkt wurden. Die hohen Häuser aus dem achtzehnten Jahrhundert, die vom *air noble* erfüllt sind, erinnern mich in Frankreich immer an jene furchtbaren Jahre – an die Straßenszenen der Revolution. Oberflächlich gesehen ist diese Assoziation ungereimt, denn nichts könnte formvollendeter und ziemlicher sein als der Ausdruck der Zugänglichkeit dieser angenehmen Residenzen. Doch immer, wenn mich eine Vision von Gefangenen heimsucht, die auf den Schinderkarren gebunden langsam zum Schafott rumpeln, von Köpfen, die auf Spießen getragen werden, von Scharen aufgebrachter *citoyennes*, die drohend die Fäuste gegen geschlossene Kutschenfenster recken, dann sehe ich im Hintergrund die wohlgeordneten Elemente der Architektur jener Periode – den klaren, grauen Stein, die hohen Pilaster, die geschwungenen Linien des *entresol*, den klassischen Ziergiebel, das schiefergedeckte Dachgeschoß. An Architektur hat Nantes, von den Wohnhäusern abgesehen, nicht viel zu bieten. Die Kathedrale mit einer schmucklosen Westfassade und verstümmelten Türmen wirkt, wenn man auf sie zugeht, völlig unscheinbar. Immerhin tut sie ihr Bestes, um ihren Ruf zu retten, sobald man ihre Schwelle überschritten hat. Begonnen 1434 und vollendet gegen Ende des fünfzehnten Jahrhunderts, wie ich aus dem Murray ersehe, hat sie ein prachtvolles Schiff, zwar nicht von großer Länge, dafür aber von außerordentlicher Höhe und Schwerelosigkeit. Andererseits hat sie überhaupt keinen Chor. Es ist recht amüsant in Frankreich, darauf zu achten, was zu besitzen oder wessen zu ermangeln sich eine Kathedrale berufen fühlt; denn es ist nur die Minderheit, die die ganze Vollständigkeit aller Elemente aufweist. Manche haben ein wunderschönes Langhaus und keinen Chor, andere einen wunderschönen Chor und kein Langhaus. Manche haben ein prunkvolles Äußeres und drinnen gar nichts; andere ein ganz nichtssagendes Gesicht und ein gar glühendes Herz. Es gibt Hunderte von Möglichkeiten der Armut und des Reichtums, und sie gehen die unerwartetsten Kombinationen ein.

Die große Kostbarkeit von Nantes sind die beiden vornehmen Grabdenkmäler, die die beiden Transepte einnehmen, von denen eines (in seiner noblen Art) das seltene Verdienst hat, ein Werk unserer eigenen Zeit zu sein. Auf der Südseite steht das Grabmal Franz' II., des letzten der Herzöge der Bretagne, und seiner Gemahlin, Margarete von Foix, das 1507 von ihrer beider Tochter Anne errichtet wurde, der wir schon im Château de Nantes begegnet sind, wo sie geboren wurde; in Langeais, wo sie ihren ersten Gemahl heiratete; in Amboise, wo sie ihn verlor; in Blois, wo sie ihren zweiten heiratete, den ›guten‹ Ludwig XII., der sich von einer untadeligen Gemahlin scheiden ließ, um den Platz für sie freizumachen, und wo sie auch starb. Von einem zerstörten Kloster in die Kathedrale überführt, ist dieses Grabmal – das Meisterwerk von Michel Colombe, dem Urheber des bezaubernden Grabes der Kinder von Karl VIII. und besagter Anne, welches wir in Saint Gatien zu Tours bewundert haben – eines der brillantesten Werke der französischen Renaissance. Es ist von glanzvoller Wirkung und in vollkommenem Zustand erhalten. Eine große Platte aus schwarzem Marmor trägt die ruhenden Gestalten des Herzogs und der Herzogin, die mit Prunkgewand und Krone friedlich und majestätisch daliegen, den Kopf auf ein Kissen gebettet, das auf der Rückseite zusammen von drei zauberhaften kleinen knienden Engeln gehalten wird. Zu Füßen des stillen Paares liegen ein Löwe und ein Windhund mit heraldischen Insignien. An jeder Ecke der Platte steht eine große allegorische Frauengestalt aus weißem Marmor in kunstvoll gearbeiteter Kleidung, und diese Figuren mit ihren zeitgenössischen Gesichtern und Gewändern, die ihnen einen Anflug realistischer Porträts verleihen, sind getreu und lebensecht, wenn nicht gar von bemerkenswerter Schönheit. Das Werk hat etwas von männlicher Vollendung und einer gewissen Herbheit des Stils.

Auf keinem Gebiet hatten die Bildhauer der Renaissance eine glücklichere Hand als dort, wo sie mit ihren Grabmälern uns weit voraus sind: sie haben uns nichts zu sagen übriggelassen, was jenen großen, endgültigen Gegensatz betrifft – den Gegensatz zwischen der Unbeweglichkeit des Todes und der lebendig bleibenden Prachtentfaltung und Ehrerweisung. Sie haben auf jede erdenkliche Weise den feierlichen Ernst ihrer Überzeugung ausgedrückt, daß das Marmorbild Teil der persönlichen Größe des Dahingegangenen ist und der Wahrung seines Angedenkens, der Einlösung einer Verpflichtung dient. Dagegen ist ein modernes Grabmal eine vergleichsweise skeptische Angelegenheit; es legt zu wenig Gewicht auf die Ehrerweisung. Ich sage das trotz der Tatsache, daß man nur die Kathedrale von Nantes zu durchqueren braucht, um sich einem der reinsten und rührendsten modernen Grabmäler gegenüberzusehen. Die katholische Christenheit der Bretagne hat im gegenüberliegenden Transept ein Monument zu Ehren eines der Ergebensten seiner Söhne errichtet, des Generals de Lamoricière, Verteidigers des Papstes und Unterlegenen von Castelfidardo. Diese noble Arbeit von der Hand Paul Dubois', eines der interessantesten jener neuen Generation von Bildhauern, die in Frankreich eine Kunst wiederbelebt haben, an welcher unser übertrieben herausgeputztes Jahrhundert zu verzweifeln begonnen hatte, ist in jeder Hinsicht verdienstvoll, außer daß sie eines gewissen ursprünglichen Gefühls ermangelt. Sie ist der Nachklang einer früheren Melodie – ein Nachklang von schöner Kadenz. Unter einem Renaissancebaldachin aus kunstvoll mit Arabesken und Cherubinen verziertem weißem Marmor, dessen Reliefarbeit so flach ist, daß sie das Werk als gleichsam von der Zeit gerundet und verwittert wirken läßt, liegt der Leichnam des bretonischen Soldaten, ein Kruzifix an die Brust gepreßt und bedeckt von einem Leichentuch, das über den Körper gebreitet ist. An jeder der Ecken sitzt eine Bronzefigur, von denen zwei, die gelungensten, welche Mildtätigkeit und militärischen Mut symbolisieren, mir außerordentlich gefallen hatten, als ich sie (in Ton) im Salon von 1876 ausgestellt sah. Sie sind hervorragend modelliert und von der Konzeption her nicht weniger bewundernswürdig: die eine Figur ist eine heitere und derbe junge Mutter von schöner Gestalt und Haltung; die andere stellt einen schlanken und wachsamen jungen Mann mit einem Helm dar, der seine ernsten Augen überschattet; sein ausgestreckter Arm, ein bewunderungswerter Soldatenarm, ruht auf dem Griff eines Schwertes. Diese Figuren lassen es als nur zu gewiß erscheinen, daß M. Paul Dubois Michelangelo studiert hat, den man, wie wir alle vernommen haben, als glänzendes Vorbild und schlechtes Muster bezeichnet hat. Das visierüberschattete Gesicht seines Kriegers ist mehr oder weniger eine Reminiszenz der Figur auf dem Grabmal des Lorenzo de' Medici in Florenz; doch tut ihm das zweifellos keinerlei Abbruch. Das Interesse der Arbeit Paul Dubois' liegt in ihrem besonderen Ernst, einer Art moralischer Redlichkeit, die nicht zu den verbreitetsten Merkmalen französischer Kunst zählt und die, wenn sie sich, wie in diesem Fall, mit überragendem Wissen und einem bemerkenswerten Formsinn paart, einen Eindruck höchster Verfeinerung hervorruft. Das ganze Monument legt Zeugnis ab von ungewöhnlich gründlichen Studien; doch bin ich mir nicht sicher, ob dieser Eindruck auf seiten des Betrachters der denkbar glücklichste ist. Er erklärt viele Aspekte der großen Schönheit, und er erklärt vielleicht auch ein wenig den leichten Anflug von Pedanterie. Dieses Wort ist jedoch kaum angebracht; ich meine nur, daß M. Dubois eine sichtbare Anstrengung unternommen hat, welche einen sichtbaren Triumph davontrug. Schlichtheit ist nicht immer eine Stärke, und unser komplizierter moderner Schöpfergeist hat reiche Schätze an Intentionen. Dieses unergründliche moderne Element ist ein ungeheurer Reiz bei M. Paul Dubois. Ich verliere mich ganz in Bewunderung für das tiefe ästhetische Erleben und die Aufgeklärtheit des Stils, wie es sich in einem solchen Werk offenbart. Und danach hoffe ich nur, daß Guiseppe Garibaldi irgendwo eine Gedenkstätte von solchem Rang zuteil werden möge.

LA ROCHELLE

Um von Nantes nach La Rochelle zu kommen, reist man direkt nach Süden durch die historische *bocage* der Vendée, der Heimat des royalistischen Kleinkrieges. Die Landschaft, die ausnehmend hübsch ist, prunkt mit Dickichten, Obstgärten, Hecken und Bäumen, die stärker verbreitet und stämmiger sind als das gefiederte Laubwerk, das der Reisende sonst in Frankreich vorzufinden pflegt. Allerdings flachte die Landschaft im Verlaufe meiner Reise beträchtlich ab, so daß es schließlich eine Stunde lang durch eine riesige gesichtslose Ebene ging, die mir wenig Abwechslung bot außer dem allgemeinen Eindruck, daß ich mich dem Golf von Biscaya näherte (der in Wirklichkeit noch in der Ferne lag). Als La Rochelle nicht mehr weit war, wurde die Aussicht erheblich freundlicher; die Eisenbahngleise folgten einem zauberhaften kleinen Kanal (oder kanalisiertem Fluß), den Bäume und kleine, schmucke, hellgestrichene und doch altmodische Landhäuser und Villen säumten, die am anderen Ufer hinter kleinen Gärten, Hecken, bunten Zäunen und Rasenflächen zurückversetzt standen. Das Ganze machte einen holländischen und herrlichen Eindruck; und in seiner Herrlichkeit, wenn auch nicht von seinem holländischen Charakter her, bereitete es mich auf die Reize La Rochelles vor, das sich mir vom ersten Moment meines Betretens an als faszinierende kleine Stadt darstellte, als recht originelle Mischung aus Helligkeit und Langerweile. Ein Teil der Helligkeit rührt von der außerordentlichen Sauberkeit her – worin es dann doch holländisch ist; ein Vorzug, der sich in Bourges, Le Mans und Angers nicht sonderlich bemerkbar macht. Immer wenn ich nach Süden reise, und sei es auch nur zwanzig Meilen weit, fange ich an, nach dem Süden Ausschau zu halten, und bin bereit, die sorglose Anmut jener Breiten auch in Dingen zu finden, von denen man zwar vielleicht sagen kann, daß sie südlicher als andere sind, aber doch nicht eben südlich. Von Boston nach New York (in dieser Gemütsverfassung) zu fahren bereitet eine beinahe ebenso sanfte Empfindung wie der Abstieg von den Alpen auf italienischer Seite; und von New York nach Philadelphia zu fahren, heißt in eine Zone tropischer Üppigkeit und Wärme einzutreten. Diese absurde Disposition vorausgesetzt, konnte ich bei meiner Ankunft in La Rochelle nicht umhin, mir einzubilden, daß ich mich schon im Süden befand, und in allem, auch in der Sprache des Landes, den *charactère méridionale* wahrzunehmen. Und wirklich lag ein Hauch davon über vielen Dingen. In dieser Hinsicht scheint es mir ein recht unvollkommenes Vergnügen zu sein, wenn man mit einem Sprung in den Süden gelangt – wenn man dort gleichsam erwacht. Das volle Vergnügen ist es, sich schrittweise und in Abstufungen zu nähern, die aufeinanderfolgenden Schattierungen von Unterschieden zu beobachten, in denen der Norden allmählich aufhört, der Norden zu sein. Diese Schattierungen sind überaus zart, doch hat unsereiner als wahrhafter Liebhaber des Südens für alle ein Auge. Wenn er sie in New York und Philadelphia wahrnimmt – wir stellen ihn uns einmal kühn als von Boston befreit vor –, wie könnte er da umhin, sie in La Rochelle zu gewahren? Die Straßen dieser hübschen kleinen Stadt sind von Arkaden gesäumt – trefflichen, großen, breiten Steinarkaden, wie sie einem Lande heißer Sommer wohl anstehen und die mir, um nicht in weitere Fernen zu schweifen, die dämmrigen Säulengänge von Bayonne ins Gedächtnis riefen. Zudem beherbergt es eine große, geräumige *place d'armes*, die ganz und gar wie die Piazza einer ausgestorbenen italienischen Stadt aussah, verlassen, sonnig, grasüberwachsen, mit den vorspringenden Fassaden gelber Häuser, einem menschenleeren Kaffeehaus mit gestreifter Markise, einer hohen, kalten, überladenen, uninteressanten Kathedrale aus dem achtzehnten Jahrhundert auf der einen

Seite und einem schattigen Spazierweg auf der anderen, der zu einer alten Befestigungsanlage gehört. Ich folgte diesem Weg eine Weile unter den gestutzten Bäumen die grasbewachsenen Bastionen entlang; es ist ein überaus reizvoller, gewundener und abwechslungsreicher Weg, den überall Bäume begleiten. Unterhalb der Befestigungsanlage ist ein Gezeitenfluß, und auf der anderen Seite erstrecken sich in breiter Ausdehnung die moosbewachsenen Mauern des riesigen Gartens eines Priesterseminars. Vor dreihundert Jahren war La Rochelle das große französische Bollwerk des Protestantismus, doch heute werden dort offenbar Papisten herangezogen.

Der Spazierweg auf dem Befestigungsring führte mich zu einem der Stadttore, wo ich auf einige kleinere neuere Verteidigungsanlagen und etliche rotbeinige Soldaten stieß, und jenseits der Anlage auf einen weiteren schattigen Weg – einen *mail*, wie die Franzosen sagen, und auf einen *champ de manœuvre* –, auf dessen Fläche die armen Rotbeine gedrillt wurden. Es war alles sehr ruhig und sehr malerisch, wie *en miniature*; und sehr ordentlich und ein wenig vernachlässigt zugleich. Doch war dies nur eine dürftige Rückansicht von La Rochelle, oder bestenfalls eine armselige Seitenansicht. Es gibt auch noch andere Tore außer dem gerade erwähnten befestigten Durchlaß; eines von ihnen, ein alter grauer Torbogen in einem schönen Glockenturm, hatte ich auf meinem Weg vom Bahnhof durchschritten. Diese stattliche Tour de l'Horloge bildet den Grenzpunkt zwischen der eigentlichen Stadt und dem Hafen; denn jenseits des alten grauen Bogens wendet der Ort sein helles, ausdrucksvolles Gesicht dem Meere zu. Im Hafen unternahm ich einen reizvollen Spaziergang, der mich die ihn umschließenden steinernen Piers und Seemolen entlangführte. Das allerdings, um die Reihenfolge einzuhalten, geschah, nachdem ich mein Frühstück eingenommen (was gleich nach meiner Ankunft stattfand) und das *hôtel de ville* besucht hatte. Der Gasthof hatte auf der Rückseite einen langen schmalen Garten mit einigen sehr hohen Bäumen; und nachdem ich durch diesen Garten in eine dämmerige und abgeschiedene, in dichtem Schatten verborgene *salle à manger* gelangt war, hatte ich, während ich meine Erfrischung zu mir nahm, ein Gefühl der Abgeschiedenheit, die ich schließlich als eine Art von Eingesperrtsein empfand. Diese Empfindung verlor sich jedoch, nachdem ich meine Rechnung beglichen hatte und fortging, um mich nach etwaigen Spuren jener berühmten Belagerung umzusehen, auf der in erster Linie der Ruhm La Rochelles beruht. Zu meinem Besuch hatte mich teils der Gedanke bewogen, daß es interessant sein müsse, ein paar Augenblicke lang an dem Schauplatz solcher Tapferkeit zu stehen, und zum Teil auch, weil ich, das gestehe ich, neugierig war, die Stelle zu sehen, von welcher aus die emigrierten Hugenotten aufgebrochen waren, die die Stadt New Rochelle im Staate New York gegründet hatten, einen Ort, in dem ich manche denkwürdige Stunde verbracht habe. Während ich so den friedlichen kleinen Hafen durchstreifte, war es mir eine seltsame Vorstellung, daß diese stillen Wasser während der Religionskriege von einer ungeheuren Seemacht schwollen. Die Rochelais hatten Flotten und Admirale, und ihre strammen kleinen protestantischen Kiele trugen den Geist der Auflehnung meerauf und meerab.

Zu sagen, daß ich irgendwelche Spuren der Belagerung gefunden hätte, hieße, die Vorliebe für frischen, lebhaften Putz, die La Rochelle heutzutage auszeichnet, nicht genügend zu berücksichtigen. Die einzige Spur ist die Kerbe in der Marmorplatte des Tisches, auf den im *hôtel de ville* Jean Guiton, der Bürgermeister der Stadt, seinen Dolch mit einem Eid niederfahren ließ, als 1628 die Kriegsschiffe und Regimenter Richelieus den Ring um die Stadt zu Wasser und zu Lande schlossen. Dieser ungeheuerliche Amtmann war die Seele des Widerstandes; inmitten von Pest und Hungersnot hielt er von Februar bis Oktober durch. Die ganze Episode nimmt einen glänzenden Platz unter den bedeutenden Belagerungen der Geschichte ein; sie ist schon Hunderte von Malen erzählt worden, und es sei mir verstattet, sie nur mit kurzem Blick zu streifen und dann fortzufahren. Ich beschränke meinen Ehrgeiz in diesen unbeschwerten Seiten darauf, von solchen Dingen zu sprechen, von denen ich persönlich einen Eindruck empfangen habe, und einen solchen Eindruck von der Verteidigung La Rochelles habe ich nicht. Das *hôtel de ville* ist ein hübsches kleines Gebäude im Renaissancestil Franz' I.; doch hat es in den Händen der Restauratoren viel von seinem Interesse eingebüßt. Es ist erbarmungslos ›hergerichtet‹ worden; sein natürlicher Standort wäre jetzt New Rochelle. Gegen die Straße wird es von einer Art zinnengekröntem, von Türmchen flankiertem Vorhang abgeschirmt, in dem sich ein niedriges Tor befindet (ein niedriges Tor in einer hohen Mauer ist immer von glücklichster Wirkung), die Zulaß zu einem Innenhof gewährt, wo man die Fassade des Gebäudes entdeckt. Sie hat in Nischen eingelassene Statuen und erhebt sich über einer sehr niedrigen und sehr tiefen Arkade. Die Hauptfunktion der ehrerbietigen alten

Pförtnerin, die einen herumführt, besteht darin, die Aufmerksamkeit auf den eingekerbten Tisch von Jean Guiton zu lenken; doch sie zeigt einem daneben auch noch andere Gegenstände von Interesse. Die Innenräume sind völlig neu und extrem aufwendig ausgestattet und prunken im Übermaß mit Tapisserien, Polstermöbeln, Maroquin, Samt und Satin. Das gilt insbesondere für eine wirklich schöne *grande salle*, wo der Bürgermeister von teuersten Polstermöbeln umgeben seine offiziellen Empfänge gibt. (Jedenfalls sagte das meine werte Pförtnerin.) Die Bürgermeister von La Rochelle scheinen sich seit den Tagen des grimmigen Guiton gewaltig geändert zu haben; doch sind diese Zeugnisse munizipaler Glanzentfaltung insofern interessant, als sie ein Licht auf französische Sitten werfen. Man stelle sich den Bürgermeister einer englischen oder amerikanischen Stadt von zwanzigtausend Einwohnern vor, der im Rathaus pompöse Soiréen abhält! Die erwähnte *grande salle*, in Grundriß und wesentlichen Merkmalen unverändert, ist, so glaube ich, der Raum, in dem die Rochelais debattiert haben, ob sie sich verschanzen sollten, und dann dafür gestimmt haben. Der Tisch und der Sessel Jean Guitons sind restauriert worden, wie alles andere auch, und stellen sehr elegante und kokette Möbelstücke dar – unheimliche Relikte einer Zeit des Verhungerns und Verblutens. Ich nehme an, der Protestantismus in La Rochelle ist heutzutage wohl etwas geschrumpft und hat hauptsächlich in der *haute société* und einer einzigen Kirche Zuflucht gefunden. Es gab nichts Besonderes, das mich an seine angebliche karge Strenge erinnert hätte, als ich nach dem Besuch des *hôtel de ville* die verlassenen Arkaden entlangwandelte und durch die Tour de l'Horloge, die ich schon erwähnt habe, hinausging. Wenn ich stehenblieb und an diesem ehrwürdigen Baudenkmal emporblickte, so nicht, um mich der Stunde zu vergewissern, denn es war schon vorauszusehen, daß ich in La Rochelle mehr Zeit zur Verfügung haben würde, als ich nutzen könnte; sondern weil seine hohe, graue, wettergegerbte Fassade gewiß einen Gegenstand für eine Zeichnung abgegeben hätte.

Der kleine Hafen, der über zwei Becken verfügt und nur für Schiffe von geringer Tonnage zugänglich ist, war von einer gewissen Fröhlichkeit und hatte so viel Lokalkolorit zu bieten, wie man sich nur wünschen kann. Fischersleute, malerische Typen, schlenderten einher, die meisten von ihnen Bretonen; etliche der Männer mit einnehmenden, einfachen Gesichtern, keineswegs roh und von prächtiger Bräune – jener goldbraunen Farbe auf Wange und Bart, wie man sie auf alten venezianischen Segeln sieht. Es war ein böiger, regnerischer Tag, mit plötzlichen Einbrüchen von Sonnenschein; Reihen von vielfältig-bunten Fischerbooten lagen die Kais entlang vertäut. Der Hafen ist reizvoll für das Auge aufgrund dreier ramponierter alter Türme, die hier und dort ihr Haupt erheben und unendlich sturmgeschüttelt und seeversilbert aussehen. Der Eindrucksvollste von ihnen, die Tour de la Lanterne, ist ein großes graues Gemäuer aus dem fünfzehnten Jahrhundert, flankiert von Türmchen und gekrönt von einem gotischen Spitzturm. Ich bemerkte, daß die Einheimischen ihn Tour des Quatre Sergents nannten, obwohl ich nicht weiß, was ihn mit der bewegenden Geschichte der vier jungen Sergeanten der Garnison von La Rochelle verbindet, welche 1821 als Verschwörer gegen die Regierung der Bourbonen festgenommen

und im folgenden Jahr in Paris unter allgemeiner Entrü-
stung hingerichtet wurden. Der anheimelnde kleine
Spazierweg mit der Bezeichnung Rue sur les Murs, zu
dem man neben der Grosse Horloge hinaufgelangt,
führt zu dieser sehenswerten Tour de la Lanterne und an
ihr vorbei. Für diesen Weg bildet zur See hin auf der
einen Seite die Spitze der alten Stadtmauer eine Brustwehr, während auf der anderen Seite ordentliche, wenn
auch unregelmäßige kleine Fischerhütten an ihn stoßen,
wo vornehmlich braune alte Frauen, deren Hauben so
weiß sind als wären sie gemalt, das Regiment zu führen
scheinen. In dieser Richtung stadtauswärts erstreckt
sich ein sehr hübscher Strandstreifen, zu welchem man
durch die Befestigungsanlagen hindurch (die nebenbei
von Vauban stammen) kommt, wobei man auch einen
winzigen öffentlichen Park durchqueren muß, der ans
Wasser grenzt und dessen verkümmerter Bewuchs sich
bis zu einer großen Badeanstalt ausdehnt. Es war nicht
mehr die Jahreszeit, um noch baden zu können, und die
Anstalt bot das bankrotte Aussehen, das solchen Orten
außerhalb der Saison zueigen ist; also machte ich kehrt
und erreichte auf einem Rundweg, im Verlaufe dessen
es noch manches andere für die Küste Typische zu
betrachten gab, die andere Seite des heiteren kleinen
Hafens; dort gibt es einen langen Wellenbrecher und
eine noch längere Kaimauer, auf der ich mich eine
Zeitlang erging, um die starke salzige Brise des Golfes
von Biscaya einzuatmen. La Rochelle dient in den
Monaten Juli und August einer bescheidenen Provinz-
gesellschaft als *station de bains*; und es dürfte, sieht man
einmal von der Frage der Gasthöfe ab, an Sommernach-
mittagen recht reizvoll sein.

POITIERS

Man tut Poitiers Unrecht, wenn man dort bei Nacht ankommt, wie ich es tat, etwa drei Stunden nach meiner Abreise von La Rochelle; denn womit es in Poitiers aufs beste bestellt ist – wie man in Poitiers sagen würde –, ist das Erscheinungsbild, das es dem ankommenden Fremden darbietet, der seinen Kopf aus dem Zugfenster steckt. Ich blickte also durch diese Öffnung in die Finsternis hinaus, ehe wir in den Bahnhof einfuhren, denn ich erinnerte mich des Eindruckes, den ich bei anderer Gelegenheit empfangen hatte; doch sah ich nichts als die allenthalben herrschende Nacht, in der hier und da eine häßliche Bahnsteiglampe aufleuchtete. Erst bei meiner Abreise am folgenden Tage vergewisserte ich mich, daß Poitiers immer noch jene gute Figur macht, wie es das aufgrund seiner Lage zuoberst eines ansehnlichen Hügels tun sollte. Ich habe nun einmal eine Schwäche für jedwede Gruppierung von Türmen, jedwede Zusammenballung von Dächern und Kaminen, die sich von einer Anhöhe erheben, zu welcher eine lange Straße in Serpentinen emporsteigt; solch ein Bild gibt einem einen Augenblick lang das Gefühl, daß man sich in Italien befindet, und läßt einen sogar glauben, daß man, wenn man die gewundene Straße hinanklimmt, zu einer alten Stadtmauer, einer breiten Fläche von rissigem Braun, gelangen und unter einem Tor hindurchschreiten könnte, das von dem Wappen eines mittelalterlichen Despoten gekrönt wird. Warum mir in Frankreich die Vorstellung Vergnügen bereiten sollte, ich befände mich in Italien, entzieht sich meiner Kenntnis; die Illusion hat nie lange genug vorgehalten, um sich einer Analyse zu erschließen. Vom Fuße seines Hochsitzes her sieht Poitiers weitläufig und hoch aus; und wirklich konnte ich am Abend meiner Ankunft anhand der endlos bergaufführenden Anfahrt mit dem Stellwagen des von mir gewählten Hotels, welchen ich am Bahnhof vorgefunden hatte, die Ausdehnung seiner beherrschenden Lage ermessen. Dieses Hotel, eine ›magnifique construction ornée de statues‹, wie sich der sonst so zurückhaltende Guide-Joanne anzukündigen herbeiläßt, hat einen Stellwagen, und, so möchte ich glauben, auch Statuen, wenngleich ich diese nicht zu Gesicht bekam; doch hat es ansonsten, von Ansammlungen Schmutzes aus unvordenklichen Zeiten abgesehen, sehr wenig zu bieten. Es ist prunkvoll, wenn man will, doch läßt es sich nicht einmal als relativ anständig bezeichnen; und ein schmutziger Gasthof ist mir immer als das schmutzigste aller menschlichen Dinge vorgekommen – es gibt einfach zuviele Gelegenheiten, wo es sich als solches verrät.

Poitiers ist von großer Ausdehnung und so verwinkelt und unregelmäßig, wie man sich nur wünschen kann; doch gehen diese Vorzüge nicht mit ausgesprochen hervorstechenden Charakteristika oder einem großen Reichtum baulicher Sehenswürdigkeiten einher. Obwohl sich nur wenige malerische Häuser finden, gibt es jedoch zwei oder drei sehenswerte alte Kirchen. Notre-Dame-la-Grande am Marktplatz, ein kleines, romanisches Bauwerk aus dem zwölften Jahrhundert, hat ein höchst interessantes und ehrwürdiges Äußeres. Erbaut, wie alle Kirchen von Poitiers, aus hellbraunem Stein mit gelblichem Einschlag, weist sie eine Fülle von primitiven, doch kunstvollen Skulpturen auf und ist wirklich ein eindrucksvolles Baudenkmal.

Im Inneren ist sie jüngst mit der gräßlichsten Dekorationsmalerei besudelt worden, die je sanfte Säulen und gleichmütige Gewölbe über sich haben ergehen lassen müssen. Dieses verwitterte, doch in sich stimmige Bauwerk hat das rührende Aussehen, das allem urtümlich Alten innewohnt; es ist in das Alter gelangt, in welchem derlei die Jahre nicht mehr spürt; die Wellen der Zeit haben seine Kanten zu einer Art geduldiger Dumpfheit abgeschliffen; noch in der Grobheit seines Zierates hat es etwas Mildes und Abgeklärtes, wie die Ruhe, wie die Taubheit eines Achtzigjährigen, und es ist fühllos geworden gegen die Veränderungen des einen oder anderen Jahrhunderts. Die Kathedrale interessierte mich sehr viel weniger als Notre-Dame-la-Grande, und ich bin nicht in der Stimmung, mich auf statistische Einzelheiten darüber einzulassen. Es hat jedoch nichts mit Statistik zu tun, wenn ich erwähne, daß die Kathedrale auf halber Höhe des Hügels von Poitiers steht, an einer kleinen und grasüberwachsenen *place,* zu der man durch krumme Gassen und zwischen glatten Gartenmauern gelangt, und daß die Breite der Fassade ihre auffälligste Dimension ausmacht. Diese Breite ist ganz außerordentlich, doch bleibt es ihr irgendwie versagt, diesem Bauwerk etwas von Adel zu verleihen, das im Inneren (Murray merkt dies an) wie ein großer Versammlungssaal aussieht. Es gibt ein Langhaus und zwei Seitenschiffe, wobei letztere etwa so hoch sind wie das Langhaus; und es gibt ein paar scheußliche moderne Bilder, die sehr viel besser zu sehen sind als jene Stücke alter Meister, die sonst in dämmrigen Seitenkapellen schlummern; denn es fehlt an schöner alter Glasmalerei, die eine gnädige Finsternis verbreiten könnte. Der Sakristan der Kathedrale zeigte mir etwas viel Besseres als all diese nackte Nüchternheit; er führte mich hinaus, und wir gelangten nach kurzer Wegstrecke zu dem kleinen Temple de Saint-Jean, der die größte Sehenswürdigkeit von Poitiers darstellt. Es handelt sich um eine frühchristliche Kapelle, eine der frühesten Frankreichs; ursprünglich, so will es scheinen – das heißt, im sechsten oder siebten Jahrhundert – ein Baptisterium, doch schon zu einer Kirche umgewandelt, als die christliche Ära noch vergleichsweise jung war. Der Temple de Saint-Jean ist darum ein sogar noch ehrwürdigeres Baudenkmal als Notre-Dame-la-Grande, und jene Altersbenommenheit, die ich Notre-Dame zugeschrieben habe, dürfte seinen rohen und farblosen niedrigen Mauern in noch größerem Maße innewohnen. Ich nenne sie nur deshalb roh – schließlich haben doch die Jahrhunderte sie durchgebacken –, weil sie, obwohl manch plumpe Bögen und Steinmetzarbeiten in sie eingelassen sind und ein kleiner Giebel sie an der Vorder- und Hinterseite krönt, von der Oberfläche her wenig Faszinierendes zu bieten haben (soweit ich mich erinnern kann). Notre-Dame ist immerhin noch ausdrucksvoll, gibt noch vor, am Leben zu sein; doch der Tempel hat seine Botschaft verkündet und befindet sich nun gänzlich im Zustand der Ruhe. Vorhanden ist noch eine Art von Atrium auf Straßenebene, von dem aus man zu dem ursprünglichen Fußboden hinabsteigt, der jetzt freigelegt wurde, jedoch jahrelang unter einem falschen Belag begraben lag. Eine halbkreisförmige Apsis wurde, offenbar zur Zeit der Umwandlung in eine Kirche, an einen Durchbruch in der Ostwand angebaut. In der Mitte befindet sich die Vertiefung des alten Taufbeckens. Spuren äußerst archaischer Fresken, die, so glaube ich, dem zwölften Jahrhundert zugeschrieben werden, bedecken Wände und Gewölbe. Diese verblaßten, hageren, starrenden Figurenfragmente erinnern entfernt an manche der frühchristlichen Kirchen Roms; für mich enthielten sie sogar sachte Anklänge an die großen Mosaiken von Ravenna. Der Temple de Saint-Jean ist weder von so ehrwürdigem Alter noch so vollständig erhalten wie jene außerordentlichen Monumente, die wohl zu den eindrucksvollsten in Europa gehören; doch ist er, wie man sagen könnte, für Poitiers sehr beachtlich.

Nicht weit davon entfernt befindet sich in einem einsamen Winkel, der gerade von dem Geschrei einiger alter Frauen belebt wurde, die Kerzen verkauften, vermutlich aus Anlaß einer besonderen Andacht, die anmutige romanische Kirche, die im zwölften Jahrhundert der Heiligen Radegundis erbaut wurde – einer Dame, der es gelang, selbst in der Eigenschaft einer merowingischen Königin, eine Heilige zu werden. Die Kirche ähnelt insgesamt Notre-Dame-la-Grande und weist in etwa derselben Weise Riffelungen von porös aussehender Steinmetzarbeit auf; doch gestehe ich, daß ich mich vor allem an die alten Frauen erinnere, die nebeneinander mit einem Tablett voller Wachskerzen auf dem Schoß vor der Kirche saßen und mich schalten, daß ich die Gelegenheit verabsäumte, solcherlei Tribut der Heiligen zu zollen. Ich weiß nicht, ob dieses Privileg nur zeitweilig bestand oder ein ständiges war; in der Kirche jedenfalls deutete nichts auf eine festliche Begehung hin, und ich sehe gerade, daß der Namenstag der Heiligen Radegundis im August liegt, woraus folgt, daß die aufdringlichen Frauen vielleicht immer dort sitzen und so das Epitheton, das ich soeben diesem provinziellen Winkel angedeihen ließ, seiner Berechtigung berauben. Doch trotz der alten Frauen, so fürchte ich, ist der Ort einsam; ja, vielleicht waren es gerade die alten Frauen, die ihn so verlassen erscheinen ließen.

In den Augen der Einheimischen von Poitiers ist das Prunkstück der Stadt zweifellos der Palais de Justice, in dessen Schatten sich das oben erwähnte, von Statuen behütete Hotel erhebt; und das Juwel des Gerichtsgebäudes, das eine nüchterne, moderne Fassade mit Säulen und einer hohen Vortreppe hat, ist die sehenswerte *salle des pas perdus* oder Mittelhalle, an die die verschiedenen Gerichtssäle stoßen. Es handelt sich um eine Einrichtung, die jedes französische Gerichtsgebäude aufweist und die das Ergebnis einer Überzeugung zu sein scheint, daß ein Justizpalast – die Franzosen befleißigen sich sehr viel vornehmerer Namen als unsereiner – in gewissem Maße palastartig sein sollte. Der Große Saal von Poitiers hat insofern einen langen Stammbaum, als die Mauern auf das zwölfte und das unverkleidete Holzdach wie auch der bemerkenswerte dreifache Kamin an der vom Eingang aus gesehen rechten Seite des Raumes aus dem fünfzehnten Jahrhundert stammen. Das Originelle an dieser archaischen Räumlichkeit sind die drei hohen, Seite an Seite stehenden und zuoberst durch eine zierliche Galerie verbundenen Feuerstellen, die einen an die Versammlungen denken lassen, die sich hier vormals zusammengefunden haben dürften – all die feuchten Stiefelsohlen und tropfenden Wämser, die steifgewordenen Finger, die rheumatischen Unterschenkel, die solch einem unvergleichlichen Fokus von Hitze entgegengestreckt worden sein dürften. Jetzt, so fürchte ich, sind diese mächtigen Kamine auf ewig erkaltet; heutzutage wird wahrschein-

146

lich die Rechtspflege mit Hilfe einer modernen *calorifère* vollzogen, und die Mauern des Palastes sind von gurgelnden Rohrleitungen durchlöchert. Hinter und über der Galerie, die die drei Kamine krönt, sind hohe gotische Fenster, deren Maßwerk gewissermaßen die Schornsteine verkleidet, und in jeder Ecke dieses und des rechts und links der dreifachen Feuerstelle angrenzenden Raumes befinden sich in durchbrochene Steinmetzarbeit gefaßte Wendeltreppen, die zu . . . ich habe vergessen, wohin sie führen; vielleicht zum Dach des Gebäudes. Die gesamte Seitenansicht der *salle* ist sehr herrschaftlich und erweckt den Anschein, als drücke sie uneingeschränkte Gastlichkeit aus, lasse die freundlichste aller Einladungen ergehen und heiße alle Welt zu kommen und sich zu wärmen. Sie war die Erfindung Johanns, Herzogs von Berry und Grafen von Poitou, um 1395. Quelle für diese Information ist der Guide-Joanne, dem ich noch manch anderes Wissenswerte und Gelehrsame entnehme; so zum Beispiel, daß dieses Gebäude 1422, als es gewiß noch eine ganz andere Fassade hatte, Schauplatz der Proklamation Karls VII. zum König war; und daß 1429 Jeanne d'Arc hier der Inquisition etlicher Doktoren und Matronen unterworfen wurde.

Das Entzückendste in Poitiers ist schlicht die Promenade de Blossac – ein kleiner öffentlicher Park am einen Ende des Hügelplateaus. Er hat das treffliche Aussehen des letzten Jahrhunderts (da er zu jener Zeit angelegt wurde) und einen breit sich erstreckenden, schönen Ausblick über die Landschaft der Umgebung und insbesondere auf den Flußlauf des kleinen Clain, der sich zu Füßen der breiten Erhebung von Poitiers vorbeischlängelt. Den Abschluß dieses liebenswürdigen kleinen Parks bildet auf der von der Stadt abgewandten Seite der im vierzehnten Jahrhundert errichtete Festungswall und seine halbkreisförmigen Bastionen. Dieser Festungswall hat über lange Strecken hin eine niedrige Brüstung; über diese hinweg sieht man auf die entzückenden kleinen Gemüsegärten, mit denen der Fuß des Hügels ausschließlich verziert zu sein scheint. Der gesamte Ausblick ist reizvoll, insbesondere die Einzelheiten jenes Teilabschnitts direkt unterhalb des Walles, am Ende des Spazierwegs. Hier macht der Fluß eine schimmernde Biegung, die ein Maler erfunden haben könnte, und die Hügelflanke ist in etliche umfriedete Terrassen gegliedert – eine Art von Gewirr aus blühenden Landfleckchen und kleinen Pavillons mit spitz zulaufenden Dächern und grünen Fensterläden. Es ist müßig zu versuchen, all das mit Worten wiederzugeben; es sollte einzig in Wasserfarben wiedergegeben werden. Der Leser wird jedoch jene Disparität auf diesen unzulänglichen Seiten längst gewahrt haben, welche durchdrungen sind von dem Versuch, ohne Palette oder Pinsel Skizzen zu verfertigen. Zweifellos wird ihm auch schon dieser kleinkarierte Blickwinkel aufgefallen sein, der eine Stätte wie die Festungswälle von Poitiers mit Karotten und Kohlköpfen bevölkert anstelle von Bildern des Schwarzen Prinzen und des gefangenen Königs. Ich bin mir nicht sicher, ob der Blick von der Promenade de Blossac auf das alte Schlachtfeld hinausgeht; es mag genügen, daß es nicht in allzu großer Ferne lag und daß die Masse der fliehenden Franzosen durch die Tore nach Poitiers hineinströmte, wobei sie eine Anzahl von Gefallenen auf dem Feld zurückließ, die der Kopfzahl des kleinen Invasionsheeres (achttausend) entsprach. Natürlich gedachte ich der Schlacht. Ich fragte mich, eher hilflos, wo sie stattgefunden haben mochte; und ich ging fort (wie der Leser aus dem voraufgehenden Satz ersehen wird), ohne es herausgefunden zu haben. Diese Gleichgültigkeit rührte jedoch eher von einer generellen Abneigung gegen militärische Topographie her als von einem Mangel an Bewunderung für diesen besonderen Sieg, den ich immer für einen der glänzendsten der Geschichte gehalten habe. Tatsächlich sollte ich mich geradezu scheuen – und wäre auch kaum in der Lage – zu sagen, was für ein Licht es ist, das jener ruhmreiche Tag mir auf ewig am Horizont hinterlassen zu haben schien und warum allen der Name des Ortes, selbst mir, immer das Blut sanft in Regung versetzt hat. Es heißt wohl, das Gefühl der Abstammung zu recht unergründlichen Tiefen auszudehnen, wenn ein Amerikaner unsicherer Herkunft sich eine Emotion zugesteht, weil vor mehr als fünfhundert Jahren auf französischem Boden ein raubgieriger Franzose den anderen in die Knie gezwungen hat. Edward war nicht weniger ein Franzose als Johann, und französisch waren die Anfeuerungsrufe, die beide Heerscharen zur Schlacht trieben. Französisch ist der schöne Wahlspruch, der rund um das Bildnis des Schwarzen Prinzen im Chor der Kathedrale von Canterbury eingemeißelt ist, wo man ihn zur ewigen Ruhe gebettet hat: *à la mort ne pensai-je mye*. Gleichwohl widersetzt sich der Sieg von Poitiers dagegen, in solchen Überlegungen unterzugehen; die Erinnerung daran ist Teil unseres Erbes, die Freude darüber Teil unserer Einbildungskraft; die Kunde von diesem Sieg dringt durch die Jahrhunderte und die Völkerwanderungen herüber, bis sie sich prickelnd auch einem New Yorker mitteilt, der in seinem erhebenden Gefühl vergißt, daß er doch ausgerechnet in jenem Moment die Gastfreundschaft Frankreichs genießt. Es war etwas, das, ich weiß nicht, mit wieviel Recht, für England vollbracht wurde; und was im vierzehnten Jahrhundert für England vollbracht wurde, wurde auch für New York vollbracht.

ANGOULÊME

Wenn es wirklich um des Schwarzen Prinzen willen war, weshalb ich in Poitiers Aufenthalt nahm (denn meine Vorahnung von Notre-Dame-la-Grande und von dem kleinen Tempel des Heiligen Johannes war nur von der undeutlichsten Art), dann hätte ich in Angoulême um David und Eve Séchards, Lucien de Rubemprés und Madame de Bargetons willen Aufenthalt nehmen sollen, welch letztere, wenn sie *toilette étudiée* trug, sich auf einen jüdischen Turban mit einer orientalischen Brosche, ein Gazehalstuch, ein Kameenkollier und ein Gewand aus ›bemaltem Musselin‹, was immer das sein mag, kaprizierte; wobei sie sich diesen Luxus von einem Einkommen von zwölftausend Francs leistete. Die Personen, die ich erwähnt habe, sind nicht von jener vagen Identität, mit welcher historische Charaktere geschlagen sind; sie sind wirklich, äußerst wirklich, dank der Urheberschaft des großen Balzac, der eine künstliche Wirklichkeit erfunden hat, die im selben Maße die ordinäre Sache selbst übertrifft, wie die falsche Schildkrötensuppe besser ist als die Flüssigkeit, deren Nachahmung sie darstellt. Als ich *Les Illusions Perdues* zum erstenmal las, hätte ich mich bestimmt geweigert zu glauben, daß ich imstande sei, an der alten

Hauptstadt des Anjou vorbeizukommen, ohne auszusteigen und l'Houmeau zu besuchen. Doch wir wissen ja nie, wozu wir imstande sind, bis wir auf die Probe gestellt werden, so überlegte ich, als ich mich dabei ertappte, wie ich vom Zugfenster aus auf Angoulême zurückblickte, nachdem wir gerade aus dem langen Tunnel hervorgekommen waren, der unter der Stadt hindurchführt. Dieser Tunnel durchbohrt den Hügel, über welchem ähnlich wie Poitiers Angoulême aufragt und welcher ihm eine noch größere Würde verleiht als jener von Poitiers. Man kann, ohne den Waggon zu verlassen, einen ausreichenden Blick auf die Kathedrale werfen, denn sie steht direkt über dem Tunnel und bietet sich dem Betrachter drunten in stark verkürzter Perspektive dar. Es gibt offenbar einen reizvollen Rundweg um das Stadtplateau, von wo aus man jene hübschen Ausblicke hat, von denen Balzac berichtet. Doch wurde ich erbarmungslos von der Eisenbahn davongetragen, und dies sind meine einzigen Eindrücke. Die Wahrheit ist, daß ich es gerade in jenem Augenblick gar nicht nötig hatte, mit Balzac in eine Konversation einzutreten, denn mir gegenüber im Abteil saß ein nahezu ebenso lebensgetreues Figurenpaar wie die Akteure in der ›Comédie Humaine‹. Einer von ihnen war ein höchst jovialer und schmuddeliger alter Geistlicher, und der andere war ein reservierter und konzentrierter junger Mönch – wobei letzterer (ich spreche von Mönchen jeglicher Art) heutzutage ein seltener Anblick in Frankreich ist. Und dieser junge Mann war wirklich recht gemäßigt mönchisch. Er hatte eine große braune Kutte mit Kapuze, doch trug er ebenso ein Hemd und Schuhe; und anstelle einer hänfenen Geißel hatte er einen handfesten Lederriemen um die Hüften und führte einen höchst profanen kleinen Koffer mit sich. Auch las er den *Figaro* von Anfang bis Ende durch, den der alte Geistliche, der dasselbe getan hatte, ihm überlassen hatte; und alles in allem sah er so aus, als hätte er, wäre er kein Mönch gewesen, einen vorzüglichen Diplomingenieur abgegeben. Solange er nicht im Figaro las, studierte er in seinem Brevier oder beantwortete mit rascher Präzision und ehrerbietiger, doch abweisender Trockenheit die vielfältigen Fragen seines Begleiters, der ein ganz anderes Naturell hatte. Seine Hochwürden hatte ein gelangweiltes, gutmütiges, umgängliches, mitteilsames Aussehen; war geschwätzig, ruhelos, von nahezu unschicklicher Menschlichkeit. Er war von einer Unmenge kleinerer Gepäckstücke umgeben und hatte über das ganze Abteil seine Bücher, seine Papiere, die Reste seines mittäglichen Imbisses und den Inhalt einer außerordentlichen Tasche ausgebreitet, die er neben sich behielt – eine Art weltlichen Reliquiars – und die die Habseligkeiten eines ganzen Lebens zu enthalten schien, da er ihr nacheinander ein Paar Pantoffeln, ein altes Vorhängeschloß (das offensichtlich nicht zur Tasche gehörte), ein Opernglas, eine Sammlung von Almanachen und eine große Seemuschel entnahm, die er sorgsam untersuchte. Ich glaube, wenn er sich nicht vor dem jungen Mönch gefürchtet hätte, der um so viel ernster war als er selbst, dann hätte er die Muschel wie ein Kind an sein Ohr gehalten. Er war wirklich ein sehr kindlicher und ergötzlicher alter Geistlicher, und sein Begleiter hielt ihn offensichtlich für recht frivol. Doch war er mir von den beiden der Liebere. Er war kein Landpfarrer, sondern gehörte dem höheren Klerus an und hatte sowohl von der Kirche wie auch von der Welt schon recht viel gesehen; und wenn ich mich nicht auch vor seinem Kollegen gefürchtet hätte, der den *Figaro* ebenso ernsthaft las wie eine Enzyklika, dann hätte ich mit ihm ein Gespräch begonnen.

BORDEAUX

Währenddessen näherte ich mich Bordeaux, dem ich drei Tage zubilligte. Ich fürchte, über diesen Aufenthalt so gut wie nichts berichten zu können; es würde wenig bringen, bei diesem Intermezzo zu verweilen; es läßt sich um so weniger rechtfertigen, als ich in früheren Jahren Bordeaux mit gebührender Aufmerksamkeit erforscht habe. Es gibt dort ein sehr gutes Hotel – das jedoch wiederum nicht gut genug ist, um einen um seiner selbst willen dort festzuhalten. Im übrigen ist Bordeaux eine große, reiche, einnehmende und imposante Handelsstadt, mit langen vornehmen Häuserzeilen aus dem achtzehnten Jahrhundert, die auf die gelbe Garonne hinabschauen. Ich habe die Kais von Nantes schön genannt, doch jene von Bordeaux haben einen größeren Schwung und eine noch größere architektonische Ausstrahlung. Angesichts eines solchen Hafens errötet der anglosächsische Tourist eingedenk der schäbigen Uferfront von Liverpool und New York, welche bei ihrer so viel größeren Handelstätigkeit um so mehr Grund haben, sich stattlicher zu präsentieren. Bordeaux bietet einen großartigen Eindruck florierenden Gewerbes und evoziert herrliche Vorstellungen, Bilder von Pflaumenkisten und auf Flaschen gezogenem Rotwein aus der Gegend. Als Umschlagplatz des besten Weines der Welt ist es wahrhaftig eine heilige Stadt –

geweiht dem Kult des Bacchus in diskretester Form. Die Landschaft in der Umgebung ist allenthalben überzogen von kostbaren Weinbergen, Quellen des Reichtums ihrer Eigentümer und der Zufriedenheit ferner Kunden: und so man zu den Hügeln jenseits der Garonne hinüberblickt, sieht man sie im herbstlichen Sonnenschein, gekräuselt vom rostroten Reichtum dieses oder jenes unsterblichen *clos*. Doch innerhalb der Stadt ist das allgemeine Bild von den gewaltigen geschwungenen Kais geprägt – die von Häusern gesäumt werden, die wie die *hôtels* von Generalsteuerpächtern des vorigen Jahrhunderts aussehen – und von dem breiten, braungelben Fluß, auf dem es von Schiffen wimmelt und der von riesigen Brücken überspannt wird. Einige der Charaktere an der Uferfront gehören zu der Sorte Mensch, bei der der Zeichner stehenbleibt – Gestalten strammer, braungesichtiger Basken, wie ich sie vor Zeiten in großer Zahl in Biarritz gesehen hatte, mit ihren lockeren runden Mützen, den weißen Sandalen und der Ausstrahlung, als seien sie auf eine Wette aus. Einen rauheren, härteren Stamm hat es nie gegeben. Sie sind weder Matrosen noch Binnenschiffer, sondern, sieht man einmal von Fragen des Temperamentes ab, die denkbar besten Dockarbeiter. ›Il s'y fait un commerce terrible‹, sagte ein *douanier* zu mir, während er die endlosen Docks hinauf und hinab blickte; und ein solcher Ort sagt in der Tat recht viel über den Reichtum, über die Produktionskapazität Frankreichs aus – die helle fröhliche rauchfreie Industrie des wunderbaren Landes, das vor allem die angenehmen Dinge des Lebens hervorbringt und noch seine Niederlagen und Revolutionen in Gold ummünzt. Die ganze Stadt hat ein Air von nahezu erdrückendem

Wohlstand, ein äußeres Erscheinungsbild, das in der großen *place* gipfelt, die das Grand-Théâtre umgibt – ein höchst stilvolles Gebäude, eingekreist von Säulen, Arkaden, Lampen, vergoldeten Kaffeehäusern. Man spürt, daß es ein Denkmal zu Ehren der erlesenen Flasche ist. Wenn ich mir nicht selbst verboten hätte, mich aufzuhalten, würde ich es wagen, hierauf zu bestehen und würde, auch wenn ich Gefahr liefe, ein Phantast genannt zu werden, eine Analogie zwischen gutem Bordeauxwein und den besten Eigenschaften des französischen Gemütes ziehen; würde vorgeben, daß die gelungensten Manifestationen jenes schönen Organes auch den Geschmack von gutem kräftigem Bordeaux haben und daß dementsprechend ein Hauch französischer Vernunft, französischer Vervollkommnung in einem Glas Pontet-Canet enthalten ist. Die Gefahr einer solchen Abschweifung liegt hauptsächlich darin, daß sie es dem Leser so leicht macht, mir mit dem Argument den Boden unter den Füßen wegzuziehen, daß guter Bordeauxwein nicht existiert. Hierauf wüßte ich gar nichts zu antworten. Ich wäre nicht in der Lage, ihm zu sagen, wo er ihn finden könnte. Gewiß habe ich ihn nicht in Bordeaux gefunden, wo ich eine höchst vulgäre Flüssigkeit zu trinken bekam; und es ist natürlich ein Gemeinplatz, daß ein Großteil der Menschheit damit befaßt ist, vergebens nach ihm Ausschau zu halten. Mit viel Aufwand wurde der Anschein erweckt, einen solchen auf der Ausstellung präsentieren zu können, die während meines Besuches in Bordeaux gerade stattfand, einer ›exposition philomathique‹, die in einer Reihe großer zeitgenössischer Gebäude in den Allées d'Orléans untergebracht war und die von den Bordelais derzeit als die glänzendste Sehenswürdigkeit ihrer Stadt betrachtet wurde. Hier gab es Pyramiden von Flaschen, Berge von Flaschen, um nicht von den Kisten und Truhen von Flaschen zu sprechen. Die Betrachtung dieser glitzernden Batterien fiel naturgemäß nicht sehr überzeugend aus; eher kam mir das ganze Arrangement als höchst impertinent vor. Guter Wein ist kein optisches Vergnügen, er ist ein innerliches Gefühl; und wenn es auf dem Gelände eine Probierstube gegeben haben sollte, dann habe ich sie nicht entdeckt. Die halbe Stunde, die ich in diesem verwirrenden Bazar zubrachte, habe ich jedenfalls nicht auf die Suche nach einer solchen verwendet. Wie alle Ausstellungen schien sie mir vollgestopft von häßlichen Gegenständen zu sein und gab einem einen ominösen Begriff von der Unmenge an Tinnef, welche die Menschheit auf ihrem Wege durch die Jahrhunderte mit sich schleppt. So viel Gepäck für eine Reise, die schließlich nur so kurz ist! Es gab keine individuellen Gegenstände; alles war zu Dutzenden und Hunderten vorhanden, alles maschinelle Produktion und völlig ausdruckslos, trotz der wiederholten Grimasse, der bewußten Eleganz, der ›letzten Neuheit‹, die allem aufgeprägt war. Die gefährliche Gefälligkeit französischer Ware wird endlich ebenso irritierend wie der Refrain eines volkstümlichen Liedes. Die armen ›Indiens Galibis‹ kamen mir wirklich viel interessanter vor – eine Gruppe verkümmerter Wilder, die eine der Attraktionen des Ortes darstellten und die in einem Gehege unter freiem Himmel gefangen saßen, an dem sich der Pöbel vorbeidrängte und -stieß und den Kopf über die Absperrung reckte, um sie zu begaffen. Sie hatten keinerlei Grimasse, hatten keine Prätention, eine Neuheit zu sein, hatten nicht den Wunsch, das Augenmerk auf sich zu lenken. Sie sahen ihre Besucher ebensowenig an wie sie einander anschauten und schienen urtümlich, gleichgültig und unendlich gelangweilt zu sein.

TOULOUSE

Die Reise durch den weiten, lächelnden Garten der Gascogne ist recht unterhaltsam; ich spreche davon, wie ich es auf meinem Weg von Bordeaux nach Toulouse erlebt habe. Es ist der Süden, ganz der Süden, und es hatte für den gegenwärtigen Erzähler das volle Ausmaß des Zaubers, den er in Ländern zu finden entschlossen ist, die vielleicht auch nur der Höflichkeit halber als der Sonne zugehörig bezeichnet werden. Es war darüber hinaus der glückliche und freundliche Anblick dieser milden Breiten, die weiß Gott oft genug auf ihre eigene Weise trostlos sind; ein Land, das von Korn und Wein strotzt und überall (das heißt überall, wo die Reblaus keine Verwüstungen angerichtet hat) von Wohlstand und Überfluß zeugt. Die Straßen entfernen sich nie zu weit von der Garonne und berühren dann und wann den langsamen, braunen, recht düsteren Strom, eine Düsterkeit, die auch große Gefahren und Katastrophen birgt. Die Spuren der schrecklichen Überschwemmungen von 1875 sind verschwunden, und das Land lächelt recht friedlich, während es auf die nächste Überflutung wartet. Zu jener Zeit, von welcher ich spreche, stand Toulouse bis zur Mitte unter Wasser (und an manchen Stellen noch darüber), und es sieht immer noch so aus, als hätte es sich gründlich vollgesogen – als sei es durch die lange Wässerung ausgeblichen und eingelaufen. Die Felder und Wäldchen sind naturgemäß versöhnlicher. Die Eisenbahnlinie folgt auch hier dem entzückenden Canal du Midi, der so anmutig wie ein Fluß ist, von seinem geraden Verlauf einmal abgesehen, und hier und da unter dem Schirm dichter, hoher Bäume den Vordergrund bildet, während die Garonne dahinter ein wenig zurücktretend einen längeren und unregelmäßigeren Weg nimmt. Menschen, die eine Vorliebe für Kanäle haben – und vom Standpunkt des Malerischen aus halte ich diesen Geschmack für höchst legitim – werden an diesem wunderbaren Exemplar der Gattung ihre Freude haben, denn er blickt auf eine sehr interessante Geschichte zurück, die hier aber nicht erzählt werden soll. Zur anderen Seite der Straße (auf der Linken) zieht sich die ganze Wegstrecke entlang eine ausgedehnte, niedrige Hügelkette hin, oder eher ein sich fortsetzender Hügel oder durchgehendes Kliff, mit einem geradlinigen Abschluß in Gestalt eines langen Felsriegels, den man auch für einen Trümmerwall halten könnte. Ich fürchte, der Leser wird bald keine Geduld mehr mit meiner Gewohnheit haben, mich ständig auf die Landschaft Italiens zu berufen, als sei sie der Maßstab für die Schönheit jeder anderen Landschaft. Doch noch mehr fürchte ich, daß ich mich dafür nicht entschuldigen kann und es bei der Blöße eines solchen Vorwurfes belassen muß. Es ist eine müßige Gewohnheit; doch wird der Leser schon längst entdeckt haben, daß das Ganze eine müßige Reise war und daß ich meine Eindrücke so wiedergebe, wie sie sich mir darboten. So bot sich mir der Eindruck, daß die ganze Szenerie etwas Transalpines hatte, allerdings von größerer Forschheit und Frische und von sehr viel weniger Eleganz und Ruhe. Dieser Eindruck wurde zuweilen von dem

Anblick eines Dorfes, einer Kirche, eines Châteaus vertieft, die von der langgestreckten Erhebung, die ich bereits erwähnt habe, über den Trümmerwall hinweg auf die Ebene herabzublicken schienen. Die endlosen Weinberge, die hellgesichtigen Häuser mit ihren flachen Ziegeldächern, die Sanftheit und Süße des Lichtes und der Luft erinnerten an die prosaischeren Partien der lombardischen Ebene. Toulouse selbst hat ein wenig von diesem italienischen Ausdruck, doch nicht genug, um seinen dunklen, schmutzigen, gewundenen Straßen Farbe zu verleihen: Straßen, die unregelmäßig sind, ohne exzentrisch zu sein, und die, gäbe es nicht die vorzügliche Kirche Saint-Sernin, recht arm an Baudenkmälern wären.

Ich habe schon davon gesprochen, wie die Namen bestimmter Ortschaften auf das Gemüt wirken, und ich muß Toulouse mit auf die Liste jener ausdrucksvollen Benennungen setzen. Gewiß evoziert der Name eine Vision – beschwört er etwas, das in höchstem Maße *méridional* ist. Doch ist die Stadt, man muß es gestehen, weniger malerisch als das Wort, trotz der Place du Capitole, trotz des Kais an der Garonne, trotz des sehenswerten Kreuzgangs im alten Museum. Was die Bilder rechtfertigt, die sich latent mit dem Namen verbinden, ist nicht die äußere Erscheinung, sondern die Geschichte der Stadt. Das Hotel, in welchem der wohlberatene Reisende absteigt, steht in einem Winkel der Place du Capitole, die Herz und Mittelpunkt von Toulouse bildet und eine entfernte und wohlfeile Ähnlichkeit zur Piazza Castello in Turin aufweist. Das Kapitol mit seiner breiten, neueren Fassade nimmt die eine Seite ein und blickt, wie der Palast in Turin, auf hohe Arkaden hinüber, unter welchen sich die Hotels, die Hauptgeschäfte und die müßigen Bürger versammeln. Die Läden sind wahrscheinlich besser als die in Turin, doch sind die Leute nicht so gut. Verkümmert, schäbig, eher vernachlässigt aussehend, haben sie eine geringere persönliche Ausstrahlung als der robuste Piemontese; und ich möchte die Gelegenheit zu der Bemerkung wahrnehmen, daß ich im Verlaufe meiner mehrwöchigen Reise durch die französischen Provinzen selten einem gutangezogenen männlichen Wesen begegnet bin. Ist es vielleicht möglich, daß man in Republiken weniger auf seine Stiefel und seine Barttracht achtet? Ich wage diese einigermaßen unnütze Betrachtung, weil der Anteil anständiger Mäntel und Hosen in Frankreich etwa dem in meinem Heimatland zu entsprechen schien. Er war beträchtlich geringer als in England und in Italien und rechtfertigte sogar die Annahme, daß die meisten guten Provinzler sich nur einmal die Woche das Kinn rasieren und die Schuhe schwärzen lassen. Ich beeile mich hinzuzusetzen – meine Beobachtung möge schließlich nicht allzu oberflächlich erscheinen –, daß Gebaren und Konversation dieser Herren (wann immer ich Gelegenheit hatte, solches zu würdigen) in keinerlei Verhältnis zum Zustand ihres Kinns und ihrer Stiefel standen. Sie zeichneten sich nahezu immer durch große Liebenswürdigkeit aus. In Toulouse war die Versuchung am stärksten, mit den Leuten nur um des Vergnügens willen zu sprechen, welches es bereitet, wenn man sie mit jenem eigenwilligen, jenem faszinierenden Akzent des Languedoc antworten hört, der eine Überfülle an Endkonsonanten zu haben scheint und dazu führt, daß die Toulouser *bien-g* und *maison-g* sagen, wie Engländer, die Französisch lernen. Es ist als sprächen sie eher mit den Zähnen als mit der Zunge. Ich finde in meinem Notizbuch einen Absatz über Toulouse, der vielleicht ein wenig böswillig ist, doch den ich so übernehmen möchte, wie er dasteht: ›Das Merkwürdige hier ist, daß der Ort zugleich belebt und langweilig ist. Eine große, braunhäutige Bevölkerung, welche in einer platten, verwinkelten Stadt einherklappert und – soweit ich entdecken kann – nichts Bemerkenswertes leistet. Abgesehen von der Kirche Saint-Sernin und dem schönen alten Hof des Hôtel d'Assézat hat Toulouse keine Architektur; die Häuser bestehen zum größten Teil aus Backstein von grau-roter Farbe und haben keinen besonderen Stil. Das Mauerwerk ist hier tatsächlich sehr armselig – es kann sich nicht mit demjenigen der norditalienischen Städte messen und ermangelt durchaus jenes Nuancenreichtums, den dieses anheimelnde Material im allgemeinen in einem Klima von Feuchtigkeit und Grün anzunehmen pflegt.‹ Und im weiteren weist mein Notizbuch die Wiedergabe eines kleinen Besuches im Kapitol auf, der bald abgestattet war, da das Gebäude sich in Restaurierung befand und die Säle zur Hälfte geschlossen waren.

TOULOUSE: DAS KAPITOL

Die Geschichte von Toulouse ist verabscheuenswürdig, ist getränkt von Blut und Niedertracht; und die alte Sitte des Blumenfestes, die auf alle möglichen todesträchtigen Traditionen aufgepfropft ist, scheint mit ihrer verlogenen Idyllik, ihrer nachgeäfften Ritterlichkeit und ihrer Zurschaustellung edler Gefühle diese

Schrecknisse eher zu verdeutlichen als abzumildern. Die dafür zuständige Gesellschaft wurde im vierzehnten Jahrhundert gegründet und hat seitdem regelmäßig ihre alljährlichen Versammlungen abgehalten – Versammlungen, auf welchen Gedichte in der schönen alten *langue d'oc* deklamiert werden und ein errötender Poeta Laureatus gekürt wird. Dieses Geschäft spielt sich im Kapitol ab, vor dem Angesicht des Gouverneurs der Stadt, der *capitoul* genannt wird, und ebenso all der hübschen Frauen – einer recht zahlreichen Spezies in Toulouse. Selten dürfte sich eine schönere Person als die der Pförtnerin finden, die vorgab, mir die Räumlichkeiten zu zeigen, in denen das Blumenfest abgehalten wird; eine große, dunkelhäutige, mitteilsame Frau, noch in der Blüte des Lebens, mit ausdrucksvollem Blick, außerordentlicher Selbstsicherheit und magentaroten Strümpfen, die in den allerzierlichsten und poliertesten kleinen schwarzen Holzschuhen steckten und in reichem Maße zum Vorschein kamen, als die Pförtnerin vor mir die Treppe hinaufklapperte; wodurch sie an die Heldin einer *opéra-bouffe* erinnerte. Ihre Redeweise strotzte nur so von *n*'s, *g*'s und *d*'s und stark akzentuierten stummen *e*'s, wie *autré, théâtré, splendidé* – wobei letzteres ein Epitheton ist, das sie allem, was das Kapitol beherbergte, angedeihen ließ, und ganz besonders einem schrecklichen Bild, das die berühmte Clémence Isaure darstellte, die legendäre Gründerin des Dichterwettkampfes, wie sie bei einem dieser Anlässe den Vorsitz führt. Ich fragte mich, ob Clémence Isaure irgendeine Ähnlichkeit mit dieser tollen Toulousaine der Jetztzeit gehabt hat, die eine kapitale Galionsfigur für ein Blumenfest abgegeben hätte. Die Dame, zu deren Ehren das Bild, das ich gerade erwähnt habe, gemalt wurde, ist eine einigermaßen mythische Persönlichkeit, und sie findet sich nicht in der *Biographie Universelle*. Sie gibt jedoch einen sehr reizvollen Mythos ab; und wenn sie nie existiert haben sollte, so existiert doch wenigstens ihre Statue – ein unförmiges Standbild, das von dem sogenannten Grab der Clémence in der alten Kirche La Daurade in das Kapitol überführt wurde. Der große Saal, in dem das Blumenfest abgehalten wird, war von Gerüsten versperrt, und so war ich nicht in der Lage, die lange Reihe der Büsten der Barden, die den Preis davongetragen haben, und der Porträts all der *Capitouls* von Toulouse zu bewundern. Als Ersatz wurde mir ein großer Bücherschrank gezeigt, der mit den Dichtungen angefüllt ist, die seit den Tagen der Troubadoure preisgekrönt wurden (eine ungeheure Sammlung), und das große Fleischermesser, mit welchem der Legende nach Heinrich, Herzog von Montmorency, der mit Gaston von Orleans und Maria von Medici sich gegen den großen Kardinal verschworen hatte, 1632 an dieser Stelle auf Geheiß Richelieus enthauptet wurde. Mit diesen Objekten erschöpfte sich das Interesse am Kapitol.

Das Gebäude entspricht wirklich nicht der Größe seines Namens, der doch eine Art von Versprechen ist, daß der Besucher irgendeine sinnfällige Verkörperung der alten römischen Tradition vorfinden wird, die einst in diesem Teil Frankreichs blühte. Vom Eindruck her kann es sich mit den anderen drei berühmten Kapitolen der modernen Welt nicht messen – jenem von Rom (wenn ich das gegenwärtige Gebäude modern nennen darf) und jenen von Washington und Albany.

Die einzigen römischen Überreste in Toulouse finden sich im Museum* – einem sehr interessanten Gebäude, das ebenso unvollkommen zu sehen mir beschieden war wie ich das Kapitol gesehen hatte. Es wurde gerade umgestaltet; und die Gemäldegalerie, die das Uninteressanteste hier ist, war die einzige Abteilung, die nicht ganz und gar auf den Kopf gestellt war. Die Bilder gehören zum Großteil der modernen französischen Schule an, und mir ist nichts im Gedächtnis geblieben außer einem starken, wenn auch unangenehmen Werk von Henner, der den menschlichen Körper – den er doch so gut malt – mit einem in Schwärze getauchten Pinsel malt; und einer zwischen den Gemälden plazierten Bronzekopie des bezaubernden David von Mercié. Diese Dinge werden in der Kirche eines alten, längst schon säkularisierten Klosters ausgestellt, und die übrige Sammlung verteilt sich über die Kreuzgänge. Es sind zwei an der Zahl – ein kleinerer, den man zunächst von der Straße aus betritt, und ein sehr weitläufiger und eleganter dahinter, der mit seinen zierlichen gotischen Bögen und schlanken Säulen (aus dem vierzehnten Jahrhundert), seinem breiten Umgang und dem kleinen Garten mit alten Gräbern und Statuen in der Mitte den malerischsten, den des Zeichenstiftes würdigsten Ort in Toulouse darstellt. Das dürfte um so mehr der Fall sein, wenn die römischen Büsten, Inschriften, Tafeln und Sarkophage die Wände entlang aufgestellt sind; er dürfte dann wirklich (um Geringes mit Großem zu vergleichen, und wie der kluge Murray anmerkt) eine gewisse Ähnlichkeit zum Campo Santo in Pisa haben. Doch diese Dinge sind jetzt nicht vorhanden; der Kreuzgang ist ein heilloses

* Musée des Augustins. (Anm. d. Verlags)

Durcheinander, und seine Schätze sind in verschiedenen unzugänglichen Räumen unordentlich verstaut. Der Wärter versuchte mich mit der Auskunft zu trösten, daß sie bei Wiedereröffnung auf wissenschaftlicher Basis und mit einer Ordnung und einem Regelmaß ausgestellt würden, deren sie sich vorher nicht hätten rühmen können. Doch tröstete mich das nicht. Ich wollte einfach nur den Anblick, das Bild, und die Klassifizierung interessierte mich nicht im geringsten. Alte römische Fragmente, die im Freien unter einem südlichen Himmel in einem viereckigen Umgang mit einem Garten in der Mitte ans Licht gebracht werden, haben in ihrer allgemeinen Wirkung einfach einen unsterblichen Zauber; und der Zauber ist um so größer, wenn es der Boden des Ortes selbst ist, der sie wieder hergegeben hat.

TOULOUSE: SAINT-SERNIN

Mein wirklicher Trost war eine Stunde, die ich in Saint-Sernin zubrachte, eine der nobelsten Kirchen Südfrankreichs und gewiß die erste unter den Kirchen von Toulouse. Dieses große Gebäude, ein Meisterwerk der Romanik des zwölften Jahrhunderts, dem Heiligen Saturninus geweiht – die Toulousains gebrauchen eine Abkürzung – ist, so denke ich, für sich allein eine Reise nach Toulouse wert. Grund dafür ist der außerordentliche Ernst seines Innern; kein anderer Ausdruck fällt mir ein, der so gut den Charakter des klaren grauen Kirchenschiffes wiedergibt. Im allgemeinen habe ich für die Manier, Gebäuden moralische Eigenschaften zuzuschreiben, wenig übrig; ich scheue mich, von zarten

Gesimsen und aufrichtigen Campanili zu reden; doch hat man das Gefühl, daß man kaum umhin kann, Saint-Sernin irgendeine Art von Moralität zuzuschreiben. Wie sie heute dasteht, ist die Kirche gänzlich von Viollet-le-Duc restauriert worden. Das Äußere besteht aus Ziegelstein und ist wenig reizvoll, ausgenommen der Turm mit den vier Bogenreihen, die nach oben zu immer enger werden. Das Schiff ist von großer Länge und Höhe, die Tonnendecke von Stein, die Wirkung der Rundbögen und Säulen im Triforium besonders schön. Es gibt zwei niedrige Seitenschiffe. Der Chor ist recht tief und schmal; er scheint sich gegen das Schiff hin abzuschließen und sieht aus, als sei er für ganz besonders ernste Riten gedacht. Die Transepte sind höchst edel, insbesondere die Bögen der zweiten Reihe. Die ganze Kirche ist für ihre Länge schmal und von einzigartiger Vollkommenheit und Einheitlichkeit. Während ich all das sage, habe ich das Gefühl, daß es mir gar nicht recht gelingt, einen Eindruck von ihrem männlichen Ernst, den kräftigen Proportionen oder dem einsamen Anblick ihres renovierten Steins zu geben, der sich mir bot, als ich bei dichter werdender Oktoberdämmerung so dasaß. Sie ist ein wirkliches Kunstwerk, ein großer Entwurf. Die Krypta, in die ich schließlich als Gefangener eines aufdringlichen Sakristans geschleppt wurde, ist da ganz anders, wenngleich ich wohl glaube, daß man auch sie als Kunstwerk bezeichnen könnte. Sie ist ein reichhaltiges Museum für Reliquien und enthält den Kopf des Heiligen Thomas von Aquin, in ein Tuch gewickelt und in einem Glaskasten ausgestellt. Der Sakristan nahm eine Lampe und führte mich umher, wobei ich einem heiligen Relikt nach dem anderen vorgeführt wurde. Es war ein grotesker Eindruck, doch einige der Gegenstände wurden in sehenswerten Behältnissen aus gehämmertem Silber oder Bronze aufbewahrt: diese Dinge wenigstens, die aussahen, als seien sie aus frühkirchlichen Zeiten auf uns gekommen, waren ehrwürdig. Doch hatte diese Stätte eine Art von billiger Heiligkeit en gros an sich, die über das Ziel hinausschoß; sie gibt vor, eine der heiligsten Stätten der Welt zu sein. Die Wirkung verpufft aufgrund der Weise, wie die Sakristane herumstehen und einem anbieten, für zehn Sous Zulaß zu gewähren – ich wurde von zweien angesprochen und entrann einem dritten – und durch die zwanglose Art, wie man hinein- und hinausschlendert. Diese Episode ließ eigentlich den Zauber von Saint-Sernin zerrinnen, so daß ich mich auf und davon machte auf der Suche nach der Kathedrale. Sie zu finden war kaum der Mühe wert, und sie kam mir wie ein seltsames, entwurzeltes Fragment vor. Die Fassade besteht einzig aus einem Portal, neben welchem ein hoher Backsteinturm aus einer späteren Epoche aufragt. Das Langhaus war in Dämmerlicht gehüllt, nur vereinzelt glimmten ein paar Lampen. Alles, was ich erkennen konnte, war ein riesiges Gewölbe, wie eine hohe Höhle, ohne Seitenschiffe. Hier und da kniete eine Gestalt im Dämmerlicht; das ganze war ein mysteriöser und asymmetrischer Ort. Der Chor war durch einen Vorhang abgeteilt; er schien keine Entsprechung zum Langhaus zu bilden – das heißt, nicht dieselbe Achse zu besitzen. Der einzige weitere kirchliche Eindruck, den ich in Toulouse bekam, begegnete mir in Gestalt der Eglise La Daurade, deren Fassade, am Kai der Garonne, von Gerüsten verdeckt war; so daß man sie von hinten betrat, wo sie vollständig von Häusern umstellt ist, durch eine Tür, die zunächst keinerlei erkennbare Verbindung mit ihr hat. Es ist eine riesige, hohe, modernisierte, reichhaltig geschmückte Kirche, die wohl allezeit, so nehme ich an, von Dämmerlicht erfüllt ist, welches zu der Zeit, da ich hineinschaute, von den Schatten des Abends vertieft wurde. Ich nahm wahr, daß sie hauptsächlich aus einer großen Vierung unter einer Kuppel bestand, in deren Mitte eine einzelne Person – eine Dame – in tiefster Versenkung ihr Gebet verrichtete. Die Weise, wie man in die Kirche gelangte, bildete eine Art von Barriere zwischen dem Inneren und den Profanitäten draußen, so daß ich das Gefühl hatte, ein Eindringling zu sein, und mich sogleich zurückzog, wobei ich ein Bild des ungeheuren, stillen Innenraumes, der im Dämmerlicht glühenden, vergoldeten Decke und der einsamen Andächtigen mit mir fortnahm. Worauf richtete sich ihr Gebet, und mußte sie nicht beinahe Angst haben, dort allein zu bleiben?

Ansonsten besteht das Malerische in Toulouse im wesentlichen aus einem Spaziergang, der die Garonne entlangführt, die von einer massiven Backsteinbrücke zum Faubourg Saint-Cyprien überspannt wird. Diese unselige Vorstadt, die bemerkenswert tief gelegen ist, stand zur Zeit der letzten Überflutungen tagelang unter Wasser. Die Garonne war fast bis zu den Hausdächern gestiegen, und der Ort bietet immer noch einen heruntergekommenen, angstvollen Anblick. Zwei oder drei Personen, mit denen ich ins Gespräch kam, nannten jene Zeit eine Erinnerung voller Schrecken. Ich bin mit meinen italienischen Vergleichen noch nicht am Ende; ich werde niemals mit ihnen am Ende sein. Daher habe ich die Freiheit zu sagen, daß in der Weise, wie Toulouse auf die Garonne blickt, etwas lag, das mich entfernt an die Art erinnerte, wie Pisa auf den Arno blickt. Die Häuser mit den roten Fassaden – alle aus Ziegelstein –, die den Kai säumen, sind eine Mischung von Helle und Schäbigkeit; sie haben auch eine typische offene *loggia* im obersten Stockwerk. Der Fluß könnte, mit einer oder zwei weiteren Brücken, durchaus der Arno sein, und die Gebäude auf der anderen Seite – ein Hospital und ein säkularisierter Konvent – tauchen den Fuß mit wahrhaft südlichem Zynismus ins Wasser. Ich habe von dem Hôtel d'Assézat als dem besten Haus in Toulouse gesprochen; mit Ausnahme des Kreuzganges des Museums ist es das einzige Motiv, an das ich mich erinnern kann. Es ist vom Status einer noblen Residenz des sechzehnten Jahrhunderts zu dem eines Lagerhauses und einer Ansammlung von Büros herabgesunken; eine gewisse Würde ist jedoch seinem melancholischen Hof verblieben, der von der Straße durch eine Einfahrt abgetrennt ist, die immer noch eindrucksvoll ist und in welcher ein kletternder Rebstock und roter wilder Wein von den rostfarbenen Wänden aus Ziegel und Stein herabhingen.

Das interessanteste Haus in Toulouse ist bei weitem nicht das auffälligste. An der Tür des Hauses Nr. 50 in der Rue des Filatiers, eines unscheinbaren, soliden Gebäudes, wurde an einem Herbstabend der Leichnam des jungen Marc-Antoine Calas hängend aufgefunden, dessen fataler Selbstmord der erste Akt einer so fürchterlichen Tragödie sein sollte. Der Fanatismus, den dieser Vorfall beim Stadtvolk erregte; der Foltertod Jean Calas', der angeklagt wurde, als Protestant seinen Sohn erhängt zu haben, weil dieser zur römischen Kirche übergetreten war; der Ruin der Familie; die Verwahrung der Töchter in einem Kloster; die Flucht der Witwe in die Schweiz; ihre Begegnung mit Voltaire; der erregte Eifer jenes unvergleichlichen Kämpfers und die leidenschaftliche Beharrlichkeit, mit der er Jahr um Jahr sich für eine Aufhebung des Urteils verwandte, bis man ihm schließlich stattgab und er das Tribunal von Toulouse dem Abscheu und die Namen der Opfer bleibender Bewunderung und Teilnahme überantwortete – diese Vorgänge sind Teil einer der interessantesten und bewegendsten Episoden der Gesellschaftsgeschichte des achtzehnten Jahrhunderts. Die Geschichte hat den fatalen Verlauf, die dunkle Unabwendbarkeit einer griechischen Tragödie. Jean Calas, in fortgeschrittenem Lebensalter, wurde auf das Rad geflochten; und durch den Anblick seines ordentlichen Domizils, das mir alles, was Menschen dort durchmachen mußten, nochmals nahebrachte, wurde mir für eine halbe Stunde der Eindruck von Toulouse verdorben.

CARCASSONNE

Ich verbrachte nur ein paar Stunden in Carcassonne; doch rundeten sich jene Stunden zu einem gelungenen Erlebnis, und ich kann gar nichts Besseres tun als aus meinem Notizbuch die kleine Aufzeichnung zu übernehmen, die ich damals gemacht habe. Mag sie auch von Ungeschliffenheit beeinträchtigt und in sich ein wenig inkonsequent sein, so hat sie dafür jedenfalls die Frische einer großen Emotion. Und das ist doch die beste Eigenschaft, die der Leser einer Prosa zu entnehmen hoffen darf, welcher es an ›nützlicher Information‹ und technischem Fachwissen auch der allerallgemeinsten Art völlig fehlt. Denn Carcassonne ist bewegend, ohne jeden Zweifel; und der Reisende, der sich im Verlaufe einer kleinen Frankreichreise in melancholischen Momenten zu der Aussage gedrängt gefühlt haben mag, daß aufs Ganze gesehen die Enttäuschungen so zahlreich sind wie die erfüllten Erwartungen, muß zugeben, daß es etwas Besseres doch gar nicht geben kann.

Die Landschaft bleibt, wenn man Toulouse verläßt, weiterhin reizvoll; um so mehr, als ihre Flachheit auf der einen Seite in die Cevennen in der Ferne übergeht und auf der anderen Seite, weit zur Rechten, in das noch abwechslungsreichere Gebiet der Pyrenäen. Olivenbäume und Zypressen, Lauben und Weinstöcke, Häuser mit Dachterrassen, sanfte irisierende Berge, ein warmes gelbes Licht – woran könnte es dem anspruchsvollen Touristen da noch fehlen? Vorsichtig deponierte er sein Gepäck am Bahnhof, er war entschlossen, sich den Gasthof vorher anzuschauen, ehe er hier eine Verpflichtung einging. Dieser ließ (sogar für den oberflächlichen Blick) offenkundig so viel zu wünschen übrig, daß der Reisende schlicht den Weg zur Stadt einschlug, mit der Aussicht auf einen ganzen superben Nachmittag vor sich. Wenn ich die Stadt sage, meine ich die Städte; denn es gibt deren zwei in Carcassonne, vollkommen voneinander getrennt, und beide mit berechtigtem Anspruch auf den Titel. Sie haben jedoch die Angelegenheit unter sich geregelt, und die ältere, die den Schrein der Pilgerschaft darstellt, zu welchem die andere nur eine Schwelle oder gar, wie ich sagen könnte, eine bescheidene Fußmatte bildet, trägt den Namen der Cité. Vom Bahnhof aus sieht man nichts von der Cité; sie wird verdeckt von der Häusermasse der *ville-basse*, die relativ (aber auch nur relativ) neu ist. Eine wunderbare Akazienallee führt vom Bahnhof dorthin – führt eher an ihr vorbei – und geleitet einen zu einer kleinen Brücke mit hoher Brüstung über die Aude, jenseits welcher sich, isoliert und aufrecht, eine ausgeprägte mittelalterliche Silhouette, die Cité selbst, darbietet. Wie ein Konkurrenzbetrieb auf der umneideten Seite einer Straße ›pflegt sie keinen Umgang‹ mit dem gegenüberliegenden Laden, obwohl beide Orte vereinigt sind (wenn man denn überhaupt sagen kann, daß das alte Carcassonne mit irgend etwas vereinigt ist) durch eine gestaltlose kleine, ländliche Vorstadt. Emporragend auf ihrem soliden Piedestal, ist es die vollkommene Isolation der Cité, die zuerst auffällt. Um unverzüglich von der *Ville-basse* Abschied zu nehmen, möchte ich noch sagen, daß die großartigen Akazien, von denen ich gesprochen habe, den Ort in ein sommerliches Dämmerlicht hüllten, in welchem ein paar verstreute Überreste mächtiger Mauern und breiter Bastionen sich recht ehrwürdig und malerisch ausnahmen. Ein schmaler Boulevard umringt die Stadt, baumbepflanzt und mit mehr Bänken verziert als ich jemals eine weichherzige Stadtverwaltung habe aufstellen sehen. Dieser Stadtteil nahm sich warm, träge, verstaubt und südlich aus, als würden die Leute hier recht viel draußen sitzen und in der Stille der Sommernächte einherwandeln. Die Umrisse der älteren Stadt auf dem Hügel in unmittelbarer Nähe dürften in solchen Stunden hinreichend geisterhaft aussehen. Selbst bei Tage hat sie etwas von einer Vignette von Gustave Doré oder einem Reim von Victor Hugo. Sie ist beinahe allzu vollkommen – als handele es sich um ein riesiges Modell, das auf einem großen, grünen Tisch in einem Museum aufgebaut ist. Ein steiler, gepflasterter Weg, grasüberwachsen, wie alle Straßen, über welche niemals Fahrzeuge fahren, erstreckt sich in der Sonne bis zu ihren Pforten. Sie hat zwei Mauerringe, einen vollständigen äußeren und einen vollständigen inneren (dieser, der aufwendig befestigt ist, ist der sehenswertere); und diese Ansammlung von Befestigungen, Türmen, Bastionen, Brustwehren und Vorwerken ist so phantastisch und romantisch, wie man es sich nur wünschen mag. Der Zugang, von dem ich spreche, führt zu dem Tor, das nach Toulouse zu liegt – der Porte de l'Aude. Es gibt einen zweiten auf der anderen Seite, der, wie ich glaube, die Porte Narbonnaise genannt wird, ein prachtvolles Tor, flankiert von Türmen, dick und hoch, mit aufwendigen Außenwerken bewehrt; und diese beiden Einlässe allein gewähren Zutritt zu dem Ort – sieht man einmal von einer kleinen, durch eine große Bastion geschützten Ausfallpforte auf der den Pyrenäen zu gelegenen Seite ab.

Da ich immer schon dem Prinzip gehuldigt habe, mir gleich auf Anhieb einen allgemeinen Eindruck zu verschaffen, ging ich um die äußere Mauer herum – ein Vorhaben, das sich auf der Oberfläche zunächst als vergnüglich darstellte. An der Porte de l'Aude wandte ich mich nach rechts, ohne sie zu durchschreiten; dort wurde nämlich der alte Mauergraben zugeschüttet. Durch die Zuschüttung des Grabens ist eine grasbewachsene Fläche zu Füßen der großen grauen Türme entstanden, die sich in dichten Abständen erheben und zwischen einander den starren Steinvorhang von einem Punkt zum nächsten spannen: der Vorhang fällt faltenlos zu der stillen Grasfläche herab, die hier und da von ärmlichen Einheimischen gesprenkelt war, die dort den goldenen Nachmittag verdösten. Die Bewohner des älteren Carcassonne sind allesamt ärmlich; denn das Herz der Cité ist geschrumpft und verrottet, und es herrscht nur noch wenig Leben in den Ruinen. Ein paar unbeirrbare Arbeiter, die auf den angrenzenden Feldern oder in der *ville-basse* arbeiten, und etliche Achtzigjährige beiderlei Geschlechtes, die sterben, wo sie gelebt haben, und beträchtlich zu der malerischen Wirkung beitragen – das sind im wesentlichen die Bewohner. Der Prozeß der Umwandlung des Ortes von einer verantwortungslosen alten Stadt zu einem bewußten ›Prunkstück‹ war naturgemäß mit Verlusten verbunden; die Bevölkerung ist im allgemeinen wegrestauriert worden. Ich sollte mich beeilen hinzuzusetzen, daß die Restaurierung das große charakteristische Merkmal der Cité ist. M. Viollet-le-Duc hat ihr seinen Willen aufgezwungen, hat sie vollkommen wiederhergestellt, hat die Befestigungen in jeder Einzelheit wiederbelebt. Ich maße mir kein Urteil über die Ausführung an, die in einem Umfang und einem Geist vollzogen wurde, welche wirklich die Imagination beeindruckt. Wenigen Architekten ist eine solche Entfaltungsmöglichkeit zuteil geworden, und M. Viollet-le-Duc dürfte den Neid der gesamten Restauratorenbruderschaft auf sich gezogen haben. Doch das Bild eines zerfalleneren Carcassonne steigt vor dem inneren Auge auf, und es kann keinen Zweifel geben, daß der Ort vor vierzig Jahren ergreifender gewesen ist. Andererseits ist er so, wie wir ihn heute sehen, eine wunderbare Beschwörung; und wenn sich recht viel Neues im Alten findet, so findet sich eine Fülle von Altem im Neuen. Die wiederhergestellten Zinnen, die eingefügten Flächen von Mauerwerk im äußeren Befestigungsring drücken diese

Mischung zur Genüge aus. Mein Spaziergang führte mich zu der Stelle, von wo man den vollen Ausblick auf die Pyrenäen hat, die jetzt, da die Sonne im Sinken begriffen war und die Schatten länger wurden, einen wunderbaren violetten Schimmer hatten. Die Fläche zu Füßen der Mauern breitet sich auf dieser Seite weiter aus, und das verlieh der Szene eine noch größere Vollkommenheit. Zwei oder drei alte Weiber waren von der Pforte Narbonnaise herangeschlurft, um zu erforschen, wer sich da als Besucher näherte; und ein uralter Bauer lag mit dem Rücken an einen Turm gelehnt und hütete ein halbes Dutzend magerer Schafe. Ein armer Mann in einem sehr alten Kittel – ein Krüppel, seine Krücken lagen neben ihm – war herausgebracht und auf einen Stuhl gesetzt worden, wo er den Nachmittag nach Kräften genoß. Er sah so krank und so geduldig aus, daß ich ihn ansprach; und erfuhr, daß seine Beine gelähmt waren und er völlig hilflos war. Er war einst sieben Jahre lang bei den Soldaten gewesen und hatte unter Bazaine an der Kampagne in Mexiko teilgenommen. Geboren in der alten Cité, war er zurückgekehrt, um dort seine Tage zu beschließen. Wie er so dasaß, mit jenen romantischen Mauern hinter sich und dem großartigen Bild der Pyrenäen vor sich, da rührte es mich seltsam an zu denken, daß er jenseits der Meere in der fernen Neuen Welt gewesen war, an einer berühmten Expedition teilgenommen hatte und nun als Krüppel am Tore einer mittelalterlichen Stadt saß, wo er als Kind gespielt hatte. All das kam mir als ein recht beachtliches Stück Geschichte für solch eine bescheidene Gestalt vor – eine arme kleine Gestalt, die kaum eben die Hand öffnen konnte, um eine geringe Silbermünze entgegenzunehmen.

Er war nicht die einzige Bekanntschaft, die ich in Carcassonne machte. Ich hatte meine Umrundung der Mauern noch nicht viel weiter fortgesetzt, als ich einem Menschen von ganz anderem Typus begegnete, dem ich irgendeine Frage stellte, die sich mir gerade aufgedrängt hatte, und der sich als der *genius loci* in Person entpuppte. Er war ein umgänglicher Sohn der *ville-basse*, ein Gentleman, und, wie ich später erfuhr, ein Beamteter der Präfektur – kurz, ein Mensch, der in Carcassonne ein ziemliches Ansehen genoß. (Ich kann all das sagen, da er diese Seiten ja niemals lesen wird.) Er war einen Monat lang krank gewesen und nun in Begleitung seines kleinen Hundes das erstemal an der frischen Luft; er war, in seinen eigenen Worten, ein *amoureux-fou de la Cité* – er mochte keine Zeit verlieren, um sofort zu ihr zurückzukehren. Wirklich sprach er wie ein Liebhaber über sie, und ich durfte eine halbe Stunde lang den Vorzug seiner Gesellschaft genießen, während der er mir die Sehenswürdigkeiten des Ortes zeigte. (Ich spreche hier immer von dem äußeren Ring; man dringt in den inneren – der die Besonderheit von Carcassonne und die große Sehenswürdigkeit ist – nur ein, indem man sich an den offiziellen Wärter in seinem Pförtnerhäuschen wendet, einen bemerkenswerten Bediensteten, der eine halbe Stunde später, als ich von meinem Freund, dem *amoureux-fou*, mit ihm bekannt gemacht worden war, mich unter einem beachtlichen Wortschwall von Daten und technischen Einzelheiten über die Befestigungsanlagen führte.) Mein Begleiter wies mich im besonderen auf die Spuren verschiedener Epochen in der Struktur der Mauern hin. Eine ungeheure Menge an Geschichte liegt in ihnen eingebettet, angefangen bei den Römern und Westgoten; hier und dort finden sich Hinweise auf alte, eilends wieder vermauerte Breschen. Wir betraten die Stadt – nämlich jenen Teil, der nicht von der Zitadelle umschlossen ist. Es ist der seltsamste und fragmentarischste kleine Ort der Welt, da man bis auf die Befestigungsanlagen alles verfallen läßt, damit allein der Geist M. Viollet-le-Ducs es durchdringen möge und es sich schlicht als prachtvolle äußere Schale erhalte. Wenn die Pachtverträge für die elenden kleinen Häuser auslaufen, räumt man sie ab; und eine murmelnde alte Frau näherte sich mir im Verlaufe meines Rundwegs und ersuchte mich, ihr Beileid zu bezeugen angesichts des Verschwindens so vieler der Schuppen, die sich in den letzten paar hundert Jahren (seit des Falles Carcassonnes als Stützpunkt) zu Füßen der Mauern in dem Raum zwischen den beiden Mauerringen angesiedelt hatten. Diese Wohngehäuse, deren Baumaterial aus den Ruinen stammte, hatten sich dort recht behaglich eingenistet. So war aus diesem Zwischenraum eine Art von Straße geworden, die nun ihrerseits zerfiel, während die Festung wiedererstand. Es gibt noch weitere Straßen, winzig und kaum noch zu erkennen, wo man sich über Schutthaufen hinweg seinen Weg sucht und unversehens Gesichter gewahr wird, die einen aus Fenstern ansehen, so unbeteiligt wie Engelsköpfe. Das Handfesteste in dem ganzen Ort war noch das kleine Kaffeehaus, wo die Kellner allerdings, so glaube ich, Geister alter Westgoten gewesen sein müssen; nun ja, das Stabilste, wenn man von dem kleinen Château und der kleinen Kathedrale absieht. Alles in der Cité ist klein; man kann die Mauern in zwanzig Minuten umwandern. Auf der Zugbrücke zu dem Château, das, mit einer malerischen alten Fassade, flankierenden Türmen und einem trockenen Burggra-

177

ben, heute schlicht als nackte Kaserne dient, lungerte ein halbes Dutzend Soldaten herum, ungewöhnlich kleine Soldaten. Nichts konnte seltsamer sein als all diese Objekte von einem Behältnis umschlossen zu sehen, welches weitgehend das Aussehen eines riesigen Spielzeugs hat. Die Cité und ihre Bevölkerung erinnerten mich entfernt an eine kolossale Arche Noah.

CARCASSONNE

Carcassonne geht auf die römische Besetzung Galliens zurück. Der Ort beherrschte eine der großen Straßen nach Spanien, und im vierten Jahrhundert vertrieben sich die Römer und die Franken gegenseitig von einem derartig günstigen Ausgangspunkt. Im Jahre 436 trug Theoderich, der König der Westgoten, den Sieg über beide Parteien davon; und unter seiner Besatzung geschah es, daß der innere Mauergürtel auf den Ruinen der römischen Befestigungsanlage errichtet wurde. Die meisten der westgotischen Türme, die heute noch stehen, ruhen auf römischen Fundamenten, die allem Anschein nach in großer Eile zusammengefügt wurden, wahrscheinlich zu Zeiten fränkischer Invasionen. Die Urheber dieser soliden Verteidigungsanlagen hielten, von gelegentlichen Störungen abgesehen, Carcassonne und das benachbarte Land, in welchem sie ihr Königreich von Septimania errichtet hatten, bis zum Jahre 713, als sie von den spanischen Mauren vertrieben wurden, die eine finstere Periode von vier Jahrhunderten einleiteten, aus welcher sich keine Spuren erhalten haben. Diese Fakten beziehe ich aus keiner tiefgründigeren Quelle als einer Abhandlung von M. Viollet-le-

Duc selbst – einer höchst einleuchtenden Beschreibung der Befestigungen, die man bei dem beschlagenen Pförtner erstehen kann. Der Schreiber macht nun einen Sprung in das Jahr 1209, als Carcassonne, das damals zum Bereich der Vicomtes von Béziers gehörte und von der albigensischen Häresie infiziert war, im Namen des Papstes von dem schrecklichen Simon de Montfort und seinem Kreuzfahrerheer belagert wurde. Simon war erfolgsgewohnt, und die Stadt ergab sich innerhalb von vierzehn Tagen. Einunddreißig Jahre später, also nachdem sie in die Hände des Königs von Frankreich gekommen war, wurde sie wiederum belagert, und zwar von dem jungen Raymond de Trincavel, dem letzten der Vicomtes von Béziers; und von dieser Belagerung gibt M. Viollet-le-Duc einen langen und detaillierten Bericht, welchen der Besucher, der für derlei Dinge einen Sinn hat, mit der Broschüre in der Hand auf den Befestigungsanlagen selber nachvollziehen kann. Der junge Raymond de Trincavel, der scheiterte und abgeschlagen wurde, zog sich nach vierundzwanzig Tagen schließlich zurück. Der Heilige Ludwig und Philip der Kühne vervielfältigten im dreizehnten Jahrhundert die Verteidigungsanlagen von Carcassonne, welches eines der Bollwerke ihres Königreiches gegen Spanien war; und von dieser Zeit an hatte der Ort nichts mehr zu befürchten, da er als uneinnehmbar galt. Er wurde nicht einmal angegriffen; und als im Jahre 1355 Edward, der Schwarze Prinz, einmarschierte, hatten die Bewohner die Tore vor jenem Eroberer geöffnet, dem sich das ganze Languedoc ergeben hatte. Ich gehöre nicht zu jenen, die, wie ich gerade gesagt habe, einen Sinn für derlei Dinge haben, und der Gebrauch, den von der Abhandlung M. Viollet-le-Ducs zu machen ich imstande war, erschöpfte sich im Extrakt dieser wenigen Tatsachen.

Ich habe erwähnt, daß mein verbindlicher Freund, der *amoureux-fou*, mich dem Torwärter der Zitadelle übergab. Ich sollte hinzufügen, daß ich zunächst der Frau dieses Bediensteten anvertraut wurde, einer stämmigen Bäuerin, die einen Schlüssel vom Nagel nahm, mich zu einer Hintertür geleitete und dann in die Obhut ihres Gatten entließ. Da er seine Runde mit einer Gruppe von vier Personen gerade erst begonnen hatte, war er nur wenige Schritte voraus. Ich schloß mich also notgedrungen dieser Gruppe an, deren Zusammensetzung nicht gerade spektakulär war, außer daß zwei ihrer Mitglieder Gendarmen in vollem Wichs waren, die im Verlaufe unserer Führung verkündeten, daß sie schon ein Jahr in Carcassonne stationiert seien und bislang keine Neugier empfunden hätten, zur Cité heraufzukommen. Das hatte doch nun gewiß etwas Spektakuläres. Der *gardien* war ein außerordentlich typischer kleiner Franzose, der mich noch nachhaltiger beeindruckte als die Wunderwerke des inneren Mauerringes; und da ich annehmen darf, wie immer das auch auf Kosten meiner literarischen Eitelkeit gehen mag, daß nicht die geringste Gefahr besteht, daß er diese Anmerkungen liest, darf ich ihn als öffentliches Eigentum behandeln. Mit seiner kleinen Statur und dem aufrechten Geist, dem geröteten Gesicht, den ausdrucksvollen, hervortretenden Augen, der hohen, herrischen Stimme, der extremen Gewandtheit, der Klarheit und Sorgfalt des Ausdrucks, erinnerte er mich an den gebildeten Stand, der in den Revolutionen seines Heimatlandes die ihm eigene Rolle spielt. Wenn er kein grimmiger kleiner Jakobiner war, dann hätte er einer

180

sein sollen, denn ich bin sicher, daß es viele Männer seines Kalibers im Komitee für öffentliche Sicherheit gegeben hat. Er wußte absolut Bescheid, kannte sich gründlich im Ort aus und wies beständig seine Hörerschaft darauf hin, was er an Ausgrabungen und Instandsetzungsarbeiten selbst geleistet hatte. Er bezeichnete sich als Bruder des für die laufenden Arbeiten verantwortlich zeichnenden Architekten (womit er, nehme ich an, die Arbeiten meinte, die seit dem Tode von M. Viollet-le-Duc vollführt wurden), und diese Tatsache war noch sehr viel erhellender als alle anderen. Sie brachte mir, wie das hier an jeder Ecke geschieht, die demokratischen Grundlagen des französischen Lebens wieder ins Bewußtsein: ein Mann des Volkes, mit einer Frau *en bonnet*, äußerst intelligent, voller Spezialwissen, der gleichwohl wesensmäßig ein Mann des Volkes bleibt und seine Intelligenz mit einer Art von Wildheit, von Herausforderung zeigt. Eine solche Persönlichkeit trägt zum Verständnis des roten Radikalismus Frankreichs, der Revolutionen, der Barrikaden, der sinistren Leidenschaft für Theorien bei. (Natürlich gehe ich nicht so weit zu behaupten, daß das Individuum, das ich beschreibe – das ja nichts von den Freiheiten weiß, die ich mir ihm gegenüber herausnehme –, wirklich diesen Idealen anhängt; ich meine bloß, daß viele solcher glühenden Anhänger seine Eigenschaften haben müssen.) Es ist nur eine *nuance*, die ich hier herauszustellen versucht habe, doch verbirgt sich in ihr ein schreckliches menschliches Grundmuster. So zivilisiert er auch erscheinen mag, bleibt solch ein Mensch dennoch unberührt von dem Wunsche – wie man ihn beim Engländer findet –, in gleichem Maße, wie er in der Welt emporsteigt, sich der Gestalt des Gentleman anzunähern. Und zugleich andererseits eine *netteté*, ein sprachliches Artikulationsvermögen, mit dem der englische Gentleman nur selten gesegnet oder geschlagen ist.

Dieser brillante, dieser zu solcherlei Gedanken anregende Wärter von Carcassonne führte uns eine Stunde lang herum und hielt dabei wortreiche, erläuternde, illustrierende Reden; es war ein kompletter kleiner Vortrag (wie er etwa im Lowell Institute gehalten werden könnte) über die Art und Weise, wie eine erstklassige *place forte* früher angegriffen und verteidigt wurde. Unsere Wanderschaft machte recht deutlich, daß Carcassonne uneinnehmbar war; wenn man sie nicht gesehen hat, lassen sich ein derartiges Raffinement von Verliesen, ein solcher Erfindungsreichtum von Defensivbauten unmöglich vorstellen. Wir gingen die Zinnen und *chemins de ronde* entlang, kletterten Türme hinauf und hinab, krochen unter Bögen hindurch, lugten aus Gucklöchern, stiegen in Verliese hinab, verweilten an allen möglichen engen Orten, während uns die Funktion dieses oder jenes Gegenstandes erklärt wurde. Es war sehr sehenswert, sehr interessant; vor allem war es sehr malerisch und bot beständig Ausblicke in die verwinkelte, verfallende, sonnige, grasüberwachsene, leere Cité. Hier und da ruft der mit Türmen und Zinnen bewehrte Mauergürtel, wenn man dort oben steht, eine Illusion hervor; er sieht aus, als sei er noch gerüstet und zur Verteidigung bereit. Eine lebendige Herausforderung zwingt er einem schließlich in jedem Falle auf: man ist aufgerufen, hinsichtlich der Frage der Restaurierung ein Urteil zu fällen. Was mich selbst betrifft, so gibt es kein Zögern; ich gebe in jedem Falle den wie sehr auch verfallenen Ruinen gegenüber einer wie glänzend auch immer durchgeführten Rekonstruktion den Vorzug. Was übriggeblieben ist, ist kostbarer, als was hinzugefügt wurde; das eine ist Geschichte, das andere Fiktion; und von beiden mag ich erstere lieber – sie ist eben viel romantischer. Die eine ist unumstößlich, soweit sie eben vorhanden ist; die andere füllt die Lücken mit Dingen, welche noch mehr tot sind als die Lücken selbst, da sie nämlich niemals Leben besessen haben. Und danach habe ich jetzt die Freiheit zu sagen, daß die Restaurierung Carcassonnes eine glänzende Leistung ist. Der kleine Wärter entließ uns schließlich, nicht ohne uns, wie üblich, zuvor zum unvermeidlichen Photostand geführt zu haben. Diese Photographien stellen überall im Midi eine große Belästigung dar. Zum größten Teil sind sie außerordentlich schlecht; und die Schlechtesten – die in der Form des gräßlichen kleinen *album-panorama* – werden einem allenthalben aufgedrängt. Sie sind eine Art von Steuer, die man zu entrichten hat; und es ist das Beste, wenn man zahlt, damit man seine Ruhe hat. Es ließ sich nicht leugnen, daß der Abschied von unserem beschlagenen Führer auch etwas von Erleichterung mit sich brachte, da dessen Art und Weise, Information zu vermitteln, mich an den energischen Prozeß erinnerte, mit dem ich Mineralwasser auf Flaschen hatte ziehen sehen. Währenddessen war der Nachmittag immer schöner geworden; die Sonne war tiefer gesunken, der hügelige Horizont hatte sich purpurn gefärbt; das Massiv des Canigou war zarter geworden, trat jedoch deutlicher hervor. Der Tag war so sehr verblaßt, daß das Innere der kleinen Kathedrale in Dämmerlicht gehüllt lag, in welches die glühenden Fenster ein wenig ihrer Farbe projizierten. Die Kirche ist von hoher

Schönheit und Kostbarkeit, doch will ich dem Leser eine Präsentation von Details ersparen, die zu bemeistern ich selbst gar keine Gelegenheit hatte. Sie besteht aus einem romanischen Langhaus vom Ende des elften Jahrhunderts und einem gotischen Chor mit Transepten vom Anfang des vierzehnten Jahrhunderts; und verschlossen in ihrer Zitadelle, wie eine edle Schatulle in einer Schatztruhe, scheint sie – oder schien sie mir zu jener Stunde – eine Art von doppelter Weihe zu besitzen. Nachdem ich mich von ihr abgewandt und die beiden Mauerringe durchschritten hatte, labte ich mich, ganz und gar verzaubert, an einem weiteren Rundgang um die Cité. Es ist sicherlich dieser Gesamteindruck, der sich am tiefsten einprägt – der Eindruck von außen, wo der ganze Ort sich sogleich von der Landschaft absetzt. In der warmen, südlichen Abenddämmerung sah er noch sehr viel mehr wie eine Stadt aus einem Märchen aus. Und um den Eindruck zu vollenden, trat ein weißer, junger Mond im ersten Viertel hervor und hing dicht über der dunklen Silhouette. Es war schwer, sich davon zu trennen – etwas so Vulgäres wie einen Eisenbahnzug in Kauf zu nehmen; gern hätte ich den Abend damit verbracht, um die Mauern Carcassonnes zu wandeln. Doch hatte ich mich einigermaßen darauf festgelegt, nach Narbonne weiterzufahren, und es lag ein gewisser Zauber in jenem Namen, der mir Kraft gab – Narbonne, die reichste Stadt im römischen Gallien.

NARBONNE

In Narbonne nahm ich im Hause eines *serrurier mécanicien* Quartier und war für die Unterbringung sehr dankbar. Ich hatte das Pech, in dieser uralten Stadt spät bei Nacht am Vorabend des Markttages anzulangen; und Markttag in Narbonne ist eine sehr ernste Angelegenheit. Die Gasthöfe sind aus diesem Anlaß vollgepfropft mit Weinhändlern; denn das Land in der Umgebung, das nahezu ausschließlich dem Bacchus geweiht ist, wurde bislang von der Reblaus verschont. Dieser Todfeind der Traube hat sich über den Süden hin an Hunderten von Orten festgesetzt; befallene Weingärten und ruinierte Besitzer sind ganz und gar an der Tagesordnung. Je weiter man in die Provence vordringt, desto mehr häufen sich die Anzeichen dieser Plage, denn viele Rebstöcke sind unter Wasser gesetzt worden, in der Hoffnung, die Seuche wegzuschwemmen. Es gibt allerdings noch gesunde Regionen, und in Narbonne haben die Weinbauern alle Hände voll zu tun. Dem Weinhandel gilt offenbar einzig das Trachten der Narbonnais; jedermann, mit dem ich sprach, äußerte sich angelegentlich über die goldene Ernte, die unter dem Einfluß dieses Bestrebens reiche Blüte trieb. ›C'est inoui, monsieur, l'argent qu'il y a dans ce pays. Des gens à qui la vente de leur vin rapporte jusqu'à 500,000 francs par an.‹ Diese kleine Ansprache, mit welcher sich ein Herr im Gasthof an mich wandte, gibt den Ton dieser Offenbarungen wieder. Es muß jedoch gesagt werden, daß das Erscheinungsbild von Stadt wie Bevölkerung nur wenig auf den Besitz solcher Schätze schließen ließ. Narbonne ist eine *sale petite ville* in des Ausdrucks schärfster Bedeutung, und meine erste

Empfindung bei meiner Ankunft dort war äußerstes Bedauern, daß ich zur Nacht nicht im schönen Carcassonne geblieben war. Die Fahrt, die mich von jenem ersprießlichen Ort fortgeführt hatte, war etliche Stunden lang und vollzog sich in der Dunkelheit – einer Dunkelheit allerdings, die nicht so dicht war, als daß ich im Vorbeifahren nicht das großartige Bild von Béziers hätte wahrnehmen können, dessen uralte Dächer und Türme, die auf einer anmutigen Hügelspitze zusammengeballt stehen, sich so phantastisch ausnahmen, wie man es nur wünschen kann. Ich weiß nicht, welch ein Erscheinungsbild Béziers bei Tage bieten mag, doch wirkt es bei Nacht durchaus großartig. Als ich in Narbonne aus dem Bahnhof trat, mußte ich feststellen, daß das einzige Fahrzeug, das dort wartete, eine Art Kreuzung aus Straßenbahn und Pferdewagen war, ein Vehikel von einer Form, als sei es dazu gebaut, auf Schienen zu verkehren; das heißt, es war mit kleinen Rädern auf der Unterseite ausgestattet und hatte eine Plattform am vorderen und am hinteren Ende, doch war es ihm beschieden, über die Steine zu rumpeln wie das vulgärste aller öffentlichen Beförderungsmittel. Um die Seltsamkeit dieses Fuhrwerks komplett zu machen, wurde es nicht von einem Schaffner, sondern einer Schaffnerin betreut. Eine hübsche junge Frau mit einer Geldtasche am Gürtel führte auf der Plattform das Kommando; und sobald der Wagen voll war, rüttelte sie uns durch Wolken des dicksten Staubes, den ich je geschluckt habe, in die Stadt. Ich habe schon Gelegenheit gehabt, von der Betriebsamkeit der Frauen in Frankreich zu sprechen – davon, wie sie immer weiter im Vormarsch sind; und hier war ein kennzeichnendes Beispiel ihrer umfassenden Brauchbarkeit. Die junge

Dame, von der ich gesprochen habe, beförderte ihre ganze Gesellschaft zu dem elenden kleinen Hôtel de France, wo hoffentlich einige ihrer Mitglieder Unterkunft fanden. Was mich selbst betrifft, so teilte man mir mit, daß das Haus von Keller bis zum Dachboden besetzt sei und daß seine Insassen zu dritt und viert in einem Zimmer schliefen. In Carcassonne hätte ich wenigstens ein Bett gehabt, doch in Narbonne sollte sich offenbar nicht einmal ein einfaches Bett für mich finden. Ich brachte ein oder zwei Stunden voll dumpfer Spannung zu, während das Schicksal die Frage, ob ich nach Perpignan weiterfahren, nach Béziers zurückkehren oder doch noch eine bescheidene Schlafgelegenheit in Narbonne finden würde, für mich entschied. Ich werde jedoch nicht vergebens gelitten haben, wenn mein Beispiel dazu dient, andere Reisende davon abzuschrecken, in jener Stadt an einem Mittwochabend unangemeldet abzusteigen. Der Rückzug nach Béziers stellte sich, da er nicht rechtzeitig in Angriff genommen wurde, als unmöglich heraus, und man versicherte mir, daß in Perpignan, welches ich nicht vor Mitternacht erreichen würde, der Zulauf von Weinhändlern nicht geringer sei als in Narbonne. Ich fragte bei jeder Vermieterin in der Stadt an, wurde jedoch mit gleichgültigem Achselzucken abschlägig beschieden. Schließlich kam zu vorgerückter Stunde einer der Diener des Hôtel de France, wo ich zu dinieren versucht hatte, triumphierend zu mir und verkündete, daß es ihm gelungen sei, für mich ein entzückendes Zimmer in einer *maison bourgeoise* aufzutreiben. Dankbar nahm ich davon Besitz, obwohl es einen Zugang wie ein Stall hatte und von einem Geruch durchdrungen war, mit welchem verglichen der eines Stalles deliziös gewesen wäre. Wie ich erwähnt habe, war mein Vermieter ein Schlosser, und er besaß seltsame Maschinen, welche in den Räumlichkeiten unter mir rumpelten und sirrten. Nichtsdestoweniger schlief ich, und ich träumte von Carcassonne. Und das war schließlich besser als von dem Hôtel de France zu träumen.

Es blieb mir nichts anderes übrig, als Beziehungen mit der Küche dieses Etablissements aufzunehmen. Nichts hätte mehr *méridional* sein können; tatsächlich schienen sowohl der schmutzige kleine Gasthof wie auch Narbonne im ganzen die Unzulänglichkeiten des Südens aufzuweisen, aber ohne dessen üblichen Charme. Eng, laut, schäbig, verunreinigt und vollgestopft, erfüllt von Geklapper und Geplapper, so hätte das Hôtel de France von Alphonse Daudet vollendet beschrieben werden können. Denn was mir vor allem auffiel, war der Klang des Midi, wie Daudet ihn dargestellt hat – das Geräusch einer endlosen Unterhaltung. Der Wirt saß mit etlichen Freunden in einer Art von Glaskäfig beim Abendessen, von jovialer Indifferenz gegenüber eintreffenden Gästen; die Kellner stolperten über das herumliegende Gepäck in der Halle; die Reisenden, die abgewiesen worden waren, lehnten mürrisch an den Türpfosten; und die Wirtin wechselte inmitten der Wirrnis gänzlich pflichtvergessen und allein vom Geist der Konversation beseelt in hoher Stimme mit den *voyageurs de commerce* Komplimente. Um zehn Uhr morgens gab es eine Table d'hôte als Frühstück – ein wunderbares Mahl, das in alle Räume hineinschwappte und das ganze Etablissement durchdrang. Ich ließ mich mit hundert hungrigen Marktleuten zum Essen nieder, dicken, braungebrannten, schmutzigen Männern, an deren Händen und Stiefeln die fette Erde des Languedoc klebte. Die Stiefel erwähne ich deshalb, weil man kurz davor stand, sie auf den Tisch hochzulegen. Es war sehr warm, und es gab Schwärme von Fliegen; die Speisen waren von stärkstem Geruch; insbesondere gab es eine gräßliche Mixtur, die unter dem Namen *gras-double* bekannt ist, eine hellgraue, klebrige, ekelerregende Masse, die meine Tischgenossen in riesigen Mengen verschlangen. Ein mir gegenüber sitzender Mann hatte die schmutzigsten Finger, die ich jemals gesehen habe; Exemplare von Fingern mit welchen er in England von der Mahlzeit eines Bauern ausgeschlossen worden wäre. Das Gespräch war in der Hauptsache bukolischer Natur; wenngleich, wie ich mich erinnere, an dem Tisch, an welchem ich saß, es teilweise aus einer Diskussion darüber bestand, ob die weibliche Bedienung *sage* sei oder nicht – eine Diskussion, die im Beisein dieser jungen Dame stattfand, während sie den grauenvollen *gras-double* herumtrug, und zu welcher sie mit höchst überzeugendem Erröten beitrug. Es war ganz und gar *méridional*.

Indem ich mich entschlossen hatte, Narbonne zu besuchen, hatte ich natürlich darauf gezählt, römische Ruinen anzutreffen; doch als ich mich aufmachte, um sie zu suchen, mußte ich feststellen, daß ich zu optimistisch gewesen war. Es gibt dort wirklich nichts, was der Erwähnung wert wäre; das heißt, am Tage meines Besuches gab es nichts als den Markt, der alles vollständig beherrschte. ›Diese verschlungene, eigenartige, doch leblose Stadt‹, so nennt sie Murray; doch mir schien sie von Leben nur so überzufließen. Ihre Straßen sind schlicht krumme, schmutzige Gassen, die von völlig unbedeutenden Häusern gesäumt werden; doch waren sie erfüllt von demselben Geklapper und Geplapper, auf das ich schon im Hotel getroffen war. Der Markt wurde zum Teil auf dem kleinen Platz des Hôtel de ville abgehalten, eines Gebäudes, das zu betrachten ein schmeichelhafter Holzschnitt im Guide-Joanne in mir den Wunsch erregt hatte. Die Realität war freilich wenig eindrucksvoll, zumal die alte Farbe der Fassade völlig wegrestauriert war. Was es äußerlich an Interesse besitzt, verdankt es einem schönen mittelalterlichen Turm, der sich, mit Türmchen an den Ecken – was immer malerisch ist –, daneben erhebt. Der übrige Markt wurde auf einer anderen *place* abgehalten, die noch schäbiger als die erste ist und jenseits des Kanals liegt. Der Canal du Midi durchzieht die Stadt und bot sich, an dieser Stelle von einer schmalen Hängebrücke überspannt, als relativ lohnendes Zeichenmotiv dar. Jenseits waren die Verkäufer und Marktschreier – alte Frauen unter Zeltplanen und großen Schirmen, wacklige Tische, auf denen sich hoch das Obst stapelte, weiße Hauben und braune Gesichter, Kittel, Holzschuhe, Esel. Unterhalb dieses Bildes bot sich ein weiteres – eine lange Reihe von Waschfrauen, die auf den Knien am Rande des Kanals die schmutzige Wäsche von Narbonne klopften und wrangen – keine große Menge, nach der Kleidung der Leute zu urteilen. Überall im Ort gab es unzählige schwerlötige Männer, die Wein kauften und verkauften, zu zweit oder in Gruppen mit den Händen in den Taschen breitbeinig einhergingen und sich an den Türen der Kaffeehäuser zusammendrängten. Sie waren zumeist dick, braungebrannt und unrasiert; sie knirschten mit den Zähnen, während sie sprachen; sie waren sehr *méridionaux*.

Die einzigen beiden Sehenswürdigkeiten in Narbonne sind die Kathedrale und das Museum, welch letzteres im Hôtel de ville untergebracht ist. Die Kathedrale, die dicht von Häusern umschlossen ist und deren Westfassade gerade restauriert wurde, ist in zweierlei Hinsicht einzigartig. Sie besteht ausschließlich aus einem Chor, der vom Ende des dreizehnten, Anfang des vierzehnten Jahrhunderts stammt und von großer Pracht ist. Sonst gibt es absolut nichts. Aus diesem Chor, der außerordentlich hoch emporstrebt, besteht die ganze Kirche. Ich saß recht lange dort; einen anderen Besucher gab es nicht. Großes Mißbehagen hatte mir das arme kleine Narbonne bereitet, das mir schmutzig und überhitzt vorkam, und dieser Ort nun schien wie im Mittelalter mir das Privileg einer heiligen Freistätte darzubieten. Es ist ein sehr feierlicher Winkel. Die andere Besonderheit der Kathedrale besteht darin, daß sie außen von Befestigungen strotzt, die vormals einen Teil der Verteidigungsanlagen des *archevêché* gebildet haben, welches sich daneben befindet und sie mit dem Hôtel de ville verbindet. Diese Kombination aus Kirche und Festung ist sehr merkwürdig und war während des Mittelalters nicht ohne Wert. Der Palast der früheren Erzbischöfe von Narbonne (das heutige Hôtel de ville nimmt einen Teil desselben ein) war während der schrecklichen Kriege, von welchen das gesamte Languedoc im dreizehnten Jahrhundert verwüstet wurde, zugleich Zufluchtsort und Arsenal. Die ganze Massierung von Gebäuden ist so ineinandergedrängt, daß es aus manchem Blickwinkel ganz unklar ist, welcher Teil nun was ist. Das Museum nimmt etliche Kammern unter dem Dache des Hôtel de ville ein und ist keine sehr beeindruckende Sammlung. Es war geschlossen, doch brachte ich die Pförtnerin dazu, mich einzulassen – eine schweigsame, leichenblasse Person mit schwarzer Haube, wie eine *béguine*, die strickend an einem der Fenster saß, während ich meine Runde machte. Die Anzahl der römischen Fragmente ist gering, und sie sind nicht von bester Qualität; ich sollte hinzusetzen, daß dieser Eindruck aufgrund eines flüchtigen Überblicks zustande kam. Tatsächlich gibt es dort in einem der Räume ein Kunstwerk, das in einem eine Gewogenheit für diese Stätte entstehen läßt – das Porträt (ein recht gutes) eines Bürgers von Narbonne, dessen Namen ich vergessen habe, von dem es heißt, er habe all seine Zeit und all seine Intelligenz darauf verwandt, jene Gegenstände zu sammeln, von denen sich der Besucher umgeben sieht. Dieser exzellente Mann war ein Connaisseur, und der Besucher ist zweifellos oft ein Ignorant.

MONTPELLIER

Cette biegt sich mit gleißenden Häuserreih'n
    Den gebogenen Strand entlang in die Breite
Hin, wo der Leuchtturm verströmt seinen Schein
    Jenseits der Bucht in die Weite.
    (Cette, with its glistening houses white,
      Curves with the curving beach away
    To where the lighthouse beacons bright,
      Far in the bay.)

Diese Strophe von Matthew Arnold, an die ich mich zufällig erinnerte, verlieh der halben Stunde, die ich am Bahnhofsbuffet in Cette verbrachte, während ich auf den Zug nach Montpellier wartete, eine gewisse

Bedeutsamkeit. Ich war am Nachmittag aus Narbonne abgefahren, und als ich schließlich in Cette ankam, hatte sich die Dunkelheit herabgesenkt. Deshalb entging mir der Anblick der gleißenden Häuser, und ich mußte mich mit dem Leuchtfeuer in der Bucht trösten; nebst einer *bouillon*, welche ich an besagtem Buffet zu mir nahm; denn seit dem Morgen hatte ich mich in Narbonne nicht mehr an die Table d'hôte zurückgewagt. Das Hôtel Nevet in Montpellier, bei dem ich eine Stunde später eintraf, hat überall im Süden Frankreichs von alters her einen guten Ruf – es preist sich selbst, so glaube ich, als *le plus vaste du midi* an. Mir schien es das Muster eines guten provinziellen Gasthofes zu sein; ein großes, weitläufiges, knarrendes Etablissement mit dunkelbraunen, labyrinthartigen Korridoren, einem seltsamen alten Vestibül unter freiem Himmel, in welches die Postkutsche in den *bon temps* vorzudringen pflegte, und von einer Gastfreundlichkeit, die herzlicher ist als die der neuen Karawansereien. Es stammt aus den Tagen, als Montpellier noch als schöne Winterresidenz für Menschen mit schwachen Lungen galt; und diese eher melancholische Tradition mag zusammen mit dem einstmaligen Ruhm der dort immer noch existierenden medizinischen Hochschule eine Erklärung für diese Kombination aus hohem Alter und riesigen Ausmaßen bieten. Die alten Hotels waren üblicherweise weniger weitläufig; doch galt die medizinische Hochschule als eine der Attraktionen von Montpellier. Lange ehe Mentone entdeckt oder Colorado erfunden war, reisten britische Patienten in der Postkutsche oder öffentlichen Gespannen durch Frankreich hinab, um den Winter an jenem wunderbaren Ort zu verbringen, der sich sowohl des Klimas wie einer

Fakultät rühmen konnte. Die Luft ist zweifelsohne mild, doch gibt es Verfeinerungen der Milde, von denen man sich damals noch nichts träumen ließ und welche in einem analytischeren Zeitalter die alljährliche Welle weit über Montpellier hinausgetragen haben. Gleichwohl ist der Ort zauberhaft; und er tat seinen Dienst für John Locke, der dort zwischen 1675 und 1679 einen langen Aufenthalt nahm und die Bekanntschaft eines adeligen Mitbesuchers machte, des Lord Pembroke, welchem er den berühmten *Essay Concerning Human Understanding* widmete. Es gibt Orte, die einem gefallen, ohne daß man sagen könnte, weshalb, und Montpellier gehört zu diesen. Es gibt ein paar reizvolle Ausblicke von der großen Promenade des Peyrou aus; doch ist seine Lage nicht von auffälliger Schönheit. Darüber hinaus gibt es ein gutes Museum und die langen Fassaden der Hochschule; doch sind das seine einzigen eindeutigen Schätze. Die Kathedrale war für mich wohl auffällig die schwächste, die ich gesehen hatte, und ich kann mich an kein anderes Baudenkmal erinnern, das diesen Mangel aufgewogen hätte. Der Ort hat weder die Munterkeit einer modernen noch die Feierlichkeit einer uralten Stadt, und er ist auf eine Weise angenehm, wie bestimmte Frauen angenehm sein können, die weder schön noch klug sind. Ein Italiener würde anmerken, sie sei sympathisch; ein Deutscher würde einräumen, daß sie *gemütlich* sei. Ich brachte dort zwei Tage zu, zumeist im Regen, und selbst unter diesen Umständen nahm ich einen freundlichen Eindruck mit fort. Ich denke, daß das Hôtel Nevet etwas damit zu tun hatte, und auch das Gefühl der Erleichterung, mit welchem ich in einem ruhigen, ja, sogar luxuriösen Zimmer, das auf einen Garten hinausging, die Überlegung anstellte, daß ich Narbonne glücklich hinter mir gelassen hatte. Die Reblaus hat die Weinberge in der Landschaft, von der Montpellier umgeben ist, zerstört, und in jenem Moment fühlte ich mich dazu fähig, bei dem Gedanken zu frohlocken, daß ich nicht mit Weinbauern frühstücken würde.

Die Perle des Ortes ist das Musée Fabre, eine der besten Gemäldesammlungen, die sich in einer Provinzstadt finden läßt. François Fabre, aus Montpellier gebürtig, starb daselbst 1837, nachdem er einen beträchtlichen Teil seines Lebens in Italien verbracht hatte, wo er eine erkleckliche Anzahl wertvoller Gemälde und auch ein paar sehr schwache gesammelt hatte, welch letztere Kategorie auch etliche von seiner eigenen Hand umfaßte. Er war der Held einer bemerkenswerten Episode, indem er Nachfolger keines geringeren als Vittorio Alfieris war, und zwar in der Gunst keiner geringeren als Louise de Stolberg, Gräfin von Albany, Witwe keines geringeren als Charles Edward Stuarts, des zweiten Prätendenten auf den britischen Thron. Gewiß ist niemals eine Frau mit drei verschiedeneren Gestalten gefühlsmäßig verbunden gewesen als sie – mit einem nicht zum Zug gekommenen König, einem italienischen Dramatiker und einem schlechten französischen Maler. Die Hervorbringungen M. Fabres, der in der Manier Davids malte, sind von kalter Mittelmäßigkeit gekennzeichnet; nicht einmal das Porträt der jovialen Gräfin (ihre Biographie wurde von M. Saint-René-Taillandier geschrieben, der sie als entzückend darstellt) ist der Rede wert, ein Bild, das in Florenz in den Uffizien hängt und das Gegenstück zu einem Porträt Alfieris desselben Urhebers bildet. Stendhal sagt in seinen *Mémoires d'un Touriste*, daß dieses Kunstwerk sie als eine Köchin darstelle, die allerdings hübsche Hände habe. Mit Vergnügen nehme ich die Gelegenheit wahr, Stendhal zu zitieren, dessen zweibändige *Mémoires d'un Touriste* jeder Frankreichreisende in seinem Gepäck haben sollte. Diese Gelegenheit habe ich mehr als einmal gehabt, denn ich bin ihm in Tours, in Nantes, in Bourges begegnet; und überall ist er anregend. Doch hat er den Mangel, daß er niemals bildhaft ist, daß er niemals auch nur so etwas wie ein Bild erschafft und daß sein Stil für einen Mann, der eine so starke Neigung zur Kontemplation hatte, befremdlich farblos ist. Er legt oft einen einzigartig schlechten Geschmack an den Tag; es ist der Geschmack der frühen Jahre des gegenwärtigen Jahrhunderts, jener Periode, welche Uhren hervorbrachte, die von sentimentalen Motiven gekrönt wurden. Stendhal hegt keine Bewunderung für diese Uhren, aber er ist doch nahe daran. Er bewundert Domenichino und Guercino, er schätzt die Schule der Bologneser Maler, weil sie ›zur Seele sprachen‹. Er ist ein Anhänger der Neoklassik, liebt hohe, kantige, regelmäßige Gebäude und meint, daß Nantes beispielsweise voller ›air noble‹ sei. Es bereitete mir Vergnügen, darüber nachzusinnen, daß er vor fünfundvierzig Jahren in der Stadt in demselben Gasthof abgestiegen war, in welchem ich eine Nacht verbrachte und der an der Place Graslin gegenüber dem Theater steht. Das Hotel, das 1837 das beste war, ist offenbar auch heute noch das beste. Das Thema Touraine handelt Stendhal auf äußerst erfrischende Weise ab; er findet die Landschaft dürftig und reichlich überschätzt und tut seine Meinung mit vollkommener Offenheit kund. Den Ufern der Loire läßt er jedoch kaum Gerechtigkeit widerfahren; sein Mangel an Würdigung des Malerischen – sein Mangel am Gespür des Zeichners – läßt ihn nur wenig den Zauber einer Landschaft gewahren, deren Formen und Farben überaus ›ruhig‹ sind, wie ein Maler sagen würde, und deren Reize sich nur dem geduldigen Auge offenbaren. Er schätzt sogar die Indre gering, den Fluß Madame Sands. Die *Mémoires d'un Touriste* sind aus der Sicht eines Handlungsreisenden geschrieben, und der Autor hat über Chenonceaux oder Chambord wie überhaupt über eines der Schlösser in jenem Teil Frankreichs nichts zu sagen, da es sein System ist, nur von den größeren Städten zu sprechen, wo er vielleicht auf einen Markt für seine Waren treffen könnte. Es war sein Ehrgeiz, als Eisenwarenhändler zu gelten. Doch leistet er einem in den größeren Städten gewöhnlich ausgezeichnete Gesellschaft, wenngleich er so weitschweifig ist wie Laurence Sterne und für einen Mann von Phantasie seltsam gleichgültig gegen solche oberflächlichen Aspekte der Dinge, welche die bescheidenen Blätter, die dem Leser hier vorliegen, hauptsächlich wiederzugeben suchen. Er ist überzeugt, daß Alfieri die Gräfin von Albany in Florenz schrecklich gelangweilt hat; und er fügt hinzu, daß der berühmte Gallophobe aus Eifersucht auf den kleinen Maler aus Montpellier gestorben ist. Die Gräfin von Albany hinterließ Fabre ihren Besitz; und ich nehme an, daß einige der Stücke in dem Museum seiner Geburtsstadt in den sonnigen Salons jenes schönen alten Palastes am Arno gehangen haben, der dem Fremden in Florenz immer noch als die Residenz Alfieris gezeigt wird.

Das Museum hat auch andere Wohltäter gehabt, insbesondere einen gewissen M. Bruyas, der es um eine außerordentliche Anzahl von Porträts seiner selbst bereichert hat. Da diese jedoch von verschiedener Hand stammen – manch berühmte darunter – dürfen wir annehmen, daß es weniger das Modell war als die Künstler, denen M. Bruyas zu Publizität zu verhelfen wünschte. Mit Abstand das Beste sind zwei große Stücke von David Teniers, die an Leuchtkraft und strahlender Vollkommenheit in der Ausführung unvergleichlich sind. Ich habe eine Schwäche für diesen genialen Maler, der das Zierliche mit dem Niedrigen verband, und selten habe ich prächtigere Beispiele gesehen. Kaum weniger wertvoll ist ein Gerard Dou, der nahe bei ihnen hängt, wenn er auch als von geringerem Rang gelten muß, da er weniger von seiner Frische bewahrt hat. Dieser Gerard Dou war wohltuend, denn ein Meister ist ein Meister, was immer er auch malt. Er stellt eine Frau beim Karottenputzen dar, während ein Knabe vor ihr eine Mausefalle vorzeigt, in welcher er ein verschrecktes Opfer gefangen hat. Die Frau hat auf einem großen Faß, das ihr als Tisch dient, ein Tuch ausgebreitet, und auf diesem braunen, schmierigen Lappen, dessen Textur wunderbar wiedergegeben ist, liegt das rohe Gemüse, das sie für den häuslichen Verzehr zubereitet. Neben dem Faß steht ein großer kupferner Kessel mit einem Rand aus Messing. Die Art, in der diese Dinge gemalt sind, läßt einem die Tränen in die Augen treten; doch sind sie ein Maßstab für das Musée Fabre, wo zwei Teniers und ein Gerard Dou die Prunkstücke sind. Die italienischen Bilder sind von geringem Wert; doch gibt es ein Werk von Sir Joshua Reynolds, das als das einzige in Frankreich gilt – ein Bild des betenden Samuel als Kind, offenbar eine Replik des Bildes in England, von dem die kleine, in protestantischen Ländern verbreitete Gipsfigur inspiriert wurde, die wir als Kinder zu bewundern pflegten.

Sir Joshua war in gewisser Weise ein ausgesprochen protestantischer Maler; das kann niemand vergessen, der in der National Gallery in London jenes Bild gesehen hat, auf welchem er etliche junge Damen als Nymphen darstellt, die reichlich mit Stoff drapiert sind und eine Statue mit Girlanden verzieren – ein Bild, das undefinierbar von anglikanischem Geist durchtränkt ist und für einen Angehörigen einer der romanischen Rassen ein Ärgernis darstellt. Es ist also ein seltsamer Zufall, der es in jenen Teil Frankreichs verschlagen hat, wo die Protestanten am wenigsten *bien vus* waren. Es ist das Land der Dragonaden Ludwigs XIV. und der Pastoren der Einöde. Von der Parkanlage Peyrou in Montpellier kann man die Hügel der Cevennen sehen, wohin die ihrer Religion wegen Verfolgten um ihrer Sicherheit willen flohen und aus denen sie verjagt und vertrieben wurden.

Mir bleibt hinsichtlich des Musée Fabre nur noch hinzuzufügen, daß auch das Porträt seines Gründers zur Kollektion gehört, eines kleinen, beleibten, rundgesichtigen älteren Mannes, dessen Physiognomie nur wenige Merkmale der Kraft aufweist, welche berühmte Opfer auszeichnet. Doch ist er gerade eine solche Persönlichkeit, wie man sie sich vor dem geistigen Auge bei einem Spaziergang auf der Terrasse des Peyrou an einem Oktobernachmittag in den frühen Jahren des Jahrhunderts vorstellt; eine rundliche Figur in einem schokoladenfarbenen Mantel und einer *culotte*, die ein gutes Bein sehen läßt – einer Culotte, die mit einer Uhrtasche versehen ist, von welcher ein schweres Siegel herabhängt. Dieser Peyrou (um schließlich auf ihn zu sprechen zu kommen) ist ein wunderbarer Ort, erst recht für eine kleine Provinzstadt. Frankreich ist gewiß das Land der Städte, die auf Vollkommenheit halten; mehr als in anderen Ländern weisen sie prächtige Anlagen als eine Selbstverständlichkeit auf. Wir hätten unablässig vom Peyrou reden hören, wenn die Vorsehung ihn in einem Shrewsbury oder einem Buffalo angesiedelt hätte. Doch muß man zugeben, daß der Ort sich auch in seiner Heimat einer gewissen Berühmtheit erfreut, die er auch wirklich in reichem Maße verdient; denn etwas Eindrucksvolleres und Monumentaleres läßt sich nicht vorstellen. Er besteht aus einer ›hochgelegenen Plattform‹, wie Murray sagt – einer ungeheuren Terrasse, die im höchsten Teil der Stadt als ein Park angelegt ist; von hier hat man nach allen Richtungen einen Blick, der bei klarem Wetter zum Schönsten gehören muß. Ich erging mich dort in den Pausen zwischen Regenschauern und sah nur die nähergelegenen Schönheiten – einen großen, pompösen Triumphbogen zu Ehren Ludwigs XIV. (der genau genommen nicht im Park selbst steht, sondern sich ihm zuwendet, indem er sich quer über die *place* breitmacht, über die man von der Stadt her zum Park gelangt), ein erhaben in der Mitte der Terrasse plaziertes Reiterstandbild jenes Monarchen und ein sehr ausgefallenes und kompliziertes Wasserspiel, das den Hintergrund des Bildes liefert. Dieses Wasserspiel sprudelt aus einer Art hydraulischem Tempel oder einem *château d'eau* hervor, zu welchem man über eine breite Freitreppe emporsteigt und das von einem prachtvollen Aquädukt gespeist wird, der in höchst ornamentaler und unerwarteter Weise das benachbarte Tal überspannt. Die ganze Anlage stammt aus der Mitte des letzten Jahrhunderts. Der Zusammenklang der einzelnen Elemente – der triumphale Bogen (oder das Tor); die breite, herrliche Terrasse mit ihrer schönen Aussicht; das Standbild der grandiosen Monarchie; die große Architektur des Wasserspiels, die einen in Rom nicht überraschen würde, in Montpellier aber überraschend ist; und, um die Wirkung vollkommen zu machen, der außerordentliche Aquädukt, mit seiner bezaubernden perspektivischen Verkürzung – all das ist einer Hauptstadt, einer kleinen Residenzstadt würdig. Die ganze Anlage mit den vielfachen Treppen, den Balustraden und dem massiven und reichen Steinwerk ist voll der Atmosphäre des vorigen Jahrhunderts – *sent bien son dix-huitième siècle*; ungeachtet der Tatsache, so fürchte ich, daß hier, wie ich in meinem verläßlichen Murray las, nach der Aufhebung des Ediktes von Nantes der Block, der Scheiterhaufen, das Rad zugunsten der verzweifelten Kamisarden errichtet worden waren.

DER PONT DU GARD

Das Gefühl, wieder in der Provence zu sein – dem Land, wo die silbergraue Erde vom Himmelslicht durchtränkt ist –, war eine Lust. Um das Ereignis zu feiern, mietete ich, sobald ich in Nîmes angelangt war, eine Kalesche, die mich zum Pont du Gard brachte. Der Tag war noch jung und außergewöhnlich schön; es schien angebracht, sich für eine längere Fahrt solch günstige Umstände zunutze zu machen. Nachdem ich die Stadt hinter mir gelassen hatte, kam ich mit jenem provençalischen Zauber in engere Berührung, den ich schon vom Zugfenster aus genossen hatte und der im lieblichen Sonnenlicht und den weißen Felsen glühte und im Rauchgekräusel der kleinen Olivenbäume schlummerte. Die Landschaft in der Provence besteht zur Hälfte aus diesen Olivenbäumen. Sie sind weder so groß noch so stämmig noch so vielfältig gewunden, wie Sie sie jenseits der Alpen gesehen haben; doch erscheint dieser sanfte, farblose Flor als die Textur der Landschaft selbst. Die Straße von Nîmes ist auf eine Länge von fünfzehn Meilen ausgezeichnet, ist breit genug für eine Armee und so weiß und fest wie eine abendliche Tafel. Sie zieht sich über Bodenwellen hin, die eine Art rhythmischer Qualität haben, und die Kurven, mit denen sie sich durch die weite, freie Landschaft windet, wo es weder Hecken noch Mauern gibt und jede Einzelheit auffällt, haben etwas Majestätisches, geradezu Prozessionshaftes. Etwa zwanzig Minuten, ehe ich zu dem kleinen Gasthof gelangte, der den Endpunkt der Fahrt darstellte, widerfuhr meinem Gefährt ein Unglück, das um Haaresbreite ernst gewesen wäre und die Aufmerksamkeit eines Herrn auf sich zog, der, mit seinem Reitknecht im Gefolge und auf dem Rücken eines auffallend hübschen Pferdes, zufällig gerade heranritt. Dieser junge Mann, der mit seinem guten Aussehen und seinem gewinnenden Benehmen einem Roman von Octave Feuillet hätte entstiegen sein können, gab mir einen sehr klugen Rat hinsichtlich eines meiner Pferde, das verletzt worden war, und besaß die Güte, mich zu dem Gasthof zu geleiten, mit dessen Ressourcen er vertraut war, um sich darum zu kümmern, daß seine Empfehlungen ausgeführt wurden. Das Ergebnis unseres Gesprächs war, daß er mich einlud, ein kleines, aber altes Château in der Nähe zu besichtigen, welches zu bewohnen er das Glück hatte – nicht gerade das größte von der Welt, wie er andeutete – und wo ich mich einzustellen versprach, nachdem ich eine Stunde am Pont du Gard verbracht haben würde. Im Augenblick, wo wir uns trennten, wandte ich meine ganze Aufmerksamkeit jenem großen Bauwerk zu. Man ist ihm schon sehr nahe, ehe man es sehen kann; die Schlucht, die es überspannt, öffnet sich plötzlich und enthüllt den Anblick. Die Szenerie entfaltet sich an dieser Stelle zu äußerster Schönheit. Die Schlucht ist das Tal des Gardon, in welchem die Straße von Nîmes einige Zeit verlaufen war, ohne daß etwas Besonderes zu sehen gewesen wäre, welches jedoch gerade in der richtigen Entfernung vom Aquädukt tiefer und breiter wird und jene Züge annimmt, die am besten geeignet sind, ihm zu Wirkung zu verhelfen. Die Talenge wird hier romantisch, ruhig und einsam und erhebt sich mit weißen Felsen und wildem Buschwerk über dem Fluß von klarer Farbe, dessen langsamer Lauf sich hier und da zu größeren Becken vertieft. Über das Tal ziehen sich von einer Seite zur anderen und unglaublich hoch in der Luft die drei Ebenen der ungeheuren Brücke. Sie sind unsagbar eindrucksvoll, und etwas Römischeres läßt sich kaum ausdenken. Angesichts der Größe, der Massivität, der Unerwartetheit und des monumentalen Aufstrebens des Ganzen gibt es – zunächst zumindest – nichts weiter zu sagen; man steht und staunt. Man spürt einfach, daß es edel und vollkommen ist; es hat eine gewisse Größe. Ein Weg, der von der Straße abzweigt, steigt zum Niveau des Flusses herab und führt unter einem der Bögen hindurch. Dieser Weg hat einen breiten Rain aus Gras und lockeren Steinen, der sich bis zur Wand der Schlucht hinanzieht. Hier kann man so lange sitzen, wie es einem gefällt, und zu den hellen, mächtigen Brückenpfeilern hinaufblicken; die Stelle ist hinreichend ›wild‹, wenngleich zwei oder drei Steinbänke dort aufgestellt sind. Ich verweilte dort eine Stunde lang und gewann einen vollständigen Eindruck; der Ort war vollkommen still und, während dieser Zeit jedenfalls, einsam; der strahlende Nachmittag hatte zu verblassen begonnen, und das Objekt, um dessentwillen ich hierhergekommen war, hatte etwas Faszinierendes. Es begab sich nun, daß ich zugleich eine gewisse Torheit, eine vage empfundene Brutalität darin entdeckte. Dieses Element fehlt bei großen römischen Bauwerken selten, wo es an der passenden Abstimmung der Mittel auf den Zweck mangelt. Die Mittel sind immer übertrieben; der Zweck wird mehr als erreicht. Der römische Rigorismus schoß mit Vorliebe über das Ziel hinaus, und ich denke, daß ein Geschlecht, das nichts Kleines hervorbringen kann, ebenso unzulänglich ist wie ein Geschlecht, das nichts Großes hervorbringen kann. Der Pont du Gard ist ein bewunderungswürdiges Beispiel für diesen römischen Rigorismus. Es wäre gleichwohl ein großes Unrecht, nicht auf seiner Schönheit zu insistieren – einer Art männlicher Schönheit, der Schönheit eines Gegenstandes, der nicht errichtet wurde, um zu gefallen, sondern um zu dienen und der allein aufgrund des Maßes, mit welchem diese Absicht ausgeführt wird, eindrucksvoll ist. Die Anzahl der Bögen auf jeder Ebene ist unterschiedlich; sie werden kleiner und zahlreicher, je höher sie sind. Das Ganze ist außerordentlich gut erhalten; nichts ist zerfallen oder eingestürzt; alle Einzelheiten sind noch da, und die riesigen Steinblöcke von bräunlichem Gelb (als seien sie von der provençalischen Sonne achtzehn Jahrhunderte lang gebacken worden) türmen sich ohne Mörtel oder Zement so gleichmäßig wie am Tag, da sie zusammengefügt wurden. Und all das, um das Wasser von ein paar Quellen zu einer kleinen Provinzstadt zu leiten! Der Wasserlauf oben hat seine Form bewahrt, und es sind noch Spuren des Zements zu sehen, mit dem er verputzt war. Als das undeutliche Dämmerlicht sich zu verdichten begann, schien der Schatten des großen Namens Roms das verlassene Tal zu erfüllen, als stünde das mächtige Imperium immer noch so aufrecht wie die Stützen des Aquäduktes; und es stand dem einsamen Touristen, der empfindsam dort verweilte, frei zu glauben, daß es niemals ein Volk von solcher Größe gegeben hat noch jemals geben wird wie die Römer, wenn man denn ihre Größe, wie wir das bei einem Einzelmenschen tun, daran bemißt, mit welchem Impetus sie durchführten, was immer sie unternahmen. Der Pont du Gard gehört zu den drei oder vier tiefsten Eindrücken, die sie hinterlassen haben; er zeugt von ihnen auf eine Weise, mit der sie zufrieden gewesen sein dürften.

Da ich das Gefühl habe, daß es wenig diskret wäre, etwas über die Lage des Château des zuvorkommenden jungen Mannes mitzuteilen, den ich auf dem Weg von Nîmes getroffen hatte, muß ich mich mit der Feststellung begnügen, daß es in einem bezaubernden Tal nistete – *dans le fond*, wie man in Frankreich sagt – und daß ich den Weg dorthin zu Fuß zurücklegte, nachdem ich den Pont du Gard verlassen hatte. Ich finde es in meinem Tagebuch als ›liebenswerten kleinen Winkel‹ vermerkt. Das Hauptkennzeichen des Ortes sind zwei sehr alte Türme von bräunlich-gelber Tönung, die von scharlachrotem wildem Wein umhüllt waren. Einer dieser Türme, der sarazenischen Ursprungs sein soll, steht abgesondert da, wodurch er nur um so wirkungsvoller ist; der andere ist in das Haus mit einbezogen, das herrlich bruchstückhaft und unregelmäßig ist. Es war schon spät geworden, und das einsame Kastell sah zwielichtig und geheimnisvoll aus. Man schickte nach einem alten Hausmeister, der mir das weiträumige Innere zeigte; und dann führte mich der junge Mann in einen finsteren alten Salon, der nicht weniger als vier Kamine hatte, in denen aber kein Feuer brannte, und bot mir als Erfrischung Obst und süßen Wein. Als ich den Wein lobte und fragte, um was für einen es sich handele, sagte er schlicht: ›C'est du vin de ma mère!‹ Nirgends auf meiner kleinen Reise hatte ich mich so weit von Paris entfernt gefühlt; und das war eine Empfindung, die ich mehr genoß als mein Gastgeber, der sich in unfreiwilligem Exil befand und sich damit tröstete, daß er eine *manège* anlegte, die er mir zeigte, als ich fortging. Er war von tiefer Zuvorkommenheit, und ich war tief gerührt davon. Auf dem Rückweg zu dem kleinen Gasthof, wo ich mein Gefährt gelassen hatte, kam ich wieder am Pont du Gard vorüber und warf noch einmal einen Blick darauf. Seine großen Bögen bildeten Fenster zum Abendhimmel, und die Fels-schlucht mit ihren düsteren Zedern und dem schimmernden Fluß war noch einsamer als zuvor. In dem Gasthof schluckte ich (oder vielmehr: ich versuchte es) in Gesellschaft meines Kutschers ein Glas gräßlichen Weines, wonach ich mit meinem wiederhergestellten Gespann im Mondlicht nach Nîmes zurückfuhr. Es ließ den beständigen Schimmer der provençalischen Land-schaft nur um so einsamer und weißer erscheinen.

AIGUES-MORTES

Das Wetter am nächsten Tag war ebenso schön, so daß es unvernünftig erschienen wäre, es nicht für Aigues-Mortes zu nutzen. Nîmes selbst konnte warten; notfalls konnte ich mich Nîmes auch im Regen widmen. Ich hatte die Vorstellung, daß Aigues-Mortes ein kleines Schmuckstück sei, und es ist nur natürlich, wenn man sich wünscht, daß ein Schmuckstück Gelegenheit zum Funkeln hat. Es ist ein Ausflug von nur wenigen Stunden, und es gibt einen kleinen, freundlichen, traulichen Bummelzug, der einen rechtzeitig für einen mittäglichen Imbiß zu der kleinen, toten Stadt bringt, wo der segensreiche Heilige Ludwig zweimal zu seinen Kreuzzügen aufbrach. Zum Abendessen kann man wieder in Nîmes sein; die Reise – oder eher die Spazierfahrt, denn von Reisegeschwindigkeit kann man nicht sprechen – dauert etwa eine Stunde. Ich fand die kleine Fahrt reizvoll, ich blickte aus dem Waggonfenster und sah zu meiner Rechten die fernen Cevennen, die von bernsteingelber und blauer Tönung überzogen waren; überall prangten Weinberge, die rot waren vom Hauch des Oktober. Die Trauben waren geerntet, doch hatten die Rebstöcke ihre eigene Farbe. In einiger Entfernung von Aigues-Mortes weichen sie weiten Salzsümpfen, die von zwei Kanälen durchzogen werden; und über diese Fläche zockelt der Zug langsam auf einem schmalen Damm dahin und enthält einem recht lange – obwohl man weiß, daß man dem Objekt seiner Neugier schon nahe ist – jedweden Anblick außer dem des Horizontes vor. Plötzlich taucht sie auf, die turmbewehrte und befestigte Formation, die so niedrig gelegen ist, daß die Zinnen ihrer Verteidigungsanlagen sich geradewegs aus dem Boden zu erheben scheinen; und erst wenn der Zug hält, kann man das ganze Ausmaß ihrer Mauern erfassen.

Aigues-Mortes steht am Rande eines breiten *étang* oder einer flachen Meereseinbuchtung, deren jenseitiges Ufer ein schmaler Küstenstreifen bildet, der sie vom Golf von Lyon trennt. Gleich nach Carcassonne, zu welchem sie ein wunderbares Pendant bildet, gehört sie als Stadt zu den vollkommensten Gebilden dieser Art in Frankreich. Sie hat eine Rivalin in Gestalt von Avignon, doch sind die Festungswälle von Avignon sehr viel weniger wirkungsvoll. Wie Carcassonne ist sie vollständig von ihren alten Bastionen umgeben; und wenn diese auch in ihrer Art sehr viel schlichter sind (es gibt nur einen Ring), so sind sie doch ebenso gut erhalten. Der Graben ist zugeschüttet worden, und man kann sich den Standort der Stadt als einen Billardtisch ohne Löcher vorstellen. Auf dieser völlig flachen, von rauhem Gras bedeckten Ebene bietet Aigues-Mortes so recht das Bild einer mauerbewehrten Stadt, wie sie ein Schulbub auf seiner Schiefertafel zeichnet oder wie wir sie im Hintergrund früher flämischer Gemälde sehen – ein schlichtes Parallelogramm von nahezu absurder Nacktheit, die in bestimmten Abständen von kantigen Türmen und rechteckigen Durchlässen unterbrochen wird. Diese entzückende kleine Stadt sieht buchstäblich so aus, und man muß sie schon sehen, um einen vollständigen Eindruck zu bekommen. Sie ist außerordentlich malerisch, und wenn sie vielleicht eine recht klein geratene Schwester von Carcassonne ist, so trägt sie doch zumindest alle wesentlichen Züge der Familie. Tatsächlich wirkt sie sogar noch mehr wie ein Bild und weniger wie ein reales Gebilde als Carcassonne; denn aufgrund ihrer Lage und des Anblicks, den sie bildet, scheint sie sogar noch weiter ab vom Leben der heutigen Zeit zu liegen. Gewiß, Aigues-Mortes treibt auch ein kleines Gewerbe; man sorgt dafür, daß gewisse Salzsäcke in Lastkähnen gestapelt werden, die in einem Kanal vor den Toren liegen und ihre Ladung an ein wirkliches Ziel bringen. Doch läßt sich kaum etwas Schläfrigeres und Planloseres vorstellen als diese Industrie, wie ich sie in Betrieb sah, mit zwei oder drei braungebrannten Landleuten als Hilfskräften und unter den Augen eines einsamen Zöllners, der auf dem kleinen Kai unterhalb der Westmauer auf und ab ging. ›C'est bien plaisant, c'est bien paisible‹, sagte dieser wackere Mann, mit dem ich mich ein wenig unterhielt; und angenehm und friedlich ist der Ort in der Tat, wenngleich das erstere dieser Epitheta vielleicht ein Element von Fröhlichkeit suggeriert, an welcher es Aigues-Mortes gebricht. Der Sand, das Salz und der öde Seeblick umgeben es mit einer hellen, ruhigen Melancholie. Es gibt fünfzehn Türme und neun Tore, von denen fünf auf der Südseite liegen und auf das Wasser hinausgehen. Ich ging dreimal ganz um den Ort herum (es dauert nicht lange), hielt mich jedoch am längsten unterhalb der Südmauer auf, wo gar so verträumt und lieblich das Licht des Nachmittages schlief. Ich setzte mich auf einen alten Stein und blickte in die Ferne zu den öden Salzsümpfen und der stillen, flirrenden Fläche des *étang* hinüber; und währenddessen dachte ich darüber nach, daß es doch ein seltsamer gottverlassener kleiner Winkel war, den man aus all den großen Herrschaftsgebieten beider Monarchen zum Schauplatz jenes prunkvollen Gespräches ausersehen hatte, das 1538 zwischen Franz I. und

Karl V. stattfand. Es war auch nicht leicht, sich vorzustellen, wie Ludwig IX., als er 1248 und 1270 ins Heilige Land aufbrach, sein Heer auf solch ganz und gar unausgebauten Kanälen zu Wasser gebracht hat. Eine Stunde später kaufte ich mir in der Stadt eine kleine Schrift von M. Marius Topin, der es sich zur Aufgabe macht, diese letztere Ungereimtheit zu erklären und zu zeigen, daß es im Hafen, wie wir ihn einmal aus Höflichkeit nennen wollen, genug Wasser gibt, um eine Flotte von Kreuzfahrern aufzunehmen. Es gelang mir nicht, den Kanal ausfindig zu machen, auf den er hinweist, doch mochte ich ihm gerne glauben, daß, wie er behauptet, das Meer sich seit dem dreizehnten Jahrhundert nicht von der Stadt zurückgezogen hat. Es war ja angenehmer zu denken, daß die Dinge sich denn doch nicht so sehr verändert hatten. M. Topin deutet an, daß die anderen französischen Häfen damals nicht *disponibles* waren und daß Aigues-Mortes die günstigste Stelle für die Einschiffung war.

Hinter ihren geraden Mauern und den ruhigen Toren ist die kleine Stadt nicht etwa verfallen, wie die Cité von Carcassonne. Es läßt sich zwar kaum behaupten, daß sie voller Leben ist; doch wenn sie tot ist, dann ist sie sehr sorgsam einbalsamiert worden. Die Hand des Restaurators ruht beständig auf ihr; doch brauchte dieser Künstler, anders als in Carcassonne, keine Wunder zu vollbringen. Das Innere ist sehr still und leer, mit kleinen, steinigen, weißgekalkten Straßen, die von einem herrenlosen Hund, einer herrenlosen Katze, einer herrenlosen alten Frau bewohnt werden. In der Mitte ist eine kleine *place* mit zwei oder drei von breiten Markisen geschmückten Kaffeehäusern – eine kleine *place*, deren Hauptsehenswürdigkeit in einer sehr schlechten Bronzestatue des Heiligen Ludwig von Pradier besteht. Sie ist fast so schlecht wie der Imbiß, den ich in dem Gasthaus einnahm, das den Namen des frommen Monarchen trägt. Man kann den Mauergürtel von Aigues-Mortes sowohl auf der Außen- wie auf der Innenseite entlangwandern. Doch anders als in Carcassonne kann man nicht einen Teil dieses Rundweges auf der *chemin de ronde*, dem kleinen, vorspringenden Fußsteg, der an der Innenseite der Befestigungsmauern angebracht ist, zurücklegen. Dieser Fußsteg, der gerade für einen einzelnen Fußgänger breit genug ist, befindet sich in bestem Zustand, und bei jedem Tor führen ein paar Stufen zu ihm hinauf; doch macht ein verschlossenes Tor am oberen Ende der Treppe den Zugang unmöglich oder zumindest gesetzwidrig. Dafür hat Aigues-Mortes seine Zitadelle, einen ungeheuren Turm, größer als alle anderen, der ein wenig abgesondert im nordwestlichen Viertel der Stadt steht. Ich suchte den *casernier* – den Mauerwächter – auf, wurde aber, da er abwesend war, von seiner Frau durch die große Tour de Constance geleitet – einer sehr sanften, verhuschten Frau, auf deren gelber Haut das Fieber und die Malaria ihre Spuren hinterlassen hatten – zwei Geißeln, welche, wie es sich bei einer Stadt, deren Name ›tote Wasser‹ bedeutet, erwarten läßt, freien Zutritt zu den neun Toren finden. Die Tour de Constance ist außerordentlich dick und massiv, aufgeteilt in drei übereinanderliegende Rundkammern mit sehr schönen Gewölben, die durch Laibungen von gewaltiger Tiefe, welche sich zu Fenstern verengen, die kaum größer als Schießscharten sind, ihr Licht empfangen. Der Ort diente jahrelang als Gefängnis für viele der Protestanten des Südens, welche durch die Aufhebung des Ediktes von Nantes schlimmsten Strafen ausgesetzt waren, und die Annalen dieser Schreckenskammern wurden in der ersten Hälfte des letzten Jahrhunderts mit Tränen und Blut geschrieben. Einige der verzeichneten Fälle langer Inhaftierung dort lassen einen aufs Neue Verwunderung angesichts dessen empfinden, was der Mensch zufügen und erleiden konnte. In einem Land, wo man sich anschickte, eine Politik der Ausrottung in die Praxis umzusetzen, bot sich dieser grauenvolle Turm als zweckdienlich geradezu an. Von den Zinnen an der Spitze, die von einem alten, ausgedienten Leuchtturm überragt wird, sieht man auf die kleine, zusammengedrängte rechteckige Stadt hinab, die kaum größer als eine Gartenfläche aussieht, deren Entwurf sich in der Tiefe entfaltet, und man folgt der klaren Anlage seiner Befestigungen. Man ergreift davon Besitz und hat das Gefühl, daß man sich immer daran erinnern wird.

NÎMES

Danach war ich nun frei, mich in Nîmes umzusehen, und das tat ich mit einer Aufmerksamkeit, wie sie die Stadt zu erfordern schien. Auf die Gefahr hin, daß ich zu leicht und zu oft als enttäuscht erscheinen mag, möchte ich doch sagen, daß sie eher weniger erforderte, als ich aufzubringen bereit war. Es ist eher eine Stadt mit drei oder vier schönen Besonderheiten als eine Stadt, die, so möchte ich sagen, insgesamt eine gute Figur macht. Insgesamt hat Nîmes wenig zu bieten; seine einzigen Schätze bestehen in den römischen Überresten, die allerdings erstrangig sind. In vielen der

Straßen herrschen neue französische Architekturmoden vor; die alten Häuser sind wertlos, und die guten Häuser sind neu; wobei sich neben meinem Hotel eine große, blitzblanke Kirche erhob, die auf allerseltsamste Weise den Eindruck erweckte, als sei sie für Brooklyn oder Cleveland bestimmt gewesen. Gewiß, diese Kirche stand an einem durch und durch französischen Platz – einem Platz von schönem, modernem Entwurf, der an einer Seite von einem klassischen *palais de justice* flankiert wird, den Bäume und Balustraden zieren und dessen Mitte eine Gruppe allegorischer Figuren einnimmt, wie man sie nur in Frankreichs Städten findet; die Hauptfigur bildet eine Kolossalstatue von Pradier, die Nîmes darstellt. Eine englische, eine amerikanische Stadt, die solch ein Monument, solch einen Platz wie diesen besäße, würde reichlich prätentiös wirken; dagegen ist Nîmes, wie so viele der kleinen *villes de province* in dem Lande, von dem ich schreibe, auf unbeschwerte Weise ornamental. Welch edleres Element läßt sich denken als die römischen Bäder zu Füßen des Mont Cavalier und der entzückende alte Park, der sie umgibt? Dieses Viertel von Nîmes hat jeden Grund, stolz auf sich zu sein; viele Photographien haben es der weiteren Welt offenbart. Ein klarer, wasserreicher Bach sprudelt am Fuße eines hohen Hügels (der von Bäumen bedeckt ist und angelegten Pfaden durchzogen wird) hervor und verteilt sich in Becken, die hinreichend jene Epoche erkennen lassen, welche sie hervorgebracht hat – jene Epoche, die auch jenem prunkvollen Peyrou ihr Gepräge verliehen hat, den wir in Montpellier bewundert haben. Hier finden sich dieselben Terrassen und Treppen und Balustraden und ein System von Wasserspielen, das vielleicht weniger imposant, doch sehr erfindungsreich und reizvoll ist. Das Ganze ist eine Mischung aus altem Rom und dem Frankreich des achtzehnten Jahrhunderts; denn die Überreste der antiken Bäder sind zum Teil in die neueren Springbrunnen miteinbezogen. In einem Winkel dieser schattigen Umfriedung steht eine kleine römische Ruine, welche als Dianatempel bekannt ist, doch offenbar eher ein Nymphaeum war und anscheinend mit den benachbarten Bädern in anmutiger Verbindung stand. Aus dem Murray erfahre ich, daß dieser kleine Tempel aus der Zeit des Augustus ›1577 in seinen gegenwärtigen ruinösen Zustand versetzt wurde‹, und zwar als die Stadtbewohner, denen eine Belagerung durch Truppen der Krone drohte, ihn teilweise abbrachen, damit er dem Feind nicht als Bedeckung diene. Die Überreste sind sehr bruchstückhaft, doch sieht man ihnen immer noch an, daß es ein reizvoller Ort gewesen sein muß. Ich brachte dort an einem gelungenen Sonntagmorgen eine halbe Stunde zu (die Stätte ist von einem hohen Gitter umfriedet, sorgfältig gehegt und hat einen eigenen Wächter) und unternahm mit Hilfe der Phantasie den Versuch, ein wenig zu rekonstruieren, wie das Ganze in den galloromanischen Tagen ausgesehen haben mag. Vielleicht ist es falsch, wenn ich sage, daß ich den *Versuch* unternahm; vor einem derartig absichtsvollen Flug der Phantasie hätte ich mich gescheut. Doch hatte die Atmosphäre der Antike etwas Ansteckendes; und inmitten der Ruinen von Bädern und Tempeln, gerade an jener Stelle, wo der Aquädukt – der den Gardon auf so phantastische Weise überquert, wie ich es gesehen hatte – sich ergoß, schien verschwommen das Bild eines prächtigen Heidentums aufzuleuchten. Römische

Bäder – römische Bäder; diese Worte allein reichten aus, um ein bestimmtes Bild heraufzubeschwören. Alles hatte sich gewandelt: ich erging mich in einem *jardin français*; der buschige Hang des Mont Cavalier (ein sehr bescheidener Berg), der sich über dieser Stelle erhebt, wird von einem gestaltlosen Turm gekrönt, der mit gleicher Wahrscheinlichkeit mittelalterlichen wie antiken Ursprungs sein kann; und doch, als ich mich an die Brüstung einer der Fontänen lehnte, wo eine gekrümmte Treppe (ein *hemicycle*, wie die Franzosen sagen) zu einem Bassin voller dunkler, kühler Nischen hinabführte, wo die Steinplatten der römischen Fundamente durch das klare, grüne Wasser emporschimmern – als ich mich in dieser Haltung der Kontemplation und den Träumen überließ, da schien es mir, als berührte ich einen Augenblick lang die Welt der Antike. Solche Augenblicke sind erhellend, und das Licht jenes Moments durchdringt in meiner Erinnerung das schattige Grün des Jardin de la Fontaine.

Die eigentliche Fontaine – die Quelle der ganzen sich verteilenden Wasserfülle – ist das Hübscheste von der Welt, eine Nachbildung von Vaucluse in verkleinertem Maßstab. Sie sprudelt zu Füßen des Mont Cavalier herauf, an einer Stelle, wo sich diese Anhöhe mit einer gewissen klippenartigen Schroffheit erhebt, und scheint, wie andere Quellen in ähnlicher Umgebung, mit einer Art zitternder Ruhe aus dem Felsen hervorzutreten. Ich mühte mich den Mont Cavalier hinauf – es ist eine Angelegenheit von fünf Minuten –, und nachdem ich mich eines solchen Banausentums schuldig gemacht hatte, verschlimmerte ich es sogleich durch ein weiteres. Ich erklomm die alberne Tour Magne, das geheimnisvolle Bauwerk, das ich soeben erwähnt habe.

Das einzig Charakteristische dieses zeitlosen Hohlraums ist, abgesehen von der unvermeidlichen Sammlung von Photographien, die anzusehen einen der Turmwächter einlädt, der Blick, den man von der Spitze aus genießen kann. Dieser Blick ist natürlich bemerkenswert schön, doch schäme ich mich zu sagen, daß ich nicht die geringste Erinnerung daran habe; denn während ich in die schimmernde Weite der Luft blickte, kam es mir vor, als sähe ich immer noch einzig das, was ich drunten in den Tiefen der römischen Bäder gesehen hatte – das, wenn auch verheerend wirre und verschwommene, Bild einer untergegangenen Welt. Diese Welt hat jedoch in Nîmes ein weitaus bedeutenderes Memento hinterlassen als ein paar alte, von feuchtem Moos überwachsene Steine. Die römische Arena wetteifert mit denen von Verona und Arles; und aus respektvoller Entfernung reicht sie an das Colosseum heran. Sie ist ein kleines Colosseum, wenn mir dieser Ausdruck erlaubt ist, und sie ist sehr viel besser erhalten als der große Zirkus in Rom. Das gilt insbesondere von den äußeren Mauern mit ihren Bögen, Säulen und Gesimsen. Ich muß hinzufügen, daß man hinsichtlich der Arena von Nîmes nicht vom Zustand der Erhaltung sprechen sollte, ohne auch von der Instandsetzung zu sprechen. Nachdem die große Ruine nicht mehr geplündert wurde, fing man an, sie unter Denkmalschutz zu stellen, und die meisten ihrer Wunden tragen einen Verband aus neuem Material. Dies sind Dinge, die den Archäologen angehen; und ich hatte hier, wie hernach in Arles, das Gefühl, daß man als Uneingeweihter in der Gegenwart eines solchen Monuments nur bewundern und stilleschweigen kann. Den großen Eindruck macht insgesamt die Verwunderung aus, daß so viel überlebt hat. Was in Nîmes noch existiert, ist, wenn man die Verwitterung in Rechnung stellt, erstaunlich. Ich verbrachte eine Stunde in den Arènes, an besagtem lieblichem Sonntagmorgen, nachdem ich von den römischen Bädern zurückgekehrt war, und ich sah, daß die Gänge, die Gewölbe, die Treppen, die äußere Verschalung praktisch noch vorhanden sind. Viele dieser Teile fehlen beim Colosseum, dessen erhabene Ausmaße es sich allerdings leisten können, auf Einzelheiten zu verzichten. Die Sitze in Nîmes sind wie die in Verona weitgehend erneuert worden; wenngleich auch das keine große Rolle spielte, als ich mich müßig auf der kühlen Fläche eines derselben niederließ und die mächtige Höhlung dieser Stätte und die elliptische Himmelslinie bewunderte, die von unregelmäßigen Steinblöcken unterbrochen, den Rand des monströsen Gefäßes bildete – eines Gefäßes, das von Schrecknissen erfüllt gewesen war. Und doch stellte ich auch meine Reflexionen an: ich sagte mir, daß eine römische Arena, wenngleich sie zu den eindrucksvollsten Werken der Menschheit gehört, einen Hauch jener selben Torheit hat, welche ich mich im Pont du Gard zu entdecken getraute. Sie ist brutal; sie ist monoton; sie hat gar nichts Exquisites. Die Arènes in Nîmes waren für einen Stierkampf hergerichtet worden – eine Form der Belustigung, welche, wie man mich informierte, eine wichtige Rolle *dans les habitudes Nîmoises* spielt und überall in der Provence recht verbreitet ist, wo sie (immer noch laut jener Information) den gewöhnlichen Zeitvertreib eines Sonntagnachmittags darstellt. In Arles und Nîmes geschieht das an einem charakteristischen Schauplatz, doch auf den Dörfern bilden die Veranstalter des Spieles einen Kreis aus Karren und

Fässern, auf welchen sich die Zuschauer niederlassen. Es überraschte mich, daß in der sanften Provence das iberische Laster derartig verbreitet war, und ich weiß nicht recht, ob diese Sitte dadurch respektabler wird, daß sie in Nîmes und Arles auf armselige und unvollkommene Weise ausgeübt wird. Die Stiere werden selten getötet und sind eigentlich oft gar keine Stiere, da es sich nämlich häufig um domestizierte und mütterliche Kühe handelt. Solch ein Volksvergnügen verleiht der Arena nun gewiß nicht jenes Element des Exquisiten, dessen sie, wie ich erwähnt habe, ermangelt. Das Exquisite ist in Nîmes in erster Linie durch die berühmte Maison Carrée vertreten. Der erste Eindruck, den man von diesem zierlichen kleinen Gebäude empfängt, wenn man davor steht, ist der, daß man es schon viele Male gesehen hat. Photographien, Stiche, Modelle und Medaillen haben sich definitiv dem Auge eingeprägt, so daß es der Empfindung, mit welcher man es betrachtet, an Neugier und Überraschung nahezu gänzlich und vielleicht beklagenswerterweise fehlt. Die Bewunderung jedoch bleibt – eine Bewunderung vertraulicher und gar leicht herablassender Art. Die Maison Carrée überwältigt einen nicht; sie ist durchaus faßlich. Sie stellt keines der großen Erlebnisse antiker Kunst dar; doch ist sie in ihrer Gefälligkeit vollkommen und, obgleich sie allen möglichen unpassenden Nutzungen unterworfen worden ist, wunderbar erhalten. Ihre schlanken Säulen, ihre zierlichen Proportionen, ihre bezaubernde Kompaktheit scheinen dem Betrachter das Jahrhundert, welches sie erbaut hat, näher zu bringen als die großen Auftürmungen von Arenen und Brücken, und verleihen ihr jenes Interesse, das von Zeitalter zu Zeitalter weiterschwingt, wenn die

Saite des Geschmacks angeschlagen wird. Wenn es noch irgendeiner Hilfe bedürfte, um diesen kleinen Spielzeugtempel als glückliche Hervorbringung erscheinen zu lassen, dann würde der zweitklassige Boulevard, der zu ihm hinführt und den schäbige Kaffeehäuser und Tabakläden zieren, diesen Dienst leisten. Hier, in ehrbarer Zurückgezogenheit, umgeben von vulgären Wohnhäusern und vis-à-vis dem Theater, das Prätentionen auf das Klassische erhebt, steht das kleine ›rechteckige Haus‹, das so genannt wird, weil die Flanken viel länger sind als die Giebelseite. Ich erblickte es zum erstenmal in unbestimmtem Mondlicht, das es aussehen ließ, als sei es in Bronze gegossen. Stendhal sagt zurecht, daß es die Form einer Spielkarte habe, und er drückt seine Bewunderung durch den eigenartigen Wunsch aus, daß eine ›genaue Nachbildung‹ davon in Paris errichtet werden sollte. Er geht sogar so weit zu sagen, daß bis zum Jahre 1880 dieser Wunsch in Erfüllung gehen werde; seiner Vorstellung nach wäre nichts einfacher, als in Paris auch ›le Panthéon de Rome, quelques temples de Grèce‹ zu ›haben‹. Stendhal gefiel sich darin, in der Rolle eines *commis-voyageur* zu schreiben, und manchmal kommt es dem Leser so vor, als sei er wirklich ein solcher gewesen.

TARASCON

Auf meinem Weg von Nîmes nach Arles verbrachte ich drei Stunden in Tarascon; in erster Linie aus Liebe zu Alphonse Daudet, zu dessen ansprechendsten Schriften ›Les Aventures Prodigieuses de Tartarin‹ und die Geschichte von der ›Belagerung‹ der hellen, toten kleinen Stadt (einer mythischen Belagerung durch die Preußen) in den *Contes du Lundi* zählen. In dem Vorwort, das er *Tartarin* jüngst für die neue Ausgabe seiner Werke vorangesetzt hat, gibt der Autor dieser extravaganten, doch freundlichen Satire einen Eindruck von dem Mißvergnügen, auf das er bei den empfindlichen Tarasconnais gestoßen ist. Daudet berichtet, daß er für seinen Versuch, auf einige der lebhafteren Erscheinungsformen des provençalischen Charakters ein humorvolles Licht zu werfen, aufs Geratewohl Tarascon gewählt habe; nicht weil seine Bewohner von aufgeblasenerem Temperament wären als ihre Nachbarn oder ihre Rebellion gegen den ›Despotismus der Tatsachen‹ ausgeprägter, sondern schlicht, weil er irgendeine konkrete provençalische Stadt beim Namen nennen mußte. Tartarin ist Löwentöter und Charmeur, ein echter ›*produit du midi*‹, wie Daudet sagt, ein Typus von ganz und gar überbordender, ansprechender Komik. Er ist ein Don Quichotte en miniature, von sehr viel weniger Würde, doch ebenso guten Glaubens; und die Geschichte seiner Heldentaten ist ein kleines Meisterwerk freier Bizarrerie. Die Tarasconnais jedoch mochten keinen Spaß verstehen und ergossen die Phiolen ihres Zorns über den spöttischen Sohn Nîmes', der besser daran getan hätte – so dachten sie zweifellos –, die Schwächen seiner eigenen Familie herauszustellen. Ich fühle mich verpflichtet hinzuzusetzen, daß sie, als ich durch Tarascon ging, nicht im geringsten schlecht aufgelegt zu sein schienen. Nichts hätte heller, unbeschwerter sein und beredter von ihrer liebenswerten Indifferenz zeugen können als das Bild, mit dem die Stadt auf mich wirkte. Sie liegt geruhsam am Ufer der Rhone, blickt nach Beaucaire hinüber, das sehr fern und selbständig zu sein scheint, und läßt es stillschweigend hingehen, daß das Schloß des guten Königs René von Anjou, das äußerst kühn in den Fluß hinausragt, als ihre interessanteste Sehenswürdigkeit gilt. Die anderen Sehenswürdigkeiten sind vornehmlich eine Art von lebhafter Schläfrigkeit, die sich im Aussehen des Ortes ausdrückt, als sei dort der Septembernachmittag (der sich bis in den Oktober hinein hingezogen hatte) von längerer Dauer als anderswo; eigenartige niedrige Arkaden, welche die Straßen grau erscheinen lassen und leere Ausblicke eröffnen; und ein sehr merkwürdiger und schöner Spazierweg an der Rhone entlang, der als die Chaussée bezeichnet wird – ein langer und schmaler Damm, der von zwei Reihen prachtvoller alter Bäume überschattet wird und der in dem Moment, als ich dort entlangging, aufgrund eines kleinen Trosses von Seminaristen – sie wurden von zwei jungen Geistlichen zu leichten Leibesübungen ausgeführt – besonders malerisch wirkte. Schließlich darf man sagen, daß ein auffallendes Merkmal Tarascons wie jeder Stadt, die an der Rhone liegt, einfach die Rhone selbst ist; die große braune Flut von unvorhersehbarem Temperament, die sich nicht die Zeit genommen hat zu vergessen, daß sie ein Kind des Gebirges und der Gletscher ist und daß eine solche Herkunft große Privilegien mit sich bringt. In Avignon beobachtete ich sie später bei der Ausübung dieser Privilegien, wozu in erster Linie gehörte, die braven Bürger der alten päpstlichen Stadt so zu erschrecken, daß sie nicht mehr recht bei Verstand waren.

Das Château König Renés dient heute als Bezirksgefängnis, und der Reisende, der einen Blick hineinwerfen will, muß bei der Mairie von Tarascon um Erlaub-

nis nachsuchen. Sollte er mit französischen Umgangsformen eine gewisse Erfahrung gesammelt haben, so
wird sein Antrag von den Anzeichen einer beträchtlichen Willfährigkeit begleitet sein, und in diesem Fall
wird seinem Ersuchen ebenso gesittet stattgegeben,
wie er es gestellt hat. Das Schloß hat viel mehr von der
Ausstrahlung einer finsteren feudalen Festung, als es
seine Entstehungszeit (die erste Hälfte des fünfzehnten
Jahrhunderts) wahrscheinlich rechtfertigen würde,
denn es ist ungeheuer kahl und ragt steil empor, und
seine Konstruktion trägt dem Komfort höchstens insofern Rechnung, als es zu Verteidigungszwecken angelegt wurde. Es ist ein rechteckiges und schlichtes
Bauwerk, das sich aus kleinen gelben Steinen zusammensetzt und auf einem Felspodest nistet, von dem aus
es ungehindert den Fluß beherrscht. Das Gebäude hat
an den Ecken die üblichen Rundtürme, oben eine
massive Brüstung und ungeheure Flächen sonnenver-
sengten Mauerwerks, das in weiten Abständen von
kleinen, massiv vergitterten Fenstern durchbrochen
wird. Es bietet vor allem den Anblick extremer
Schroffheit; anders kann ich es nicht ausdrücken. Die
Mauern sind so jäh und ungastlich wie Klippen. Der
breite Schloßgraben ist erhalten, bildet aber heute eine
von wildem Pflanzenwuchs ausgefüllte Vertiefung. In
diese hohe Festung zog sich der gute René Mitte des
fünfzehnten Jahrhunderts zurück, da sie ihm offenbar
als das Handfesteste erschien, was ihm von einem
Herrschaftsbereich, der Neapel und Sizilien, Lothrin-
gen und Anjou umfaßte, verblieben war. Er war ein
hartgeprüfter Monarch und Spielball eines wechselhaf-
ten Geschicks, der sein halbes Leben lang um Throne
gekämpft hatte, an denen es ihm gar nicht gelegen war,

und nur emporstieg, um rasch wieder hinabgestürzt zu werden. Die Provence war das Land, dem seine Zuneigung galt, und die Erinnerung an seine Mißgeschicke hielt ihn nicht davon ab, in Tarascon und Aix ein fröhliches Hofleben zu entfalten. Er vollendete das Schloß von Tarascon – mit dessen Bau schon in früheren Tagen jenes Jahrhunderts begonnen worden war – aus Gründen der Einheitlichkeit, so nehme ich an, in dem Stil, in welchem es ursprünglich entworfen worden war, statt im Einklang mit den künstlerischen Neigungen, die ihm im hohen Alter zum Troste gereichten. Er war Maler, Schriftsteller, Dramatiker, ein Kunstliebhaber im heutigen Sinne, der sich privaten Theateraufführungen verschrieben hatte. Das Bild, das er in den Seiten der Geschichte hinterlassen hat, hat etwas sehr Anziehendes. Er war klug und freundlich zugleich, und er hatte sich durch die vielen Schicksalsschläge und das viele Leid weder verbittern lassen, noch seine Fähigkeit verloren, das Leben zu genießen. Er war seiner lieben Provence wohlgesinnt, und seine liebe Provence hat sich dankbar gezeigt; sie wob ein dichtes Gewirk von Legenden um das Andenken des guten Königs René.

Ich durchstreifte sein düsteres Gehäuse – es dürfte all seine gute Laune gebraucht haben, um es aufzuhellen – im Gefolge des Wächters, der mir die übliche Menge an Schloßzubehör zeigte: einen tiefen, brunnenartigen Hof; eine Ansammlung von Wendeltreppen und Gewölbekammern, deren Fensterlaibungen und Türnischen eine ungeheure Mauerdicke erkennen lassen. Diese Dinge konstituieren die allgemeine Identität alter Schlösser; und wenn man eine erkleckliche Anzahl von ihnen mit geziemend gedämpftem Schritt und schicklich gerecktem Kopf durchwandert hat, hört man auf, noch viel zu unterscheiden und zu erinnern und gibt sich damit zufrieden, sie der würdigen Rumpelkammer des Romantischen zu überantworten. Ich muß hinzusetzen, daß mich diese Überlegung nicht im geringsten davon abschreckte, die Brücke zu überqueren, die Tarascon mit Beaucaire verbindet, um die alte Festung zu erforschen, deren Ruinen letztere Stadt zieren. Sie steht auf einem viel höheren Felssockel als das Schloß von Tarascon und blickt mit melancholischem Ausdruck zu ihrem bessergestellten Bruder hinüber. Ihre Lage ist großartig und ihre Umrisse sind sehr stattlich. Ich wurde für meine Pilgerschaft reich belohnt; denn wenn das Schloß von Beaucaire auch nur eine Ruine ist – die ganze Anlage mit ihrem Standort und ihren Ausblicken bietet ein unauslöschliches Bild. Es war die Burg der Montmorency, und ihr letzter Bewohner war der hitzige Herzog François, den Richelieu – der jede Gelegenheit wahrnahm, einen großen Adligen mit den Füßen zu treten – in Toulouse enthaupten ließ, wo wir im Kapitol das Schlachtermesser gesehen haben, mit welchem der Kardinal die Krone Frankreichs von ihren Dornen säuberte. Das Schloß wurde nach dem Tode dieses Opfers praktisch ganz geschleift. Sein Standort, von dem heute die Natur wieder Besitz ergriffen hat, ist von außerordentlichem Reiz. Das Felsmassiv, auf dem es einst lag, erhebt sich hoch über die Stadt und ist so abschüssig wie das Rhoneufer. Durch ein hohes, rostiges Eisentor gelangt man aus einem ruhigen Winkel Beaucaires in einen verwilderten, überwucherten Garten, der die Flanke des Hügels bedeckt – denn die ganze Anlage bildet die öffentliche Promenade der Stadtbewohner – einen Garten ohne Blumen, mit kleinen, steilen, unebenen Pfaden, die sich unter einer Anpflanzung kleiner, struppiger Nußkiefern hinanwinden. Oberhalb davon befindet sich die grasbewachsene Plattform des Schlosses, die nur auf einer Seite (gegen den Fluß) von einem großen Bruchstück der Mauer und einem sehr massiven Verlies begrenzt wird. Im Schutz der Mauer sind Bänke aufgestellt, und andere stehen am Rande der Plattform, von wo aus man den Blick über den Fluß hinweg auf kahlgeschlagene und versengte Hügelwellen genießen kann. Eine süße Einsamkeit, ein immerwährender Friede schienen in der Luft zu hängen. Ein sehr alter Mann (eine Ruine, wie das Schloß selbst) tauchte aus einem verfallenen Winkel auf, um mir die Honneurs zu machen – ein sehr freundlicher, unterwürfiger, zottelnder, zahnloser, dankbarer alter Mann. Er beredete mich dazu, den verlassenen Turm zu besteigen, von wo aus man auf den großen fahlen Fluß hinabsehen und zu dem winzig wirkenden Tarascon und den bloßen, kahlköpfigen Hügeln dahinter hinüberblicken kann. Es mag den Anschein haben, daß ich zuviel Nachdruck auf die Nacktheit des provençalischen Horizontes lege – zuviel, wenn man bedenkt, daß ich den Ausblick von den Höhen Beaucaires als wunderschön geschildert habe. Doch ist es eine exquisite Blöße; sie scheint einzig dazu geschaffen, daß es dem Betrachter verstattet ist, den zarten Linien der Hügel zu folgen und mit dem Auge gleichsam auch an die geringsten Rundungen der Landschaft zu rühren. Sie macht alles wundersam hell und rein.

Beaucaire war früher der Schauplatz einer berühmten Messe, der großen Messe des französischen Südens. Diese ist den Weg der meisten Messen gegangen, sogar in Frankreich, wo diese ergötzlichen Ausstellungen ihr

Terrain sehr viel besser behaupten, als man es vermuten möchte. Sie wird immer noch im Monat Juli abgehalten; doch bestellen die Bourgeois von Tarascon ihre eleganten Kleider beim Magasin du Louvre, und der Glanz des Spektakels besteht in erster Linie in seiner langen Tradition. Doch auch jetzt noch dürfte es die äußerlich schönste aller Messen sein, denn sie wird in einem bezaubernden Gehölz abgehalten, das direkt unterhalb des Schlosses am Ufer der Rhone gelegen ist. Die Buden, die Baracken, die Podeste der Marktschreier, der Menschenmenge helle Farben, die hier in hochsommerlichen Schatten versprenkelt sind und da und dort im satten provençalischen Sonnenlicht erstrahlen, dürften von malerischster Wirkung sein. Ebenso ist es sehr wahrscheinlich, daß eine große Kollektion hübscher Gesichter geboten wird; denn selbst während der wenigen Stunden, die ich in Tarascon zubrachte, entdeckte ich Anzeichen jener Klarheit der Züge, für welche die Frauen der *pays d'Arles* berühmt sind. Der arlesische Kopfputz war auf den Straßen zu sehen; und diese entzückende Coiffure ist mit einem bezaubernden Gesichtsoval, einem dunklen, sanften Auge, einer geraden griechischen Nase und einem Mund, der all des übrigen würdig ist, so eng verbunden, daß sich eine Erwartung von Schönheit einstellt, die der Trägerin Zeit gibt, entweder zu entrinnen oder einem zu gefallen. Ich habe jedoch auch irgendwo gelesen, daß Tarascon ansehnliche Männer hervorbringen soll, wie Arles dafür bekannt ist, ansehnliche Frauen zu bieten. Es mag sein, daß mir die Tarasconnais als recht schöne Burschen erschienen wären, wenn ich genug Exemplaren begegnet wäre, um einen induktiven Schluß zu rechtfertigen. Doch gibt es auf der Straße nur sehr wenige Männer, und die Stadt erweckte nicht den Anschein großer Aktivität. Hier und da erschien die schwarze Haube einer alten Frau oder eines jungen Mädchens im Rahmen einer niedrigen Tür; doch ansonsten pflegte Tarascon, wie ich gesagt habe, weithin der Siesta. Kein lebendes Wesen war in der kleinen Kirche der Heiligen Martha, die zu besuchen ich mir angelegen sein ließ, ehe ich zum Bahnhof zurückkehrte, und die mit ihrem schönen romanischen Seitenportal und der scharfen, mit Kriechblumen verzierten gotischen Spitze so denkwürdig ist, wie sie das angesichts ihrer Tradition auch sein sollte. Sie steht in einem ruhigen Winkel, wo zwischen den kleinen Pflastersteinen das Gras wächst, und man geht durch einen langgezogenen Bogengang, um dorthin zu gelangen. Die Überlieferung berichtet, daß die Heilige Martha mit eigener Hand einen schrecklichen Drachen zähmte und an ihre Schärpe band, welcher als der Tarasque bekannt war und der Stadt, auf deren Terrain er seine Höhle hatte (zwischen den Felsen, die das Fundament des Château bilden), seinen Namen gegeben hat. Der Drache ist vielleicht das Symbol für ein beutegieriges Heidentum, das durch die Beredsamkeit einer anmutigen Evangelistin vertrieben wurde. Die Knochen der interessanten Heiligen jedenfalls wurden im elften Jahrhundert in einer Höhlung unter der Stelle, auf welcher heute ihr Altar steht, gefunden. Was aus den Knochen des Drachen geworden ist, weiß ich nicht.

ARLES

Es gibt zwei schäbige alte Gasthöfe in Arles, die heftig um Sie als Kunden buhlen. Damit will ich sagen, daß, wenn Ihre Wahl auf das Hôtel du Forum fällt, das Hôtel du Nord, das (in rechtem Winkel) direkt neben jenem steht, Ihre Ankunft mit kaum verhohlener Mißbilligung beobachtet; und wenn Sie sich auf den Nachbarn einlassen, dann scheint Sie das Hôtel du Forum aus allen seinen Fenstern und Türen gehässig anzustarren. Ich habe vergessen, für welches dieser beiden Etablissements ich mich entschieden habe; welches es auch immer war, ich wünschte sehr, daß es das andere gewesen wäre. Die beiden stehen zusammen an der Place des Hommes, einem kleinen öffentlichen Platz in Arles, der irgendwie seine Wirkung nicht richtig entfaltet. Tatsächlich entfaltet auch Arles als Stadt insgesamt seine Wirkung nicht richtig; und wenn es dennoch ein reizvoller Ort ist, wie ich ja finde, so kann ich den Grund dafür nur schwer angeben. In gewissem Maße sind die geradnasigen Arlésiennes dafür verantwortlich; und ansonsten dürfte es an den Ruinen der Arena und des Theaters liegen. Davon abgesehen erinnere ich mich mit Rührung an die schlecht proportionierte kleine Place des Hommes, die alles andere als monumental ist und Pfützen und schäbigen Kaffeehäusern überlassen bleibt. Mit Zärtlichkeit denke ich an die gewundenen und gesichtslosen Straßen zurück, die aussahen wie Dorfstraßen und mit tückischen scharfen kleinen Steinen gepflastert waren, die es zur Strafe machten, wenn man sich Bewegung verschaffen wollte. Von Assoziationen geheiligt ist sogar ein ärgerlicher kleiner Spaziergang, den ich am Abend meiner

Ankunft unternahm, in der Absicht, einen Blick auf die Rhone zu werfen. Ich war vor Jahren schon in Arles gewesen, und ich meinte mich zu erinnern, daß ich am Ufer des Stromes das eine oder andere malerische Bild gefunden habe. Ich glaube, an dem Abend, von dem ich spreche, stand ein wäßriger Mond am Himmel, der, so schien es mir, die Vergangenheit ebenso wie die Gegenwart erhellen würde. Doch fand ich nichts Malerisches, und beinahe hätte ich auch die Rhone nicht gefunden. Ich verlief mich, und auf den Straßen gab es kein lebendes Wesen, an das ich mich hätte wenden können. Etwas Provinzielleres als Arles um zehn Uhr abends läßt sich nicht denken. Schließlich gelangte ich zu einer Art Uferbefestigung, von der aus ich den großen, schlammfarbenen Strom in der geräuschlosen Dunkelheit dahingleiten sah. Es hatte zu regnen angefangen, ich weiß nicht, was aus dem Mond geworden war, und die ganze Szenerie war alles andere als heiter. Es war nicht, wonach ich gesucht hatte; was ich gesucht hatte, lag unwiederbringlich in der Vergangenheit. Mühselig suchte ich mir auf den höllischen *cailloux* den Weg zum Gasthof zurück, ich fühlte mich wie Dogberry*, der seine Lektion bekommen hat. Ich erinnere mich jetzt, daß mein Hotel dasjenige war – welches von beiden es auch immer sein mag –, an dem an einer der Ecken das Fragment eines gallorömischen Portikus in das Mauerwerk miteinbezogen ist. Ich hatte es um dieses außergewöhnlichen Zierates willen ausgewählt. Es war dumpf und dunkel, und der Boden knirschte unter den Füßen; es war ein Etablissement, wo der gräßliche *gras-double*

---

* Dogberry: der tölpelhafte Nachtwächter in Shakespeares *Viel Lärm um Nichts*. (Anm. d. Verlags)

auf die Table d'hôte hätte kommen können, wie es in Narbonne geschehen war. Nichtsdestoweniger war ich froh, dorthin zurückzugelangen; und nichtsdestoweniger nimmt ebenso – und das ist die Moral meiner schlichten Anekdote – mein vergeblicher kleiner Spaziergang nun, da ich auf ihn zurückblicke (ich spreche nicht vom Straßenpflaster), eine romantische Färbung an. Und hinsichtlich des Gasthofes sollte ich, so nehme ich an, lieber erwähnen, daß ich mir der Inkonsequenz eines Menschen sehr wohl bewußt bin, der die moderne Karawanserei nicht mag und gleichwohl murrt, wenn er ein Hotel völlig veralteter Art findet. Man sollte wohl, so scheint es, seine Wahl treffen und dann aus der jeweiligen Alternative das Beste machen. Die beiden alten Tavernen in Arles sind wohl kaum modernisiert worden; so, wie sie in den Kindertagen der heutigen Welt gewesen sein müssen, als Stendhal dort vorüberkam und die plumpe Postkutsche ihn an der Place des Hommes absetzte, so sind sie in jeder Einzelheit bis auf den heutigen Tag geblieben. *Vieilles auberges de France*, man sollte eben ihre knirschenden Fußböden und ihre schmierigen Fensterscheiben genießen. So möge es denn hier verzeichnet werden, daß ich mich schon in besseren Gasthöfen, ich will nicht sagen, weniger behaglich, aber zumindest doch weniger glücklich gefühlt habe.

Um wirklich historisch vorzugehen, hätte ich erwähnen sollen, daß ich, ehe ich mich auf die Suche nach der Rhone machte, einen Teil des Abends auf der gegenüberliegenden Seite der kleinen *place* verbracht hatte, und daß ich diese Erquickung aus zwei ganz bestimmten Gründen genossen habe. Einer davon war, daß ich die Gelegenheit hatte, im Kaffeehaus mit einem umgänglichen Engländer zu plaudern, dem ich am Nachmittag in Tarascon und, weiter zurückliegend, zu ganz anderer Zeit, in London begegnet war; der andere Grund war der, daß hinter der Theke auf ihrem Thron eine prächtige, reife Arlésienne saß, welche zu betrachten, so waren mein Begleiter und ich uns einig, ein seltenes Privileg war. Es gilt keine Regel des guten Benehmens oder der Moral, derzufolge es unanständig wäre, in einem Kaffeehaus die Augen auf die *dame de comptoir* zu heften; die Dame gehört, das liegt in der Natur der Dinge, zur *consommation*. Folglich war es uns freigestellt, ohne Einschränkung die stattlichste Person zu bewundern, die ich je auf ein Fünf-Franc-Stück habe herausgeben sehen. Sie war eine große, ruhige Frau, die die Vierzig schon beträchtlich überschritten hatte, von ausgesprochen femininem Typus, und dennoch wunderbar kräftig und robust und geprägt von einer gewissen physischen Erhabenheit. Obwohl sie nicht eigentlich alt war, hatte sie etwas Antikes; und sie war sehr ernst, sogar ein wenig traurig. Sie hatte die Würde einer römischen Kaiserin, und sie ging mit den Kupfermünzen um, als wäre der Kopf Cäsars darauf geprägt. Ich habe Waschfrauen in Trastevere gesehen, die vielleicht ebenso schön waren wie sie; doch nicht einmal der Kopfputz der römischen Contadina trägt so viel zur Würde einer Frau bei, die solchen zu tragen geboren ist, wie die reizende und vornehme Arleser Haube, die emporragt, aber zugleich auf dem Hinterkopf sitzt; zu der eine breite, schwarze Stoffwölbung gehört, die den Scheitel weitgehend bedeckt; und die schließlich so unbeschreiblich gut zu der Art paßt, wie die Stirnhaare hinter die Ohren zurückgestrichen sind.

ARLES: DAS THEATER

Diese bewunderungswürdige Austeilerin von Zucker-
stückchen hat mich ein wenig abgelenkt, denn ich gehe
immer noch nicht hinreichend historisch vor. Ehe ich in
das Kaffeehaus ging, hatte ich zu Abend gegessen, und
vor dem Abendessen hatte ich Zeit gefunden, mir die
Arena anzusehen. Das war nämlich der Zeitpunkt, als
ich entdeckte, daß Arles einer allgemeinen Physiognomie ermangelt, daß es, von der hinreißenden kleinen
Kirche Saint Trophime abgesehen, auch architekto-
nisch nichts zu bieten hat und daß die Holprigkeit seiner
schmutzigen Straßen den Füßen wie Messerklingen
zusetzt. Allerdings war es nicht der Zeitpunkt, zu dem
ich die Arena am vorteilhaftesten sah. Den zweiten Tag
meines Aufenthalts in Arles widmete ich einer Pilger-
fahrt zu der seltsamen alten Hügelstadt Les Baux, dem
mittelalterlichen Pompeji, von welchem zu sprechen
ich noch das Vergnügen haben werde. Gleichviel, am
Abend des betreffenden Tages (mein Freund und ich
kehrten rechtzeitig zu einem späten Abendessen
zurück) wanderte ich im Lichte eines prachtvollen
Mondes zwischen den römischen Überresten der Stadt
einher und gewann einen Eindruck, der nur wenig von
seinem silbrigen Glanze verloren hat. Am Vorabend
war der Mond wäßrig und launisch gewesen; doch
wenn er sich bei gegenwärtiger Gelegenheit irgendwelche Unregelmäßigkeiten zuschulden kommen ließ,
dann bestand deren schlimmste allein darin, daß er über
Gebühr lange am Himmel verweilte, damit wir uns
alles in Ruhe betrachten konnten. Die Wirkung war
wunderbar; sie beschwor einen Eindruck herauf wie in
Rom selbst, wenn an solchen Abenden das Mondlicht

auf den geborstenen Säulenstümpfen und den Steinplatten des antiken Pflasters ruht. Das Theater, in dem
wir saßen und wo wir die beiden einsamen Säulen, die
überlebt haben – sie gehörten zur Dekoration der
Bühnenrückseite –, und die Ruinentrümmer um sie
herum betrachteten, hätte ebensogut das Forum
Romanum sein können. Die Arena in Arles ist trotz
ihrer großartigen Ausmaße weniger vollständig erhalten als die von Nîmes; die Zeit und die Kinder der Zeit
haben ihr sogar noch mehr zugesetzt, und sie ist in
geringerem Maße instandgesetzt worden. Die Sitze
fehlen nahezu gänzlich; doch die äußeren Mauern,
abzüglich des obersten Bogenkranzes, sind, massiv und
zerklüftet, vollständig erhalten; und die Gewölbegänge
wirken so solide wie am Tage, an dem sie errichtet
wurden. Das Ganze ist unerhört kolossal und, für eine
Stätte der leichten Unterhaltung – was sich in Amerika
›variety-show‹ nennt – von einer Monumentalität, wie
sie zur Errichtung solcher Etablissements nur den
Römern hat in den Sinn kommen können. Das *podium*
ist viel höher als in Nîmes, und viele der großen weißen
Steinplatten, mit denen die Frontseite verkleidet war,
sind aufgefunden und an Ort und Stelle wieder angebracht worden. Die Loge des Prokonsuls wurde mehr
oder weniger rekonstruiert, und die großen, sich veren-
genden Zugänge, die zu derselben hinführen, sind in
ihrer Majestät immer noch deutlich erkennbar; und so
war es, als ich dort in der mondverzauberten Stille saß
und meine Ellbogen auf die geborstene Brüstung des
Rundes stützte, nicht undenkbar, daß man das Murmeln und Beben, die dumpfe Stimme des Zirkus
vernahm, die vor fünfzehnhundert Jahren erstarb.
Das Theater hat gleichfalls seine Stimme, doch ist es

eine andere Musik, die hier an das Ohr der Zeit klingt. Das römische Theater in Arles erschien mir als eine der bezauberndsten und anrührendsten Ruinen, deren ich jemals ansichtig geworden bin; zu ihm faßte ich eine besondere Neigung. Es ist weniger als ein Skelett – die Arena ließe sich als Skelett bezeichnen –, denn es besteht aus einem halben Dutzend Knochen. Die Spuren der Säulenreihe, die die Kulisse bildete – die ständige hintere Kulissenwand –, sind erhalten; zwei Marmorsäulen – ich habe sie gerade erwähnt – stehen noch aufrecht, mit einem Bruchstück ihres Gebälks. Vor ihnen ist der leere Raum, den die Bühne einnahm, mit der deutlich erkennbaren Linie des Proszeniums, die durch eine tiefe, in Steinplatten eingelassene Rille markiert wird, die so aussieht, als ob sie den Saum eines hohen Vorhanges hätte aufnehmen sollen. Der Halbkreis, den die Sitze bilden – ein halbiertes Rundgefäß –, erhebt sich gegenüber; einige der Reihen treten deutlich hervor. Vom Unterrand der Bühne an ist der Boden in Form eines Bogens, dessen Sehne die Linie der Orchestra bildet, von farbigen Marmorplatten bedeckt – rot, gelb und grün –, die, obwohl sie heute schrecklich geborsten und gesprungen sind, eine Vorstellung von der Eleganz des Innenraumes geben. Alles spricht von dem großen Stil, in dem das Ganze angelegt war; der großzügige Schwung der äußeren Ummauerung, die massiven Gänge, die hinter dem Auditorium verliefen und deren Abmessungen wir noch vollkommen erkennen können. Die Art und Weise, wie man von jedem Sitz aus die Bühne im Blickfeld hatte, sollte Architekten unserer Epochen eine Lehre sein, wie auch die ungeheuren Ausmaße von der außerordentlichen Stimmkraft zeugen, über die die römischen Schauspieler verfügt

234

haben müssen. Wir hatten zunächst eine halbe Stunde in der mondbeschienenen Arena verbracht, ehe wir uns zu dieser Ruine begaben, die noch geisterhafter und erlesener war. Der Haupteingang war verschlossen, doch nahmen wir mühelos eine *escalade*, erklommen eine niedrige Brüstung und stiegen dann hinter der Szene in den Theaterraum hinab. Es war taghell, und die Einsamkeit war vollkommen. Während wir auf den geborstenen Bänken saßen, standen die beiden schlanken Säulen da wie ein schweigendes Paar von Schauspielern. Was ich zuvor anrührend genannt habe, war der Gedanke, daß hier die menschliche Stimme, das Deklamieren einer großen Sprache als Höchstes galt. Die Luft war erfüllt von Intonation und Sprechkadenzen; und nicht vom Echo krachender Hiebe oder gespaltener Rüstungen, schreiender Opfer und brüllender Bestien. Diese Stätte ist, kurz gesagt, eines der kostbarsten Vermächtnisse der antiken Welt; es ist wohl auch keine Entweihung in der Tatsache zu sehen, daß der Ort bei Tage den guten Leuten von Arles offensteht, die ihn dazu benützen, um, wenn auch keinesfalls in großer Anzahl, von einem Teil der Stadt in den anderen zu gelangen, wobei sie auf den alten Marmorboden treten und, wenn es nicht anders geht, über die leeren Bänke hinwegstreifen. Diese Vertraulichkeit tötet nicht etwa die Stätte ein zweites Mal; im Gegenteil, sie erweckt sie wieder ein wenig zum Leben – läßt Gegenwart und Vergangenheit einander berühren.

Das dritte Prunkstück von Arles hat nichts mit der antiken Welt zu tun, sondern allein mit der alten. Die Kirche Saint Trophime, deren wunderbares romanisches Portal die Hauptzierde der *place* darstellt – einer *place*, die sich ansonsten durch das Vorhandensein eines schlanken, spitz zulaufenden Obelisken wie auch durch das Hôtel de Ville und das Museum auszeichnet –, die interessante Kirche Saint Trophime hadert, wie die Franzosen sagen, ein wenig mit dem besonderen Charakter von Arles. Sie ist sehr bemerkenswert, doch wäre es mir lieber, sie stünde irgendwoanders. Arles ist herrlich heidnisch, und Saint Trophime erzeugt mit seinen apostolischen Skulpturen eher einen falschen Klang. Diese Skulpturen sind um ihrer primitiven Kraft und des vollkommenen Erhaltungszustandes willen, in welchem sie auf uns gekommen sind, gleichermaßen bemerkenswert. Die tiefe Nische des Rundbogenportals aus dem zwölften Jahrhundert ist von seltsamen Figuren bedeckt, die weder eine Nase noch einen Finger verloren haben. Ein kantiger, byzantinisch aussehender Christus sitzt in einem rautenförmigen Rahmen am Scheitelpunkt des Bogens, umgeben von kleinen Engeln, von großen Aposteln, von geflügelten Untieren, von Hunderten heiliger Symbole und grotesker Ornamente. Es ist ein dichtes Skulpturengewirk; von der Zeit geschwärzt, doch so unverletzt, als sei es unter Glas aufbewahrt worden. Ein Lob diesmal der Französischen Revolution! Was das Innere der Kirche betrifft, die ein Schiff aus dem zwölften Jahrhundert und einen Chor, der dreihundert Jahre jünger ist, aufweist, erinnere ich mich in erster Linie an die

Kuriosität, daß die romanischen Seitenschiffe so schmal sind, daß man sich buchstäblich – oder doch beinahe buchstäblich – hindurchquetschen muß. Das tut man mit einigem Eifer, da man nichts anderes im Sinn hat, als in den Kreuzgang hinauszutreten. Dieser Kreuzgang, von gleicher Vorzüglichkeit und Vollendung wie das Portal, übt einen großen Zauber aus. Seine vier Seiten, die nicht alle aus derselben Epoche stammen (die frühesten und besten stammen aus dem zwölften Jahrhundert), stellen einen kunstvoll verzierten Bogengang dar, der von zarten Doppelsäulen getragen wird, deren Kapitelle eine außerordentliche Mannigfaltigkeit in Entwurf und Ornamentik aufweisen. An den Ecken des Quadrats sind diese Säulen zu seltsamen menschlichen Gestalten ausgebildet. Das Ganze ist von seiner Zierlichkeit und seinem Erhaltungszustand her ein Prunkstück und wird dementsprechend oft um seiner Schönheit willen erwähnt; allein – wenn es nicht zu profan klingt – ich bevorzuge, insbesondere in Arles, die Ruinen des römischen Theaters. Das antike Element ist zu kostbar, als daß es mit irgend etwas weniger Seltenem vermischt werden sollte. Diese Wahrheit war mir während eines mehrstündigen Streifzuges, den ich unmittelbar vor meiner Abreise unternahm, sehr gegenwärtig; und die schimmernde Schönheit des Morgens gab diesem Eindruck die letzte Politur. Ich verbrachte eine halbe Stunde im Museum, schaute mir dann noch einmal das römische Theater an, wonach mich ein kleiner Spaziergang ein wenig aus der Stadt hinausführte, hin zu den Alyscamps, den Alten Elysischen Feldern, dürftigen Überresten einer alten heidnischen Begräbnisstätte, die später von den Christen benutzt, doch vor Unzeiten aufgegeben wurde und heute nur aus einer melancholischen Zypressenallee besteht, die von einer Reihe antiker Sarkophage gesäumt wird – leer, bemoost und beschädigt. Eine Eisengießerei oder irgendein schrecklicher Betrieb, der ohne hohe Schornsteine und hämmernden, dröhnenden Lärm nicht auskommt, ist in unmittelbarer Nähe errichtet worden; doch schirmen die Zypressen es einigermaßen ab, und dieses kleine Fleckchen Elysium ist ein sehr romantischer Winkel.

Die Tür des Museums ist angelehnt, und ein wachsamer Wächter mit Hintergedanken an den üblichen Stoß von Photographien späht mißbilligend zu einem herüber, während man sich noch gegenüber vor dem bezaubernden Portal von Saint Trophime aufhält, welches man sich gratis ansehen kann. Wenn Sie der sanften Gewalt seines Auges erliegen und hinübergehen, um seine Sammlung zu besichtigen, finden Sie sich in einer säkularisierten Kirche wieder, in welcher eine Vielfalt antiker Gegenstände, die aus dem Boden Arles' ausgegraben wurden, ohne jeden Pomp arrangiert sind. Die besten Stücke wurden, so glaube ich, in den Ruinen des Theaters gefunden. Zu den eigenartigsten gehören frühchristliche Sarkophage, die genau den heidnischen Vorbildern folgen, jedoch mit unbeholfenen, aber immerhin kraftvoll herausgehauenen Bildern der Apostel und Illustrationen biblischer Geschichte bedeckt sind. Schönheit ersten Ranges, sei es im Entwurf oder in der Ausführung, ist bei den meisten der römischen Bruchstücke nicht anzutreffen, denn sie gehören dem Stil einer späten Epoche und einer provinziellen Zivilisation an. Doch trennt sie ein Abgrund von der starren kleinen Bilderwelt der christlichen Sarkophage, in welcher man doch zugleich eine vage Nachahmung der prächtigen Beispiele entdeckt, von welchen ihre Urheber umgeben waren. Die heidnischen Stücke haben alle einen gewissen Stil; keine Spur davon gibt es in den frühchristlichen Relikten, unter welchen laut M. Joanne (dem Handbuch) mehr schöne Sarkophage zu finden sind als in jeder anderen Sammlung außer der von San Giovanni in Laterano. Zwei oder drei der römischen Fragmente zeichnen sich erkennbar vor anderen aus: in erster Linie die bezaubernde Büste eines Knaben, ganz und gar vollendet, mit jenen hervorstehenden Augen, die man auf antiken Porträts sieht und welche das fehlende Augenlicht der Marmormaske oft auf sehr rührende Weise so aussehen läßt, als mühten sie sich vergebens darum zu sehen; und dann der Kopf einer Frau, aufgefunden in den Ruinen des Theaters, die, welch ein Jammer!, ihre Nase eingebüßt hat und deren edle, schlichte Züge, von diesem Mangel abgesehen, an den großartigen Stil der Venus von Milo erinnert. Es gibt vielfältige prächtige Architekturfragmente, die darauf hinweisen, daß das Bauwerk eine äußerst glanzvolle Angelegenheit war. Kurz, dieses kleine Museum in Arles ist das Römischste, was ich außerhalb von Rom kenne.

LES BAUX

Ich sehe gerade, daß ich in einem kleinen Notizbuch, das ich damals führte, eines Abends erklärte, daß ich des Schreibens müde sei (ich war wahrscheinlich sehr schläfrig), doch daß es unbedingt erforderlich wäre, noch ein paar Notizen über meinen Besuch in Les Baux zu machen. Ich muß unmittelbar, nachdem ich diese

Notwendigkeit festgestellt hatte, schlafen gegangen sein, denn ich suche in meinem kleinen Tagebuch vergebens nach einem Bericht über jenen zauberhaften Flecken. Ich kann also nur auf mein Gedächtnis zurückgreifen – ein Gedächtnis, das hinsichtlich allgemeiner Eindrücke recht gut, doch was Details und Einzelheiten anbelangt, schrecklich unzuverlässig ist. Wir, mein Begleiter und ich, wußten im vorhinein, daß Les Baux eine Perle des Pittoresken ist; denn hatten wir solches nicht im Handbuch von Murray gelesen, der die Zuverlässigkeit eines englischen Aristokraten besitzt, soweit es die Sehenswürdigkeiten von Les Baux betrifft? Wir wußten auch, daß es nur einige Meilen von Arles entfernt liegt, auf dem Kamm der Alpilles, den zerklüfteten niedrigen Bergen, die sich, als ich auf der windigen Plattform von Beaucaire stand, meinem Auge als bezaubernder, wenngleich recht ferner Hintergrund zu Tarascon darboten; das wurde uns jedenfalls von der Wirtin des Gasthofes in Arles versichert, bei der wir ein etwas schwerfälliges Fuhrwerk mieteten. Das Wetter war nicht sehr vielversprechend, doch sollte es sich als guter Tag für das mittelalterliche Pompeji herausstellen; ein grauer, melancholischer, feuchter, aber regenloser oder nahezu regenloser Tag; nichts am Himmel, der betrübten und verfallenen Vergangenheit zu spotten, wie der Dichter sagt. Die Fahrt selbst war entzückend, denn die graugrüne Landschaft der Provence ist von unerschöpflichem Liebreiz. Sie ist niemals völlig flach, doch auch niemals wirklich hochfahrend, und voller Abwechslung und Ruhe zugleich. Sie ist beständig wellig bewegt, und die Kahlheit des Bodens läßt trefflich Konturen und Profil hervortreten. Wenn ich Kahlheit sage, meine ich die Abwesenheit von Wäldern und Hecken. Die Landschaft prangt mit Heide und duftendem Buschwerk und verkrüppelten Olivenbäumen, und der weiße Fels, der durch das verstreute Blattwerk schimmert, ist von einer Helligkeit, die mit der Helligkeit des Himmels korrespondiert. Natürlich ist Sonnenschein vonnöten, denn alle südlichen Länder sehen unter dem Milchglas bevorstehenden schlechten Wetters ein wenig falsch aus. Das war auch am Tage meiner Pilgerreise nach Les Baux der Fall. Gleichwohl setzte ich frohgemut den Weg fort, wie ich auch frohgemut ans Ziel gelangte; und während der Fahrt schien es mir, daß es ein wahres Glück sein müsse, solch ein Land an Septembernachmittagen zu Fuß zu durchwandern, sich vielleicht in einer schattigen Mulde auf dem warmen Boden auszustrecken und dem Summen der Bienen und dem Pfeifen melancholischer Hirten zu lauschen; denn in der Provence pfeifen die Hirten nach ihren Schafen. Im Verlaufe dieser Fahrt nach Les Baux sah ich zwei oder drei von ihnen, wie sie ziellos umherwanderten, sich umsahen und pfeifend den Schafen bedeuteten, ihnen zu folgen, was die Schafe auch immer taten, ganz prompt, mit lammfrommer Einmütigkeit. Nichts Malerischeres kann es geben als den Anblick eines langsam schreitenden Hirten, der sich auf einem der gewundenen Pfade seinen Weg hügelab sucht, die Herde dicht hinter ihm, die sich natürlich in die Länge zieht, dennoch ihm auf dem Fuße folgt, sich in ihrem Trott krümmt und windet und eher wie der Schwanz eines schmuddeligen Kometen aussieht.

Ungefähr vier Meilen von Arles entfernt, wenn man nordwärts in Richtung Alpilles fährt, von denen Alphonse Daudet so oft und so vertraut gesprochen hat, stehen auf einem Hügel, der sich über der Straße erhebt, die sehr beachtenswerten Ruinen der Abtei von Montmajour, einer der unzähligen Überreste einer feudalen und ekklesiastischen (wie auch architektonischen) Vergangenheit, der man im Süden Frankreichs begegnet; Überreste, die, das muß man gestehen, auf das passive Gemüt des Touristen eher mit einer gewissen Verwirrung und Übersättigung einwirken. Montmajour jedoch ist sehr eindrucksvoll und interessant; die einzige Beeinträchtigung besteht darin, daß man es, wenn man die Reise nicht abbricht und nach Arles zurückkehrt, in der Erinnerung durch Les Baux verstellt sieht, das ein viel eindringlicheres Bild bietet. Ein Teil der Gebäudeansammlung (das Kloster) stammt erst aus dem letzten Jahrhundert; und die steife Architektur jener Epoche nimmt sich im Zustand der Verlassenheit nicht gerade sehr anmutig aus: das Ganze sieht zu sehr danach aus, als sei es erst im Vorjahr niedergebrannt worden. Das Kloster wurde nämlich während der Revolution zerstört, und die Wirkung der sehr viel älteren Ruinenteile, die auch dazugehören, wird ein wenig beeinträchtigt. Das Kloster zeigt großen Maßstab; es war eine reiche und prachtvolle Abtei. Die Kirche, eine riesige Basilika aus dem elften Jahrhundert und von nobelsten Proportionen, ist nahezu vollständig erhalten; das trifft jedenfalls auf die wesentlichen Züge zu, denn die Einzelheiten sind vollständig verschwunden. Die riesige, mächtige Hülse ist sehr eindrucksvoll; sie sieht aus, als sei sie von der Strenge einer frühen Gläubigkeit ausgehöhlt worden, und sie öffnet sich auf einen Kreuzgang, der ebenso eindrucksvoll ist wie sie selbst. Wohin man auch geht in Frankreich, man begegnet, wenn man ein wenig zurückblickt, der Gorgo der großen Revolution; und man begegnet ihr immer in

Gestalt der Zerstörung von etwas Schönem und Kostbarem. Wie vieles muß sie, damit wir ihr überhaupt verzeihen können, darüber hinaus zerstört haben, das noch hassenswerter war als sie selbst! Unter der Kirche von Montmajour ist eine ganz außerordentliche Krypta, die fast so groß ist wie das sich darüber erhebende Gebäude und einen vollständigen unterirdischen Tempel bildet, um den eine kreisförmige Galerie oder ein Umgang herumführt, der sich in bestimmten Abständen zu fünf rechteckigen Kapellen erweitert. Es gibt dort noch andere Dinge, an welche ich aber nur verworrene Erinnerungen habe: einen großen, befestigten Bergfried; eine seltsame kleine, primitive Kapelle, die unterhalb dieser späteren Anlagen aus dem Fels gehöhlt wurde und dem Besucher als das Beichtgehäuse des Heiligen Trophimus zur Beachtung empfohlen wird, welcher mit so vielen anderen Würdigen den Ruhm teilt, der erste Apostel der Gallier gewesen zu sein. Dann gibt es dort noch eine eigenartige kleine Kirche von düsterstem Alter, die in einiger Entfernung von den anderen Gebäuden steht. Ich erinnere mich, daß wir, nachdem wir etliche steile Passagen hinabgeklettert waren, um Krypten und Beichtgehäuse zu besichtigen, über ein Feld zu diesem archaischen, kreuzförmigen Bauwerk gingen und von dort weiter zu der Stelle an der Straße, wo unsere Kutsche auf uns wartete. Die Kapelle des Heiligen Kreuzes, wie sie genannt wird, zählt zu den historischen Monumenten Frankreichs; und ich las in einem kuriosen, weitschweifigen, schlechtgeschriebenen Buch, auf das ich in Avignon stieß und in welchem der Verfasser, M. Louis de Laincel, eine ganze Menge Wissenswertes über das Thema Provence unter einem wenig vertraueneinflößenden Stil verborgen hat, daß die ›délicieuse chapelle de Sainte-Croix‹ ein ›véritable bijou artistique‹ sei. Er spricht von einem ›Stück Spitzengewirk in Stein‹, das sich vom einen Ende des Gebäudes bis zum anderen hinziehe, an das ich aber, so muß ich gestehen, keine Erinnerung habe. Ich habe jedoch noch einen hinreichend klaren Eindruck von dem kleinen ausgedienten Tempel mit den vier Apsiden und dem wahrnehmbaren Geruch von Alter – dem Geruch des elften Jahrhunderts.

Die Ruinen von Les Baux sind kaum auszumachen, selbst wenn man sich direkt unterhalb befindet, am Fuße der reizvollen kleinen Alpilles, die sich mit einer Art zarter Zackigkeit emportürmen. Klippen und Ruinen sind so von den Wirrnissen der Zeit miteinander verschmolzen, daß der Ort, wenn man sich ihm von der Rückseite her nähert – das heißt, aus Richtung Arles –, einfach den Eindruck allgemeiner Zerklüftetheit hervorruft. Es gibt nichts Hübscheres als die zerklüfteten Felsen der Provence; sie sind wunderschön modelliert, wie die Maler sagen, und sie haben eine hinreißende silbrige Farbe. Die Straße windet sich um den Fuß der Hügel, auf deren Spitze Lex Baux angesiedelt ist, und führt in ein anderes Tal, von welchem aus die Anfahrt zur Stadt um viele Grade weniger steil ist und bequem in der Kutsche bewältigt werden kann. Der tiefschürfend forschende Reisende wird natürlich so bald als möglich aussteigen, denn das Vergnügen, zu Fuß in diese seltsamste aller Städte hinaufzuklimmen, trägt nicht zum geringsten zu der Abwechslung bei, die ihr Besuch bietet. Erst dann weiß man ihre außerordentliche Lage, das Pittoreske, die Schroffheit, die Verlassenheit und den Verfall zu würdigen. Sie hängt –

das heißt das, was von ihr übriggeblieben ist – an der Gipfelschräge des Berges. Nichts wäre natürlicher, als wenn das Ganze ins Tal hinabrollen würde. Und das hat ein Teil auch getan – denn es ist nicht unbillig anzunehmen, daß im Prozeß des Verfalls die abgebröckelten Bruchstücke der Tiefe zustrebten, während der Rest sich immer noch an seinen prächtigen Hochsitz klammert.

Wenn ich soeben Les Baux eine Stadt genannt habe, dann nicht, weil ich zugunsten des kleinen Fleckens übertreiben wollte, der heute nur noch ein paar Dutzend Einwohner hat. Die Geschichte des Ortes ist ebenso außergewöhnlich wie seine Lage. Er war nicht nur eine Stadt, sondern ein Staat; nicht nur ein Staat, sondern ein Reich; und auf dem Kamm seines kleinen Berges sitzend konnte er sich Souverän eines Territoriums oder zumindest verstreuter Städte und Landstriche nennen, zu welchen sein gegenwärtiges Aussehen in groteskem Mißverhältnis steht. Die Herren von Les Baux waren mit einem Wort große feudale Grundbesitzer, und es gab eine Zeit, da die Insel Sardinien, um nicht von Orten näher der Heimat wie Arles und Marseille zu sprechen, ihnen tributpflichtig war. Die Chronik dieses alten provençalischen Hauses wurde von M. Jules Canonge in einem Buch aufgezeichnet, das in recht salbungsvollem und blumigem Stil geschrieben ist. Ich erstand das kleine Buch – eine bescheidene Broschüre – in dem Haus der Guten Schwestern gleich neben der Kirche, in einem der höchstgelegenen Viertel von Les Baux. Die Schwestern leiten eine Schule für die wackeren kleinen Baussenques, die ich piepsend ihre Lektion aufsagen hörte, während ich in dem kalten *parloir* auf eine der Damen

wartete, mit der ich sprechen wollte. Etwas Vollende-
teres als das Auftreten dieser vortrefflichen Frau läßt
sich gar nicht denken, obwohl doch ihr kleines religiö-
ses Haus ein sehr abgeschiedener Winkel der Welt zu
sein schien. Es war fleckenlos reinlich, und die Räume
sahen aus, als seien sie jüngst tapeziert und ausgemalt
worden: in dieser Hinsicht stellten sie in diesem mittelalterlichen Pompeji eher einen Mißklang dar. Jedenfalls
waren sie das Neueste und Frischeste, was in Les Baux
zu sehen war. Ich erinnere mich, daß ich, nachdem ich
die Guten Schwestern verlassen hatte, zur Kirche und
der davorgelegenen kleinen ruhigen Terrasse hinüber-
ging, welche ein paar niedrige Bäume zieren und die
von einer brusthohen Mauer begrenzt wird, über die
man hinab auf steile Hänge, fern in die Luft und im
Rund auf die angrenzende Landschaft blickt. Ich erinnere mich, daß ich mir sagte, diese kleine Terrasse sei
einer jener trefflichen Winkel, die der Tourist, der
Geschmack hat, als pittoresk in Erinnerung behält. Die
Kirche war klein und braun und dunkel, von einer
gewissen rustikalen Üppigkeit. All das ist jedoch keine
umfassende Beschreibung von Les Baux.

Ich bin nicht in der Lage, eine zusammenhängende
Darstellung des Ortes zu geben, einfach deshalb, weil
er eine Wirrnis von Ruinen darstellt. Er ist nicht wie
Pompeji in Lava konserviert gewesen, und seine Straßen und Häuser, seine Befestigungsanlagen und das
Schloß sind nicht durch plötzliche Zerstörung in Trümmer gelegt worden, sondern durch den allmählichen
Rückzug der Bevölkerung. Es ist keine ausgelöschte,
sondern eine verlassene Stadt; bei weitem verlassener
sogar als Carcassonne und Aigues-Mortes, wo ich mich
so sehr über den Grasbewuchs amüsiert hatte. Sie hat

nur eine sehr geringe Ausdehnung, und selbst in den Tagen ihrer Größe, als ihre Herren sich Grafen von Cephalonia und Neophantis betitelten, Könige von Arles und Vienne, Fürsten von Achaia und Kaiser von Konstantinopel – selbst in dieser Blüteperiode, als diese Herren, wie M. Jules Canonge sich ausdrückt, ›die Waage, mit welcher das Geschick von Völkern und Königen gewogen wird, niederzudrücken vermochten‹, beherbergte die beherzte kleine Stadt im besten Falle nicht mehr als zweimal achtzehnhundert Seelen. Doch waren ihre Herren – die, wie ich gesagt habe, immerhin eine lange Liste von untergebenen Städten präsentieren konnten, deren meiste, wenn auch ein paar ruhmreiche darunter sind, sich mit Ruhm nicht brüsten können – Seneschalle und Befehlshaber des Piemont und der Lombardei, Großadmirale des Königreiches von Neapel, und ihre Damen waren gesuchte Partien für die Elite der europäischen Fürsten. Einen beträchtlichen Teil der kleinen Abhandlung von M. Canonge nehmen die großen verwandtschaftlichen Verbindungen des Hauses von Baux ein, dessen (Heirats- und sonstige) Geschicke er vom elften bis hin zum sechzehnten Jahrhundert verfolgt. Die leeren Hülsen einer beträchtlichen Anzahl alter Häuser, von denen viele prachtvoll gewesen sein müssen, die Schneisen manch steiler kleiner Straßen, die Fundamente einer Burg und herrliche Ausblicke in Hülle und Fülle sind alles, was von diesen großen Namen heute geblieben ist. Einer solchen Aufzählung könnte ich noch ein Dutzend sehr höflicher und sympathischer Leute anfügen, die aus den Ritzen der chaotischen kleinen Stadt hervorkamen, um die beiden Fremden anzustarren, die von Arles herbeigefahren waren und deren Pferde bei dem bescheidenen

Gasthof getränkt und gefüttert wurden. Wir wagten nicht, die Ressourcen dieses Etablissements in anderer Hinsicht zu erproben, trotz der verführerischen Tatsache, daß das Schild über der Tür in provençalischer Zunge abgefaßt war. Diese kleine Gruppe schloß auch den Bäcker ein, einen recht melancholischen jungen Mann in hohen Stiefeln und einem Umhang, und mit diesem und seinen Genossen führten wir ein längeres Gespräch. Die heutigen Baussenques fielen mir als sehr sanfter und angenehmer Menschenschlag auf, mit einem Gutteil jener natürlichen Liebenswürdigkeit, welche bei solcher Gelegenheit der Reisende, der darauf wartet, daß sein Pferd eingespannt oder sein Abendessen bereitet wird, bei jenen bezaubernden Menschen beobachtet, die sich in den Hügelstädten der Toskana zum Gespräch bereit finden. Die Stelle, an welcher sich unsere Gesprächspartner in Les Baux versammelt hatten, war naturgemäß der am dichtesten bewohnte Teil der Stadt; wie ich gesagt habe, war wenigstens ein Dutzend menschlicher Gestalten in Sicht. Alsbald entfernten wir uns von ihnen, erklommen die höheren Bereiche, ließen uns in den Ruinen der Burg nieder und sahen von dem Fels hinab, der sich über dem Abschnitt der Straße erhebt, der, wie ich erwähnt habe, von der Rückseite nach Les Baux führt. Ich war nicht in der Lage, die Anordnung der Burg ebenso klar nachzuvollziehen wie die Autoren, die sie in den Führern beschreiben, und ich muß zu meiner Schande gestehen, daß ich nicht einmal die drei großen Steinfiguren zu Gesicht bekommen habe (die drei Marien, wie sie genannt werden; die beiden biblischen Marien und Martha), die eine der Sehenswürdigkeiten des Ortes darstellen und von denen M. Jules Canonge mit nahezu hyperbolischer Bewunderung spricht. Ein kräftiger Schauer, der etwa zehn Minuten dauerte, ließ uns in einer Höhle mysteriösen Ursprungs Zuflucht suchen, wo uns der melancholische Bäcker alsbald entdeckte, der die gute Idee gehabt hatte, heraufzukommen und uns mit einem Schirm auszuhelfen, der in einem anderen Zeitalter gewiß einmal einer der Stéphanettes oder Berangères gehört hat, die von M. Canonge verewigt worden sind. Sein Ofen blieb leider während der Dauer unseres Besuches kalt. Als der Regen vorüber war, wanderten wir zu der kleinen, freigeräumten Fläche vor dem Gasthof hinab, durch ein kleines Labyrinth von untergegangener Pracht. Sie zeigte sich in Gestalt enger, abschüssiger Straßen, begrenzt von leeren Häusern mit klaffenden Fenstern und fehlenden Türen, durch welche der Blick auf gemeißelte Kamine und Trümmer stattlicher Bögen und Gewölbe fiel. Einige der Häuser sind noch bewohnt, doch die meisten sind Luft und Wetter preisgegeben. Einige von ihnen sind völlig eingestürzt; andere wenden der Straße eine Fassade zu, die es zuläßt, sich ein Urteil über die Physiognomie von Les Baux in den Tagen seiner Bedeutung zu machen. Diese Bedeutung hatte im frühen sechzehnten Jahrhundert schon beträchtlich abgenommen, als der Ort aufgehört hatte, ein unabhängiges Fürstentum zu sein. Es wurde – als Vermächtnis eines seiner Herren, Bernardin des Baux, einem großen Feldherrn seiner Zeit – zur Apanage der Könige von Frankreich geschlagen, von denen es unter den Schutz von Arles gestellt wurde, das vormals bezüglich Les Baux eine so ganz andere Stellung gehabt hatte. Ich weiß nicht, ob die Arleser ihre Verpflichtung vernachlässigt haben, doch ist der Untergang der kleinen trutzigen Festung zu vollständig, um nicht schon vor langer Zeit begonnen zu haben. Sein Angedenken liegt unter seinen schweren Steinen begraben. Als wir in der Abenddämmerung von dannen fuhren, waren mein Freund und ich uns einig, daß die zwei oder drei Stunden, die wir dort verbracht hatten, zu den glücklichsten Eindrücken eines auf das Pittoreske erpichten Paares von Touristen gehörten. Wir vergaßen beinahe, daß wir es doch hätten bedauern müssen, daß die fortgeschrittene Stunde uns keine Zeit mehr ließ, noch fünf Meilen weiter über einen Paß in den niedrigen Bergen nach Saint Remy zu fahren – es war am Morgen, als wir seiner ansichtig wurden, nahezu unwiderstehlich verlockend gewesen –, um den römischen Bogen und das Mausoleum anzuschauen. Um für diese größere Exkursion (einschließlich des Besuches in Les Baux) Zeit genug zu haben, muß man sehr früh am Morgen in Arles aufbrechen; doch einen vergnüglicheren Tag kann ich mir gar nicht vorstellen.

AVIGNON

Ich war zuvor zweimal in Avignon gewesen, und trotzdem war ich noch nicht gesättigt. Jetzt bin ich wohl zufriedengestellt; nichtsdestoweniger habe ich meinen dritten Besuch genossen. Den ersten werde ich so bald nicht vergessen, weil eine ganz besondere Emotion ihm ein unauslöschliches Gepräge gegeben hat. Das war 1870, ich kroch Richtung Norden, nach vier Monaten in Italien, meinem ersten Aufenthalt dort. Es war Mitte Januar, und ich hatte mich unerwartet gezwungen gesehen, für den Rest des Winters nach

England zurückzukehren. Es war eine unerträgliche Enttäuschung; ich fühlte mich elend, es hatte mir das Herz gebrochen. Italien erschien mir damals so viel schöner als alles andere auf der Welt, daß es war, als müsse ich mich inmitten des Festmahles von der Tafel erheben mit der Aussicht, bis zum Ende meiner Tage hungrig zu bleiben. Ich hatte so manches Loblied auf den Süden Frankreichs singen hören; doch war der Süden Frankreichs ein kümmerlicher Trost. In dieser Gemütsverfassung kam ich nach Avignon, das unter einer hellen, klirrenden Wintersonne bebte – ja recht eigentlich wirbelte – infolge des *mistral*. Ich finde in meinem damaligen Tagebuch einen Hinweis auf die Heftigkeit meines Widerstrebens im Januar 1870. Frankreich schien nach dem Aufenthalt in Italien in der Sprache letzteren Landes *poco simpatica*; und ich befand es für nötig, aus Gründen, die mir heute unerfindlich sind, den *Figaro* zu lesen, dessen Seiten Beschreibungen des furchtbaren Troppmann füllten, des Mörders der *famille* Kink. Troppmann, Kink, *le crime de Pantin* – schon die Namen, die in dieser Epoche eine Rolle spielten, schienen mir abzuwinken, mich zur Umkehr zu bewegen. Hatte ich mich vom singenden Süden abgewandt, um mich mit solch vulgären Vokabeln gemeinzumachen?

Es war sehr kalt diesmal in Avignon, denn wenn auch kein Mistral herrschte, so regnete es doch, wie es eben in der Provence regnet, und die Feuchtigkeit ließ mich fürchterlich frösteln. Während ich spät zur Nacht bei meinem Feuer saß – denn im milden Avignon ging es im Oktober nicht ohne Feuer – fiel mir wieder ein, daß ich vor elf Jahren zur selben Stunde in demselben Zimmer beim Feuer gesessen und in einem Brief an eine

Freundin, vor der als extravagant zu erscheinen ich mich nicht scheute, den Schwur getan hatte, mich einmal in der Zukunft zu glücklicheren Zeiten an der *ci-devant* Papststadt zu revanchieren, indem ich mich ihr in umgekehrter Richtung nähern würde. Ich denke, daß ich meinen Schwur anläßlich meines zweiten Besuches besser eingelöst habe als beim dritten; denn da war ich auf dem Wege nach Italien, und da kostete ich die Revanche natürlich ganz. Die einzige Einschränkung bestand darin, daß ich es so eilig hatte, nach Ventimiglia zu kommen (wo das italienische Zollamt zum Zeichen meines Triumphes ausersehen war), daß ich mir nicht einmal recht die Zeit nahm, mir in Avignon darüber klarzuwerden, daß es so doch besser war, als den *Figaro* zu lesen. Ich eilte so schnell weiter, daß ich beinahe das Bewußtsein, mich in südlicher Richtung zu bewegen, gar nicht richtig genossen habe. Beim dritten Mal ermangelte ich leider solch glücklicher Gewißheit. Avignon war der südlichste Punkt, an dem ich umkehren und mich auf den Weg nach England machen würde. Doch war ich inzwischen oft genug in Italien gewesen, und darin lag der ganze Unterschied.

Ich hatte genügend Zeit, um so nachzusinnen, denn der Regen hielt mich praktisch die ersten vierundzwanzig Stunden im Hause fest. Es hatte in diesen Regionen seit einem Monat geregnet, und die Leute hatten angefangen, die Rhone mißtrauisch zu beäugen, wenn auch der Fluß noch keine exorbitanten Ausmaße angenommen hatte. Das einzige, was sich unternehmen ließ, während der Gießbach herabstürzte, war eine Art horizontalen Tauchganges, unter ausgiebigem Geplansche, zu dem kleinen *musée* der Stadt, das in erträglicher Reichweite des Hotels liegt. Es war mir von meinem ersten Besuch her noch im Gedächtnis; ich hatte es malerischer gefunden als seine Gemälde. Ich stellte nun fest, daß diese Erinnerung ein wenig schmeichelhaft gewesen war, und daß es weder besser noch schlechter war als die meisten Provinzmuseen. Die übliche muffige Kälte liegt in der Luft, man geht durch den üblichen grasüberwachsenen Vorhof, in dem ein paar plumpe römische Trümmer aufgestellt sind, den Boden bilden die üblichen roten Tonfliesen, und an den Wänden hängen die üblichen Stücke der blasseren Malerschulen. Ich läutete nach dem *gardien*, der, sich den Mund abwischend, mit einem Schlüsselbund in der Hand erschien; er schloß mir die Türen auf, öffnete die Fensterläden, und während er (zu meinem Ärger, als wären es die Gegenstände wert gewesen, länger bei ihnen zu verweilen) hinter mir herschlurfte, verkündete er die Titel der Bilder, vor denen ich stehenblieb, mit einer Stimme, die durch die melancholischen Säle hallte und die Urheberschaft, wenn sie obskur war, als schmählich, und wenn sie Größe prätendierte, als grotesk erscheinen ließ. Dann gab es Intervalle von Schweigen, während ich aufs Geratewohl geistesabwesend ein gleichgültiges Stück Leinwand anstarrte, und das einzige Geräusch war das Trommeln des Regens, der an die Oberlichter schlug. Was dem Museum von Avignon dann doch eine gewisse Würde verleiht, sind die römischen Fragmente. Römische Monumente hat die Stadt nicht aufzuweisen; in dieser Hinsicht gibt es, verglichen mit den strahlenden Nachbarstädten Arles und Nîmes, eine Fehlanzeige. Doch wurde eine Fülle kleinerer Gegenstände in ihrem Boden gefunden – Tonwaren, Gläser, Bronzefiguren, Lampen, Gefäße und Gold- und Silberschmuck. Die Gläser sind besonders bezaubernd – kleine Gefäße von erlesener Form und feinstem Material, viele von ihnen vollkommen erhalten. Diese zierlichen, vertrauten Gegenstände bringen einem das Leben der alten Römer nahe; sie sind wie Perlen, aufgereiht auf den feinen Faden, der sich über den Abgrund der Zeit schwingt. Ein kleiner Glaskelch, an dem römische Lippen sich genetzt haben, sagt uns mehr als das große Gefäß einer Arena. Es gibt dort in dem Museum von Avignon zwei kleine *casseroles* mit ziselierten Griffen, die mich als höchst bezaubernde Überlebende der Antike staunen machten.

AVIGNON: DER PAPSTPALAST

Ich tat unrecht, soeben von meiner Attacke auf jenes Bauwerk als einziger Abwechslung zu sprechen, die ich mir an diesem nassen Tage verschaffte; denn ich erinnere mich an einen scheußlich feuchten Besuch im ehemaligen Papstpalast, welcher nur während jener stürmischen Stunden stattgefunden haben kann. Wobei ich wahrlich kaum weiß, weshalb ich in den Regen hinausgegangen sein soll, um mir den Papstpalast anzusehen, denn das hatte ich schon zweimal zuvor hinter mich gebracht, und auch damals war er mir nicht als eine Stätte von solch überwältigendem Interesse vorgekommen, wie es wohl der Fall sein sollte; bleibt nichtsdestoweniger die Tatsache, daß bei diesem letzten Mal der Regenschirm eine wichtige Rolle spielte, der nicht einmal in manchen Kammern und Korridoren des gigantischen Gebäudekomplexes entbehrlich war. Dieser war mir schon zuvor als das trostloseste aller historischen Bauwerke vorgekommen, und mein allerletzter Besuch bestätigte diesen Eindruck. Es ist eine ebenso verwinkelte wie riesige Anlage, in ebenso desolatem wie dreckigem Zustand. Die Phantasie muß aus irgendeinem Grunde mehr als die in solchen Fällen übliche Mühe aufwenden, um das Bauwerk wiederherzustellen und wieder mit Menschen zu beleben. Da ist schlicht die Tatsache, daß man den Palast so unermeßlich mißbraucht und verändert hat. Die Veränderungen sind so zahlreich, daß ich, obwohl ich die Aufzählungen der vornehmlichsten Verunstaltungen, wie die Reiseführer sie bieten, durchaus studiert habe, nicht vorgebe, auch nur eine einzige von ihnen im Kopf behalten zu haben. Der riesige nackte Gebäudekomplex, ohne Verzierungen, ohne Anmut, seiner Befestigungen entkleidet und entstellt durch greuliche moderne Fenster, der den Rocher des Doms bedeckt und auf die Rhone und die geborstene Brücke von Saint-Bénazet (die auf so malerische Weise in der Mitte des Stromes abbricht) herab und hinüber zum einsamen Turm von Philippe le Bel und den Ruinen der Mauern von Villeneuve blickt, macht aus der Ferne trotz seiner Schmucklosigkeit einen großartigen Eindruck, welcher durch den danebenstehenden Kirchturm (wenngleich letzterer recht kopflastig von einem ungeheuren, modernen Standbild der Heiligen Jungfrau gekrönt wird) und das dichte, dunkle Blattwerk des Parks, der auf einem noch höher gelegenen Abschnitt der Anhöhe angelegt ist, abgerundet wird. Dieser Park erinnert schwach und ein wenig befremdlich an das Gelände des Pincio in Rom. Ich weiß nicht, ob es am Schatten des päpstlichen Namens liegt, der an beiden Orten zugegen ist, verbunden mit einer vagen Ähnlichkeit zwischen den Kirchen – die mit ihrer Freitreppe jeweils die Domfreiheit zu verteidigen schienen –, doch jedesmal, wenn ich die Promenade des Doms sah, trug es meine Gedanken fort zu jener breiteren und erhabeneren Terrasse, von welcher man zum Tiber und nach Sankt Peter hinüberblickt.

Wenn man vor dem Papstpalast steht, und insbesondere, wenn man ihn betritt, registriert man betroffen, was für ein langweiliges Monument er ist. Geschichtlich hat sich hier genug abgespielt: von 1305 bis 1370 dauerte das große Schisma, während dessen sieben Päpste, allesamt Franzosen, das Hofleben zu Avignon nach Prinzipien gestalteten, welche sie nicht der Wertschätzung der Nachwelt empfahl. Doch ist die Geschichte fortgetüncht worden, und die Skandale jener Epoche haben sich mit dem Staub von Zerstörung und Instandsetzung vermischt. Das Gebäude hat viele Jahre lang als Kaserne der Linienregimenter gedient, und die wesentlichen Charakteristika einer Kaserne – äußerste Kahlheit und ein sehr eigentümlicher Geruch – prägen die endlosen Sektionen des Gebäudes in ihrer Gesamtheit. Etwas Grausam-Trostloseres als das Erscheinungsbild, das es bei diesem meinem dritten Besuch bot, läßt sich gar nicht vorstellen. Ein Regiment, das sein Quartier wechselte, war am Vortage abgerückt, und ein anderes sollte am folgenden Tage (aus Algerien) eintreffen. Der Ort war in jenem besudelten und beschmutzten Zustand zurückgelassen worden, der noch vom Durchzug der Soldateska kündet, nachdem sie das Lager längst abgebrochen hat; er würde dem Regiment, das ihn übernehmen sollte, nur ein recht melancholisches Willkommen entbieten. Riesige Fenster waren überall im Gebäude achtlos offengelassen worden und Regen und Wind schlugen in leere Räume und Gänge und verursachten einen Luftzug, der vielleicht reinigend, aber keineswegs aufheiternd wirkte. Welch ein schrecklicher Empfang! Eine Handvoll Soldaten war dageblieben. In einem der großen, gewölbten Räume lagen etliche von ihnen auf ihren elenden Betten, in trübem Licht, in der Kälte, in der Feuchtigkeit, die niederdrückenden nackten Wände vor Augen, den Mantel, der über sie gebreitet lag, bis zur Nase hochgezogen. Ich bemitleidete sie maßlos, auch wenn sie sich vielleicht weniger elend fühlten als sie aussahen. Ich dachte nicht an die alten Schändlichkeiten und Verbrechen, nicht an die trichterförmige Folterkammer (die, nachdem sie den Schauer von Generationen erregt hat, jetzt, wie ich glaube, als mittelalterliche Backstube identifiziert wurde), nicht an den Turm der *glacière* und die Greueltaten, die hier während der Revolution verübt wurden, sondern an die militärische Last, die das junge Frankreich zu tragen hat. Man fragt sich, wie das junge Frankreich das durchsteht, und man ist wohl gezwungen anzunehmen, daß der französische Rekrut über seine notorische gute Laune hinaus doch über eine größere Zähigkeit verfügt, als gemeinhin von jenen angenommen wird, die nur die eher verweichlichenden Einflüsse der französischen Zivilisation in Betracht ziehen. Ich hoffe, daß er doch gelegentlich entschädigt wird für solche Momente, wie ich sie jene nassen jungen Bauern auf den Matratzen ihrer scheußlichen Kaserne habe verbringen sehen, wo nichts in ihrer Umgebung sie daran hätte erinnern können, daß sie sich in dem zivilisiertesten aller Länder befanden. Die einzigen Spuren vormaligen Glanzes, die in den päpstlichen Prunkgemächern heute noch zu sehen sind, finden sich an den Wänden und Gewölben zweier kleiner Kapellen in Gestalt der

Freskenmalerei von Simone Memmi, die so ramponiert und verblichen ist, daß man sie kaum noch erkennt. Diese bietet sich natürlich als besonders gutes Betätigungsfeld für Restaurierung an, und ich glaube, die Regierung beabsichtigt, diese in die Hand zu nehmen. Ich erwähne diese Tatsache ohne einen Seufzer, denn uninteressanter als das Ganze gegenwärtig ist, kann es gar nicht werden.

VILLENEUVE-LÈS-AVIGNON

Glücklicherweise regnete es nicht jeden Tag (obwohl ich glaube, daß es überall sonst im Departement geregnet hat); andernfalls wäre ich nicht in der Lage gewesen, Villeneuve und Vaucluse zu besuchen. Wirklich war es ein herrlicher Nachmittag, als ich über die endlose Brücke ging, welche die beiden Arme der Rhone – sie wird hier von einer recht beachtlichen Insel geteilt – überspannt; und wie ein einsamer Reitersmann – zu Fuß – lenkte ich meine Schritte zu dem verlassenen Turm, der eines der Außenwerke von Villeneuve-lès-Avignon bildet. Die malerische, halb entvölkerte kleine Stadt liegt ein paar Meilen flußaufwärts. Die ungeheuren Rundtürme ihrer alten Zitadelle und die breiten Flächen zerstörter Mauern, die den Hang bedecken, auf welchem sie liegt, fallen am ehesten ins Auge, wenn man von Avignon her über die Rhone blickt. Mit dem Besuch dieser Objekte brachte ich einige Stunden hin, und die Episode hatte etwas von malerischem Liebreiz; doch kann ich nicht von vielen Einzelheiten berichten. Der einsame Turm, den ich gerade erwähnt habe, hat vieles mit dem für sich stehenden Donjon von Montmajour gemein, den ich mir auf dem Wege nach Les Baux angesehen hatte und dem ich schon meine Reverenz erwiesen habe, als ich von diesem Ausflug sprach. Gleichfalls das Werk von Philippe le Bel (erbaut 1307), ist der Turm verblüffend groß und trutzig und bildet das gegenüberliegende Ende der geborstenen Brücke, deren erste Bögen (auf der Seite Avignons) allein übrigblieben, um einen die gelegentliche Breite der Rhone ermessen zu lassen. Ein halbstündiger Spaziergang brachte mich nach Villeneuve, das ein wenig abseits vom Fluß liegt, wie ein großes halb verlassenes Dorf aussieht und hauptsächlich von Hunden und Katzen, alten Frauen und kleinen Kindern bewohnt wird; die letzteren im allgemeinen bemerkenswert hübsch, wie es die Kinder der Provence ja sind. Man überquert die *place*, die in einzigartigem Maße unbestimmt und bewußtlos erscheint, und kommt zu dem Rundhügel, auf welchem die Ruine der Abtei ihre gelben Mauern erhebt – die Benediktinerabtei von Saint-André, zugleich eine Kirche, ein Kloster und eine Festung. Ein großer Teil des verfallenden Mauergürtels zieht sich über den Hügel hin; doch ansonsten ist das einzige, was noch einen nachvollziehbaren Zusammenhalt besitzt, ein beträchtliches Stück der Zitadelle. Die Verteidigung des Ortes scheint im wesentlichen der Obhut der riesigen Rundtürme anvertraut gewesen zu sein, die das alte Tor flankieren; einen davon, den vollständigeren, durfte ich mit Genehmigung des uralten Wärters (nachdem er mich zunächst in seine eigene, dämmrige kleine Stube geleitet und mir einen großen Bund Lavendel verehrt hatte) genauer erforschen. Beinahe hätte ich auf dieses Privileg verzichtet, denn ich glaube, ich habe schon erwähnt, daß die Bekanntschaft mit vielen feudalen Interieurs eine traurige Verwirrung in mir angerichtet hat. Das Bild des Äußeren bleibt immer deutlich; ich unterscheide es von anderen Bildern der gleichen Art; es hinterläßt einen hinreichend unauslöschlichen Eindruck. Doch die Wachstuben, Wendeltreppen, Schießscharten und Gefängnisse wiederholen sich und geraten durcheinander; sie haben eine zermürbende Familienähnlichkeit. Es gibt immer schwarze Gänge und Winkel und zwanzig Fuß dicke Mauern; und es gibt immer irgendeine hohe Warte, die man um eines ›großartigen‹ Blickes willen erklimmt. Auch die Blicke haben die Neigung, sich ineinanderzuschieben. Diese dichtgefügten Tortürme von Philippe le Bel jedoch fielen mir als besonders böse und finster auf. Sie sind von größter Geräumigkeit und weisen in Hülle und Fülle teuflische kleine Verliese auf, die von engsten Schlitzen in den gewaltigen Mauern spärlich erleuchtet sind und wo einen mit ziemlicher Lebhaftigkeit und noch größerem Schrecken der Gedanke befällt, daß hier einst Menschen elendiglich im Dunkel lebendigen Leibes verwesten. Die Verliese von Villeneuve hinterließen einen besonderen Eindruck bei mir – tiefer als alle anderen, ausgenommen jene von Loches, die gewiß die grausigsten Europas sind. Ich beeile mich hinzuzufügen, daß aber auch jedes dunkle Loch in Villeneuve Verlies genannt wird; und ich glaube, es kann als ausgemacht gelten, daß auf diese Weise in nahezu allen alten Burgen und Türmen das Zartgefühl des modernen Touristen skrupellos ausgebeutet wird. Es gab eine Fülle dunkler Löcher im Mittelalter, die keine Verliese waren, sondern häusliche Gelasse verschiedenster Art; und manch eine Träne, die aus Mitleid für den ächzenden Gefangenen geflossen ist, wurde in

Wirklichkeit den Geistern der Speisekammer und der Brennholznische gespendet. Gleichwohl gibt es ein paar recht schlimme Winkel in den Türmen von Villeneuve, so daß es wohl nicht ganz abwegig war, wenn ich, wie schon so oft zuvor, über die robuste Verfassung der Menschen im Mittelalter und die nervliche Gelassenheit von Leuten nachzusinnen begann, denen der ächzende Gefangene und die Schwärze eines ›lebendigen Grabes‹ vertraute Vorstellungen waren, die in keiner Weise ihr Wohlbefinden oder die Gesundheit ihres Gemütes beeinträchtigten. Unsere heutigen Nerven, unser empfindliches Einfühlungsvermögen, unsere leicht erregte Besorglichkeit und unsere Ängste lassen einen (in mancher Hinsicht) eine weniger hohe Meinung von der menschlichen Natur haben. Wenn es denn nicht tatsächlich wahr ist, was ich schon habe vertreten hören, daß im Mittelalter jedermann verrückt wurde – jedermann buchstäblich verrückt war. Die Theorie, daß es eine Epoche allgemeinen Wahnsinns war, ist durchaus nicht ganz unhaltbar.

Innerhalb der alten Mauern ihrer riesigen Abtei hat die Stadt Villeneuve sich eine krude Vorstadt errichtet, wobei die Trümmer, von denen der Boden bedeckt war, als Steinbruch gedient haben, wie ich annehme. Es gibt keine Straßen; die kleinen, schäbigen Häuser, beinahe Schuppen, sind planlos über den unebenen Grund verstreut. Das einzige, was ausgeprägt hervortritt, ist ein geschlossener Konvent für Nonnen, die einen großen Garten (alles innerhalb der Mauern) hinter ihrem Hause haben und in (oder schlicht auf) deren tristes Domizil man von den Befestigungsmauern der Zitadelle herabsieht. Eine oder zwei Nonnen gingen bei dem Haus aus und ein; sie trugen graue Tracht mit einer hellroten Pelerine. Ich fand, daß sie dort sehr provinziell hausten. Ich wandte mich ab und wanderte ein wenig den Fuß des Hügels außerhalb der Mauern entlang. Kleine weiße Steine drangen durch das Gras an die Oberfläche, und niedrige Olivenbäume standen verstreut umher. Der Nachmittag hatte ein gelbes Gleißen. Ich setzte mich unter einen der kleinen Bäume ins Gras – die zarten grauen Zweige hingen nicht hoch über meinem Kopf – ruhte mich aus und sah über die Rhone nach Avignon hinüber. Es war sehr mild, sehr still und angenehm, wenngleich ich mir nicht sicher bin, ob es all das war, was ich mir einstmals von einer solchen Kombination von Elementen erwartet hätte: eine alte Stadtmauer als Hintergrund, ein Baldachin von Oliven und als Liegestatt den Boden der Provence.

AVIGNON

Als ich nach Avignon zurückkehrte, war die Dämmerung schon dichter geworden, doch ging ich noch zum Rocher des Doms hinauf. Hier wurde ich abermals von jenem freundlichen Mond begünstigt, der mir schon so viele romantische Szenen erhellt hatte. Es war Vollmond, er stieg über der Rhone empor und ließ sie in der Ferne wie eine silberne Schlange schimmern. Ich weiß noch, daß ich mir in diesem Augenblick sagte, daß es ein schöner Abend sei, um die Mauern von Avignon zu umwandern – die bemerkenswerten Mauern, die einen Vergleich mit denen von Carcassonne und Aigues-Mortes herausfordern und die mit einiger Aufmerksamkeit zu erforschen es meine Pflicht als Beobachter des Pittoresken war. Indem sie sich in jenem silbrigen

Schimmer zeigten, mußten sie doch einfach eindrucksvoll sein. So sagte ich mir wenigstens; doch leider glaubte ich selbst nicht, was ich sagte. Es ist eine melancholische Tatsache, daß die Mauern von Avignon mir niemals irgendeinen Eindruck gemacht hatten, und ich hatte mir eben niemals die Mühe gemacht, jenen Rundweg zu gehen. Sie sind fortlaufend und vollständig, doch aus irgendeinem geheimnisvollen Grunde bleibt ihnen Wirkung versagt. Das liegt zum Teil daran, daß sie sehr niedrig sind, an manchen Stellen nahezu absurd niedrig, wo sie nämlich von neueren Erdaufhäufungen begraben sind und die Zuschüttung des Grabens sie um die Hälfte verkürzt. Und dann sind sie zu gepflegt; sie sehen nicht nur gegenwärtig sehr neu aus, sondern sie sehen so aus, als seien sie niemals alt gewesen. Die Tatsache, daß ihr Umfang vergleichsweise sehr viel größer ist, macht sie zwar zu einer auffälligeren Sehenswürdigkeit als die Mauern von Carcassonne; doch ist es zugleich gerade dieser Umfang, der sich auf die Einheit des pittoresken Eindrucks fatal auswirkt. Mit ihren siebenunddreißig Türmen und den sieben Toren verlieren sie sich selbst zu sehr, um ein malerisches Bild zu bieten, das sich mit der bewunderungswürdigen kleinen Vignette von Carcassonne vergleichen könnte. Ich möchte, da ich gerade von Avignon als einem Gesamteindruck spreche, noch erwähnen, daß es nichts Eigenartigeres gibt als das Phänomen, wie aus der Entfernung gesehen alles durch die riesige Masse des Papstpalastes zu nichts reduziert wird. Von der anderen Rhoneseite her oder bei der Abreise vom Zuge aus betrachtet besteht Avignon allein aus diesem großen grauen Block; er scheint die ganze Stadt einzunehmen, die mit ihrer geschrumpften Bevölkerung doch immer noch recht weitläufig ist.

VAUCLUSE

Es geschah am Morgen danach (einem gewissen Samstag), glaube ich, daß ich, als ich aus dem Hôtel de l'Europe kam, das in einer flachen Mulde gerade in Blickweite des der Rhone zugewandten Stadttores liegt – als ich nämlich herauskam, um von der kleinen *place* vor dem Gasthof einen Blick auf den Himmel zu werfen, um zu sehen, wie das Wetter für den obligatorischen Ausflug nach Vaucluse zu werden versprach –, die ganze Stadt in schrecklicher Aufregung antraf. Ich sage wohlweislich die ganze Stadt, denn alle Bewohner schienen sich auf der Uferbefestigung oder an den obersten Abschnitten der Promenade des Doms postiert zu haben, von wo aus man einen Blick auf den Lauf des Flusses hatte. Er war über Nacht überraschend gestiegen, und die lieben Leute von Avignon wußten aus gutem Grunde, was ein Ansteigen der Rhone bedeuten konnte. Die Stadt ist in ihren niedrigeren Lagen ganz der Gewalt der angeschwollenen Wasser ausgesetzt; und es wurde erwähnt, daß das Hôtel de l'Europe in seiner günstigen Mulde 1856 bis dicht zur Decke des Speisesaals unter Wasser stand, wo die lange Tafel, die für so viele Tables d'hôte gedient hatte, schmählich mit den Beinen in der Luft herumschwamm. Bei gegenwärtiger Gelegenheit hatten die Berge der Ardèche, wo es seit einem Monat geregnet hatte, Sturzfluten herabgesendet, die sich – und das in jener schönen Freitagnacht beim Lichte des unschuldig

264

aussehenden Mondes – in die Rhone und ihren Neben-
fluß Durance ergossen hatten. Der Fluß stieg immer
noch an, und der Anblick war schön und schrecklich
zugleich. Das Wasser stand an vielen Stellen schon an
den Fundamenten der Stadtmauern, der Quai, dessen
Brüstung gerade noch hervorschaute, war schon überflutet. Das Land glich vom Plateau des Doms aus
gesehen einem riesigen See, aus dem Bäume, Häuser,
Brücken und Tore herausragten. Die Menschen schauten schweigend zu – so hatte ich schon einmal – als
nämlich der Arno in Pisa anschwoll – Menschen gesehen, die offenkundig eine bevorstehende Überschwemmung als möglich erachteten. ›Il monte; il
monte toujours‹ – sonst wurde nicht viel gesagt. Es war
ein allgemeiner Feiertag, und so lag irgendwie der
Wunsch in der Luft, um der Geselligkeit willen aus
einer Unterbrechung des Alltagslebens Nutzen zu ziehen (das Volk mag eine ›Abwechslung‹, und das Element der Abwechslung mildert das Empfinden für eine
Katastrophe); doch hatte das Ereignis ansonsten gar
nichts Feiertägliches. Spannung und Furcht lagen in der
Luft, und es ist niemals angenehm, an die Hilflosigkeit
des Menschen erinnert zu werden. Angesichts eines
entfesselten Stromes mit seiner verheerenden, unbe-
zwingbaren Wasserfülle ist dieser Eindruck so stark
wie nur irgend möglich; und während ich mir die
Sintflut ansah, die aus dem Papstpalast eine Insel zu
machen drohte, wurde mir klar, daß die Geißel des
Wassers schlimmer ist als die des Feuers. Eine Feuers-
brunst läßt sich vielleicht löschen, doch wo ließe sich
die Flamme schüren, die der vervierfachten Rhone
Einhalt geboten hätte? Für die Bevölkerung von Avignon stand einiges auf dem Spiel, und ich schäme mich

beinahe einzugestehen, daß ich inmitten der öffentlichen Beunruhigung die Situation vom Standpunkt des empfindsamen Touristen betrachtete, der seine kleinen Unternehmungen plant. Würde die bevorstehende Überschwemmung meinen Besuch von Vaucluse beeinträchtigen oder es unratsam erscheinen lassen, sich noch weitere vierundzwanzig Stunden in Avignon aufzuhalten? Ich muß hinzufügen, daß der Tourist vielleicht doch nicht gar so empfindsam war. Ich habe von der Pilgerschaft zum Schrein Petrarcas als einer obligatorischen gesprochen, und in diesem Lichte stellte sie sich mir auch wirklich dar; um so eher, als ich zweimal in Avignon gewesen war, ohne sie zu unternehmen. Deshalb beunruhigte mich die Rhone – wenn ich denn wirklich beunruhigt war –, da sie einen Ausflug als undurchführbar erscheinen ließ, an dem mir gar nichts gelegen war. Wie wenig mir daran lag, hatte sich ja in meiner Untätigkeit bei früherer Gelegenheit geoffenbart. Ich hatte ein Vorurteil gegen Vaucluse, gegen Petrarca, sogar gegen die unvergleichliche Laura. Ich war sicher, daß der Ort vulgarisiert und heruntergekommen war, und es war mir nie gelungen, mich für den Dichter und die Dame zu interessieren. Ich war sicher, daß ich viele Frauen gekannt habe, die ebenso bezaubernd und schön waren wie sie und von denen sehr viel weniger Aufhebens gemacht worden war; und ich war überzeugt, daß ihr Barde etwas Gekünsteltes und Literarisierendes habe und daß es bei Wordsworth ein halbes Dutzend Strophen gibt, die mehr zur Seele sprechen als die ganze Sammlung seiner *fioriture*. Das war der unausgegorene Gemützustand, in welchem ich mich entschloß, auf jede Gefahr hin nach Vaucluse zu fahren. Jetzt, da ich darüber nachdenke, meine ich mich zu erinnern, daß ich eigentlich gehofft hatte, die Überflutungen der Straßen würden das gar nicht zulassen. Vom Morgen an hatten sich die Wolken wieder zusammengeballt, und gegen Mittag waren sie so schwer, daß alle Aussicht auf einen Wolkenbruch bestand. Es schien absurd, sich einen solchen Zeitpunkt zum Besuch einer Quelle zu wählen – einer Quelle, die in dem allgemeinen Katarakt gar nicht mehr auszumachen sein würde. Nichtsdestoweniger tat ich den Schwur, mich zur Hauptquelle der Sorgues zu begeben, wenn sich der Regen gegen Mittag noch nicht auf Avignon zu ergießen begonnen hätte. Als der kritische Moment eintrat, hingen die Wolken über Avignon wie angeschwollene Wassersäcke, die nur eines Nadelstiches bedurften, um sich zu entleeren. Der Nadelstich jedoch erfolgte nicht; die ganze Natur war zu sehr damit beschäftigt, die Irrwege der Rhone zu verfolgen, um sich noch anderwärtige Streiche ausdenken zu können. Folglich machte ich mich auf den Weg zum Bahnhof, von einem Geist beseelt, der für einen Touristen, der sich zuweilen stolz auf seinen niemals versiegenden Empfindungsvorrat etwas zugute gehalten hatte, schockierend unbeteiligt war.

> Oft ist Plänen, die wir in Zeiten
> der Einsicht schmieden
> Ihre Ausführung in Zeiten
> der Trübsal beschieden.
> (For tasks in hours of insight willed
> May be in hours of gloom fulfilled.)

Ich erinnerte mich an diese Zeilen von Matthew Arnold (die offenbar in Zeiten der Trübsal geschrieben wurden) und verwirklichte mit meiner Fahrt diese Vorstellung, in der Hoffnung, daß ich bei Wiederkehr der Einsicht froh sein würde, Vaucluse gesehen zu haben. Die Erleuchtung ist seitdem über mich gekommen, und ich erkläre hiermit, daß der Ausflug in jeder Hinsicht empfehlenswert ist. Der Ort macht großen Eindruck, ganz unabhängig von Petrarca und Laura.

Es gab keinen Regen; es gab nur den ganzen Nachmittag über einen milden, feuchten Wind und einen Himmel von prachtvollem Schwarz, der einen *repoussoir* zu den bleicheren Klippen der Quelle bildete. Die Zugstrecke durchquert eine flache, ausdruckslose Landschaft in Richtung einer dürren Hügelkette, die im Osten von Avignon liegt und (so sagt Murray) dem Massiv des Mont-Ventoux vorgelagert ist. Nach etwa einer Stunde Fahrt wird bei Isle-sur-Sorgues der Vordergrund sehr viel belebter und die Ferne sehr viel wirklicher (oder vielleicht sollte ich sagen sehr viel weniger wirklich?). Ich stieg aus dem Zug und bestieg das Deck des Stellwagens, der mich tief in die Hügel hineinbringen sollte. Es hatte durchaus nicht zu meinen vorherigen Vorstellungen gehört, daß ich einem solchen Gefährt die Gelegenheit verdanken würde, mit dem Geiste Petrarcas zu kommunizieren; und ich mußte mich, so gut es ging, damit trösten, daß ich wenigstens den Stellwagen für mich allein hatte. Ich war der einzige Fahrgast; alle anderen waren in Avignon, um der Rhone zuzuschauen. Ich verlor keine Zeit festzustellen, daß ich zu gar keinem günstigeren Moment nach Vaucluse hätte kommen können. Die Sorgues war beinahe ebenso angeschwollen wie die Rhone und von sehr viel romantischerer Farbe. Wie sie so in ihrem verengten Kanal unter einer Allee schöner *platanes* dahinschoß (sie ist von soliden schmalen Uferbefestigungen aus Stein eingefaßt), mit den Hausfrauen des Dorfes am Rande, die in den gleichgültigen Fluten ihre Wäsche wuschen, versprach sie, im weiteren noch höchst abwechslungsreich zu werden.

Die Fahrt nach Vaucluse dauert etwa eine dreiviertel Stunde; und obwohl der Fluß, wie ich gesagt habe, vielversprechend aussah, machten die hohen, bleichen Hügel von den Windungen der Straße aus nicht den Eindruck, als berge sich in ihren von Geröll und Buschwerk bedeckten Hängen lauschig eine edlere Landschaft. Es gehört in der Tat zu den Vorzügen von Vaucluse, daß es sich so überraschend wie überhaupt nur möglich dem Auge darbietet. Der Ort trägt seinen Namen zurecht, denn das Tal erscheint als undurchdringlich, bis man schon recht tief vorgestoßen ist. Eine irrwitzige Kehre folgt der nächsten, bis einen der Stellwagen‹ plötzlich vor Petrarcas ›Kabinett‹ absetzt. Danach braucht man nur noch am linken Ufer des Flusses entlangzugehen. Petrarcas Kabinett ist heute ein häßliches kleines Kaffeehaus, aufgeputzt wie eine Reklametafel mit Zitaten aus den genialen ›Rime‹. Der Dichter und seine Dame sind natürlich das große Kapital des kleinen Dorfes, das seit etlichen Generationen das Privileg genießt, junge Paare auf ihrer Hochzeitsreise und andere Jünger der zarten Herzenstriebe anzuziehen. Der Ort ist seit langem ein bevorzugtes Ausflugsziel der Kavaliere von Avignon und ihrer sie begleitenden Nymphen. Die kleinen Fische der Sorgues werden sehr geschätzt und bilden, an Ort und Stelle verzehrt, die klassische Vorstadtmahlzeit der Kinder der vormaligen Papststadt. Vaucluse steht jedoch nicht nur im Dienste der Empfindsamkeit, sondern wird auch von der Industrie genutzt; so werden die Ufer des Baches von zwei häßlichen Mühlen zur Papier- und Wollmanufaktur entstellt. In einem Zeitalter der Unternehmer und des wirtschaftlichen Denkens war die Nutzung der Wasserkraft der Sorgues nur allzu naheliegend; und ich muß schon sagen, daß die Mühlräder der schmutzigen kleinen Fabriken, während der Gießbach an ihnen vorübereilte, sich recht fröhlich zu drehen schienen. Der Fußweg am linken Ufer, von dem ich soeben gesprochen habe, führt einen zum Glück gänzlich außer Sicht- und Hörweite von ihnen, jedenfalls insofern, als am Tage meines Besuches der Bach selbst, der von ungeheurer Gewalt war, das Tal mehr und mehr mit seinem eigenen Widerhall erfüllte, je näher man der Quelle kam. Er war von prachtvoller Farbe, und das ganze Schauspiel glich eher einem Eckchen in der Schweiz als einem Winkel in der Provence. Die Ausläufer des Berges schließen die Szene ein, und man dringt bis zum Grunde der Vertiefung vor, die sie bilden. Die Sorgues rauscht reißend dahin; sie ist beinahe wie der Niagara nach seinem Sturz über den Katarakt. Den Weg säumen schreckliche kleine Buden, wo Photographien und Immortellen verkauft werden – ich weiß nicht, was man mit den Immortellen tun soll –, und man bekommt dort einen in Teer getauchten Pinsel angeboten, mit dem man obendrein seinen Namen an den Fels schreiben kann. Unzählige Banausen beiderlei Geschlechts und offenkundig ausschließlich französischer Nationalität hatten von diesem Werkzeug Gebrauch gemacht, denn jeder Quadratzentimeter zugänglichen Steines war mit irgendeinem menschlichen Namen übermalt. Es sind also nicht nur wir in Amerika, die die eigene Landschaft beschmieren; diese Praxis wird (wie alles andere in

Frankreich), in gründlicher organisierter Form auch im Lande des guten Geschmacks geübt. Man läßt die kleinen Buden und Stände hinter sich; doch die von menschlicher Eitelkeit starrenden, bekritzelten Klippen begleiten einen, selbst wenn man schon der Quelle von Angesicht zu Angesicht gegenübersteht. Das geschieht, wenn man sich zu Füßen der steilen Felswand befindet, aus welcher der Fluß hervorsprudelt. Sie erhebt sich zu außerordentlicher Höhe – eine riesige Felsstirn aus nacktem Stein – und sieht aus wie ein ungeheurer Halbkegel, der von vulkanischer Tätigkeit gespalten wurde. Das kleine Tal hört, von hier aus gesehen, nach einer Windung plötzlich auf und empfängt in seinen Armen die magische Quelle. Ich nenne sie magisch aufgrund der geheimnisvollen Weise, wie sie auf die Welt kommt, wobei die riesige Bergschulter sich über ihr erhebt, als wolle sie das Geheimnis beschützen. Von unter dem Berg her steigt sie leise und ohne sichtbare Bewegung herauf und füllt ein natürliches Becken mit dem ruhigsten blauen Wasser. Der Gegensatz zwischen der Reglosigkeit dieses Beckens und der Aufgewühltheit des Wassers, sowie es über das Becken hinausgequollen ist, macht einen Großteil des Zaubers von Vaucluse aus. Die Gewalt des Gewässers, wenn es erst einmal auf die Felsen losgelassen wird, ist so faszinierend und unbeschreiblich wie bei anderen Katarakten; und die Felsen im Bett der Sorgues sind von Meisterhand arrangiert worden. Ich fand das Juwel so schlicht und schön gefaßt – die ungeheure, traurige Felswand, auf welcher das Licht des Nachmittags lag, auf ewig still und festgefügt, während das flüssige Element zu seinen Füßen wogt und wütet – daß ich ohne Schwierigkeiten verstand, warum Vaucluse so berühmt ist. Das habe ich verstanden, doch kann ich nicht behaupten, daß ich Petrarca verstanden habe. Er muß sehr selbstgenügsam gewesen sein, und Madonna Laura muß ihm wirklich sehr viel bedeutet haben.

Die Dürre der Hügel, die das Tal einschließen, ist extrem, und der ganze Eindruck wird am besten mit dem äußerst ausdrucksvollen französischen Epitheton *morne* wiedergegeben. Auf einem hohen Sporn des Berges steht oberhalb des Flusses völlig zerstört die Ruine einer Burg (von einem der Bischöfe von Cavaillon); und auf einem der zugänglicheren Berggesimse finden sich die Überreste einer Wohnstätte aus feudaler Zeit. Da ich noch eine halbe Stunde zur Verfügung hatte, ehe der Stellwagen abfahren sollte (ich muß den Leser wegen dieses scheußlichen Mißklangs um Verzeihung bitten; man nenne das Gefährt *diligence*, und aus irgendeinem unerfindlichen Grunde ist das Ohr kaum noch beleidigt), kletterte ich zu letzterer Stelle empor und ließ mich zwischen den Felsen in Gesellschaft einiger verkrüppelter Olivenbäume nieder. Die Sorgues, die tief unter mir die Ebene erreichte, eilte in Windungen durch die Wiesen wie ein entrolltes blaues Band. Ich versuchte, an den *amant de Laure* zu denken, um der Literatur willen; doch mit nicht allzu großem Erfolg, und ich konnte mir ebenfalls sagen, daß ich es eben noch einmal versuchen müsse. Inzwischen sind etliche Monate vergangen, und ich muß zu meiner Schande gestehen, daß der Versuch noch immer nicht stattgefunden hat. Die einzige ganz feste Überzeugung, zu der ich gelangte, war, daß Vaucluse tatsächlich vulgarisiert ist, doch daß ich gleichwohl ein Narr gewesen wäre, hätte ich es versäumt, hierherzukommen.

ORANGE

Ich bestieg also meine Diligence an der Tür des Hôtel de Pétrarque et de Laure, und im schwindenden Licht kehrten wir nach Isle-sur-Sorgues zurück. Dieses Dorf, in dem um sechs Uhr jedermann schon zu Bett gegangen zu sein schien, war ganz verdunkelt von seinen hohen, dichten Platanen, unter welchen der bis zum oberen Rande seiner Fassungsmauern rasch dahineilende Fluß von unnatürlichem, nahezu bösartigem Blau war. Es war nur ein Blick, der aber ein Bild in meinem Gedächtnis hinterlassen hat: die kleinen, verschlossenen Häuser, die *place,* die leer und vom Tosen des Wassers abgesehen geräuschlos in der herbstlichen Dämmerung dalag, und in der Mitte, inmitten der Schwärze des Schattens, das Glänzen der eiligen, seltsamen Flut. Am Bahnhof sprach jedermann von der Überschwemmung, die an vielen Stellen eine vollendete Tatsache war, und insbesondere vom Zustand der Durance an irgendeinem Ort, den ich vergessen habe. In Avignon fand ich eine Stunde später das Wasser schon in manchen Straßen stehen. Am Abend klarte der Himmel auf, der Mond erhellte die überfluteten Vororte und die Bevölkerung sammelte sich wiederum an den erhöhten Stellen, um das Schauspiel zu genießen. Das war aber wohl ein wenig eintönig, denn um neun Uhr war die Place Crillon schon wieder beträchtlich belebt, obwohl es dort nichts als die Fassaden des Theaters und etlicher Kaffeehäuser zu sehen gibt – wohlgemerkt nebst einer Statue jenes berühmten Tapferen, dessen Mut einige der zahlreichen militärischen Desaster der Regierungszeit Ludwigs XV. aufwog. Am nächsten Morgen waren die niedriger gelegenen

Stadtviertel in erbärmlichem Zustand: die ganze Situation war mir zuwider. Um meiner Mißbilligung Ausdruck zu verleihen, verlor ich keine Zeit, den Zug nach Orange zu nehmen, das über seine weiteren Attraktionen hinaus den Vorzug hatte, nicht an der Rhone gelegen zu sein. Es war vorherbestimmt, daß ich den Weg nach Norden nehmen mußte; doch selbst, wenn es mir freigestanden hätte, eine weniger unnatürliche Richtung einzuschlagen, hätte ich das zu dem Zeitpunkt doch nicht getan, insofern nämlich, als die Eisenbahnstrecke zwischen Avignon und Marseille glaubhaften Berichten zufolge (stellenweise) unter Wasser stand. Dasselbe galt auch für beinahe alles auf dem Weg nach Orange, außer der Strecke selbst. Es war ein strahlender Tag geworden, und sein Glanz zeigte die Verwüstung nur um so klarer. Bauernhäuser und Katen standen mannshoch in dem gelben Naß; Heuschober glichen öden kleinen Inseln; Fenster und Türen standen klaffend offen, ohne Gesichter darin; und die Szene zeugte von unterbrochener Tätigkeit und überstürzter Flucht. Mir wurde auf eindringliche Weise klar, daß die *populations rurales* unter mannigfachen Heimsuchungen zu leiden haben, und mein Herz erglühte im Gefühl der Dankbarkeit dafür, daß ich ein Städter bin. Es geschah unter dem Einfluß dieser Emotion, daß ich in Orange ausstieg, um eine Sammlung durch und durch städtischer Monumente zu besuchen.

Die ›Sammlung‹ besteht nur aus zwei Objekten, doch sind diese Objekte so vorzüglich, daß ich den Ausdruck gelten lassen will. Eines von ihnen ist ein Triumphbogen, der aus der Epoche Marc Aurels stammen soll; das andere sind die Trümmer eines römischen Theaters, eine prachtvolle Ruine. Doch von diesen schönen römischen Überresten und seinem Namen abgesehen ist Orange eine ganz und gar gesichtslose kleine Stadt, ohne daß die Rhone – die, wie ich erwähnt habe, etliche Meilen entfernt verläuft – ihr zu einer Physiognomie verhilft. Es mutet einen schon äußerst seltsam an, daß ausgerechnet diese obskure französische Kleinstadt – obskur, meine ich, in unserer heutigen Epoche, denn nach seinen Bögen und seinem Theater zu urteilen, muß das gallo-romanische Arausio ein Ort von einiger Bedeutung gewesen sein – dem Königshaus von Holland seinen Namen gegeben hat, welcher auch von einem englischen König getragen wurde, der souveräne Rechte über den Ort hatte. Während des Mittelalters war er Teil eines unabhängigen Fürstentums; doch kam er 1531 durch die Heirat einer seiner Fürstinnen, die ihn geerbt hatte, an das Haus Nassau. Ich las in meinem unentbehrlichen Murray, daß Orange durch den Vertrag von Utrecht an Frankreich fiel. Der Triumphbogen, der ein wenig außerhalb der Stadt steht, ist ein eher hübsches als imposantes Zeugnis der Römer. Wenn er reineren Stiles wäre, könnte man sagen, daß er zu der gleichen Familie von Monumenten gehört wie die Maison Carrée in Nîmes. Er hat drei Durchlässe – der mittlere ist sehr viel höher als die anderen – und eine sehr hoch aufragende Attika. Die Gewölbe der Durchlässe sind reich skulpturiert, und das ganze Bauwerk ist mit Friesen und militärischen Trophäen überzogen. Diese Skulpturen sind recht unterschiedlich; viele davon sind zerbrochen und entstellt, und das übrige kam mir häßlich vor, wenngleich die handwerkliche Kunst gelobt wird. Der Bogen ist zugleich gut erhalten und arg mitgenommen. Die allgemeine Bausubstanz ist vorhanden und im Vergleich mit anderen römischen Monumenten bemerkenswert vollständig: doch hat sie stellenweise unter den Auswüchsen der Restaurierung gelitten. Insgesamt ist der Bogen nicht von überwältigendem Interesse. Nichtsdestoweniger hat er seinen Reiz, der teils von seiner sanften, hellgelben Farbe und teils von einer gewissen Eleganz der Form, des Ausdrucks herrührt; und an jenem frischgewaschenen Sonntagmorgen bot er mit seinem strahlenden Farbton, umgeben von einem Ring schlanker Pappeln, mit der grünen Landschaft im Hintergrund und dem niedrigen blauen Horizont, der sich durch die leeren Portalöffnungen zeigte, zu ganzer Genüge ein Bild, wie es in den Nebenkammern des Gedächtnisses hängenbleibt. Ich kann, während ich hier schreibe, die bescheidene Komposition vom Haken herabnehmen und vor mich hinstellen. Ich sehe die flachen, flimmernden Pfützen auf der harten, ebenen französischen Straße; den blaßblauen, vom Regen der letzten Tage wäßrigen Himmel; die schmucklosen herbstlichen Felder; das sanfte Funkeln des tiefen Horizontes; die einsame Gestalt in Holzschuhen mit einem Bündel unter dem Arm auf der *chaussée*; und in der Mitte sehe ich das kleine, ockerfarbene Trio von Toröffnungen, das trotz seines Alters hell und fröhlich aussieht, wie alles in Frankreich an einem frischen Sonntagmorgen aussehen muß.

Nicht ganz dieses Bild bot allerdings das römische Theater, das auf der anderen Seite der Stadt liegt; eine Tatsache übrigens, die mich nicht daran hinderte, in weniger als fünf Minuten dorthin zu gelangen, durch eine Reihe kleiner Straßen, hinsichtlich derer ich keinerlei Beobachtungen zu verzeichnen habe. Keiner der römischen Überreste im Süden Frankreichs ist eindrucksvoller als diese erstaunliche Ruine. Eine gewaltige Kuppe ragt darüber empor, die einstmals – ich zitiere Murray – eine Zitadelle der Römer und später eine Burg der Fürsten von Nassau einnahm, die von Ludwig XIV. geschleift wurde. Diesem Hügel zugewandt erhebt sich eine mächtige Wand, die sechsunddreißig Meter hoch ist, aus massiven Blöcken von dunkelbraunem Stein besteht, die einfach übereinandergeschichtet sind und deren nackte zerklüftete Fläche eher an natürliche Felsen (wie die von Vaucluse) gemahnt als an einen Kraftakt menschlicher oder gar römischer Mühen. Sie ist das größte, was Orange zu bieten hat – sie ist größer als ganz Orange zusammengenommen – und ihre die Zeiten überdauernde Wuchtigkeit ignoriert die kleine geschrumpfte Stadt. Die Fassade, die sie der Stadt zuwendet – den oberen Rand schmücken zwei Reihen von Kragsteinen, in welche Löcher eingelassen sind, die die Stäbe des *velarium* aufnehmen sollten –, weist Spuren mehrerer Schichten von Zierbögen auf; wenngleich ich mir nicht anmaße, erklären zu können, auf welche Weise diese flachen Bögen auf der Wand angebracht waren oder als Verkleidung gedient haben. Man geht durch eine winzige Seitentür – die einem vergleichsweise so hoch wie der Eingang eines Kaninchenstalles vorkommt – zur Loge des Wächters, der einen in den Innenraum des Theaters geleitet. Hier sieht man sich der gesamten Erhebung des Hügels gegenüber, den die genialen Römer ganz einfach zum Fundament ihres Zuschauerraumes machten. Sie fügten ihre Steinsitze im Halbkreis in den Hang des Hügels und errichteten auf der gegenüberliegenden Seite ihre kolossale Wand. Diese Wand ist auf der Innenseite womöglich noch imposanter. Sie bildete die

Rückseite der Bühne, die ständige Kulisse, und ihre ungeheure Fläche war mit Marmor verkleidet. Drei Türen führen auf die Bühne; die mittlere ist die höchste, und über dieser befindet sich hoch droben eine tiefe Nische, die offensichtlich einer kaiserlichen Statue Platz bieten sollte. Ein paar der Sitzbänke am Hang sind übriggeblieben, der jedoch insgesamt ein wirres Trümmerfeld darstellt. Ein in den obersten Teil des Hügels eingelassener Gang ist teilweise erhalten, und den Gipfel krönen Überreste der zerstörten Burg. Das Ganze ist eine Art von Trümmerwüste; es sind kaum irgendwelche einzelnen Gegenstände erhalten; die große Sehenswürdigkeit ist die emporragende Wand. Mit dieser Mauer als Rückwand der Bühne ist der Raum, der zwischen ihr und der Grundlinie des Halbkreises (des Zuschauerraumes) verbleibt und der das Proszenium bildete, eher weniger großzügig, als zu erwarten wäre. Mit anderen Worten, die Bühne war von äußerst geringer Tiefe; sie scheint für eine Truppe von Schauspielern ausgelegt worden zu sein, die wie eine Kompanie von Soldaten in Linie antraten. Da steht nun das schweigende Skelett und ist immerhin ebenso eindrucksvoll aufgrund dessen, was es uns zu erraten und zu fragen überläßt, wie durch das, was es uns erzählt. Es hat nicht den Charme, nicht die sanfte Melancholie des Theaters von Arles; dafür ist es spektakulärer, und als Aufführungen kann man sich dort nur triumphale Tragödien vorstellen –

Darstellend Thebens oder des Pelops Stamm.
(Presenting Thebes' or Pelops' line.)

Zu beiden Flanken der Bühne schieben sich riesige Seitenflügel in den Vordergrund – das heißt, riesig an

Höhe, da sie bis an den oberen Rand der Szenenwand heranreichen; ansonsten sind ihre Abmessungen nicht bemerkenswert. In dem vom Zuschauerraum aus gesehenen rechten Flügel befanden sich die Garderobenräume der Schauspieler, so wird einem erklärt; die erstaunliche Höhe und die offenen Bögen zuoberst erinnern eher an einen Lichtschacht. Der Block zur Linken gleicht dem anderen ganz genau, nur daß sich dort die Überreste weiterer Kammern anschließen, die zu einem neben dem Theater gelegenen Hippodrom gehört haben sollen. Man sieht diverse Trümmer, die sich plausibel mit solch einem Etablissement in Verbindung bringen lassen; die Längsachse des Hippodroms hätte dann offenbar mit dem Triumphbogen eine Linie gebildet. Das ist alles, was ich von Orange gesehen habe, und alles, was es zu sehen gab in Orange, das auf mich einen ausgesprochen ländlich-bukolischen Eindruck machte und wo ich mich nicht einmal bemüßigt fühlte, im Hotel nach einem Frühstück zu verlangen. Der Eingang zu dieser Raststätte hätte ebenso gut der eines Stalles aus römischer Zeit sein können.

MACON

Ich habe versucht, mich zu erinnern, ob ich den ganzen Weg nach Macon gefastet habe, wo ich zu vorgerückter Stunde des Abends ankam, und ich glaube, das muß wirklich der Fall gewesen sein, abgesehen von dem Erwerb einer Schachtel Nougat in Montélimart (der Ort ist berühmt für die Herstellung dieses Konfekts, welches am Bahnhof an den Fenstern des Zuges feilgeboten wird) und von einer Bouillon, die ich sehr viel später in Lyon zu mir nahm. Die Reise entlang der Rhone – über Valence, über Tournon, über Vienne – wäre an jenem leuchtenden Sonntag recht reizvoll gewesen, wären nicht zwei unangenehme Ereignisse eingetreten. Der Expreßzug aus Marseille, den ich in Orange nahm, war zum Bersten voll; und die einzige Zuflucht, die ich fand, war ein Winkel am Gang in einem Waggon, der mit Deutschen vollgepackt war, die die Fensterplätze in ihrer Gewalt hatten, welche sie so tatkräftig besetzt hielten, wie man sie auch andere strategische Positionen hat besetzt halten sehen. Ich weiß jedoch gar nicht recht, weshalb ich mich bei dieser speziellen Unbill aufhalte, denn diese war nur ein einzelner Posten auf einer beträchtlichen Liste von Mißständen – Mißständen, die sich während sechs Wochen beständigen Eisenbahnreisens durch Frankreich angesammelt haben. Ich habe bislang in der vorliegenden Chronik nicht daran gerührt, doch basiert meine Zurückhaltung keineswegs auf irgendwelchen Assoziationen angenehmer Art. Diese Form von Lokomotion zeitigt ausgerechnet im Lande der Annehmlichkeiten Dutzende von Unzulänglichkeiten; nahezu sämtliche Begleitumstände einer solchen Unternehmung sind verabscheuungswürdig. Sie zwingen den empfindsamen Touristen immer wieder, sich zu fragen, ob angesichts solch unausstehlicher Verdrießlichkeit die Sache überhaupt der Mühe wert ist. Glücklicherweise hat die Reise mit der Eisenbahn einige Ähnlichkeit mit einer Schiffsreise; die Unzuträglichkeiten verblassen, sowie man ans Ziel gelangt ist. Aus diesem Grunde gelang es mir zu meiner großen Befriedigung, meine kleine Frankreichreise zu Ende zu bringen. So sei dieser kleine Erguß von Mißgestimmtheit denn mein erster und letzter Tribut an den ganzen Despotismus der *gare*: die fürchterliche *salle d'attente*, die unerträglichen Verzögerungen wegen des Gepäcks, der Bahnsteig ohne Gepäckträger, die überfüllten und unbequemen Züge. Wie oft gestattete ich mir insgeheim die Überlegung, daß man im perfiden Albion diese Dinge viel besser zu organisieren versteht! Wie oft suchte mich in meinen gehässigen Träumen der beflissene britische Dienstmann in Manchesterkleidung heim, der sich schon an die Waggontür klammert, während der Zug noch in den Bahnhof rollt! Der väterlich gütige Gepäckträger und der abrufbereite Hansom gehören zu den besten Gaben, die der englische Genius der Welt geschenkt hat. Ich beeile mich hinzuzusetzen – getreu meiner Gewohnheit (die für einige meiner Freunde so unerträglich ist), immer und überall die Ausgewogenheit wiederherzustellen, wenn ich einer der Waagschalen ernstlich einen Stoß versetzt habe –, daß die Bouillon in Lyon, von der ich oben gesprochen habe, wenn auch keineswegs ideal, so doch aber viel besser war als jede Bouillon, die ich an irgendeinem englischen Bahnhof hätte bekommen können. Nachdem ich mir diese einverleibt hatte, setzte ich mich in den Zug (der in Lyon langen Aufenthalt hatte) und las beim Lichte einer der großen Bahnsteiglampen in gewissen radikalen Zeitungen, die ich am Bücherstand gekauft hatte, von allen möglichen unangenehmen Dingen. Ich entnahm diesen Blättern, daß Lyon in hellem Aufruhr war. Die Rhone und die Saone, die einen Gürtel um die prachtvolle Stadt bilden, standen im Begriffe, die Straßen zu überfluten, was ich gern glauben mochte nach allem, was ich seit meiner Abreise aus Orange von der Landschaft gesehen hatte.

Den ganzen Weg nach Lyon entlang war die Rhone an allen möglichen Orten gewesen, wo sie eigentlich nichts verloren hatte, und die Lage besserte sich naturgemäß nicht durch ihren Zusammenfluß mit dem reizvollen und wasserreichen Strom, welcher in Macon einst solch einen trefflichen Anlaß zur Zurschaustellung hauptstädtischer Egozentrik gewesen sein soll. Ein Besucher aus Paris (die Anekdote ist sehr alt) wurde auf dem Quai jener Stadt gefragt, ob die Saone nicht wunderbar sei, und er gab gutmütig zurück, sie sei sehr hübsch, doch schreibe man sie in Paris mit *ei*. Dieser Augenblick allgemeiner Beunruhigung in Lyon war von gewissen einfallsreichen Personen (vielleicht traue ich ihnen eine allzu weise Voraussicht hinsichtlich des Anstiegs der beiden Flüsse zu) dazu ausersehen worden, aus den Besorgnissen der Öffentlichkeit zusätzliches Kapital zu schlagen. Eine mit Dynamit gefüllte Bombe war in ein Kaffeehaus geworfen worden, und eine Anzahl von Anhängern des vergleichsweise harmlosen *petit verre* war bei dem Gewaltakt verletzt worden (ich kann nicht mit Sicherheit sagen, ob jemand getötet wurde). Natürlich hatte es Festnahmen und Einkerkerungen gegeben, und die Seiten des *Intransigeant* und des *Rappel* waren erfüllt von den Echos der Explosion. Der Ton, den diese Organe anschlagen, ist selten erbaulich, und bei dieser Gelegenheit war er es weniger denn je. Während ich sie durchsah, fragte ich mich, ob ich im Begriffe stand, all meinen Radikalismus zu verlieren; und dann fragte ich mich, ob ich denn überhaupt noch einen solchen zu verlieren hatte. Jedoch gelang es mir nicht einmal während einer derartig langen Wartezeit, wie sie dieser lästige Aufenthalt in Lyon darstellte, diese Frage zu klären, und ebensowenig gelangte ich hinsichtlich der mutmaßlichen Zukunft der militanten Demokratie zur Klarheit, oder hinsichtlich des Aussehens einer Zivilisation in ihrer Endgestalt, die dann alles andere in die Luft gejagt haben würde. Nach ein paar Tagen verschwand das Wasser aus den Straßen von Lyon; die Demokratie jedoch verschwand nicht.

Ich erinnere mich noch lebhaft an den Rest jenes Abends, den ich in Macon verbrachte – erinnere mich mit klappernden Zähnen daran. Ich weiß nicht, was in den Ort gefahren war; für den letzten Oktobertag war die Temperatur exzentrisch und unglaublich. Dieselben Epitheta lassen sich auch auf das Hotel selbst anwenden – ein außerordentliches, nur aus Fassade bestehendes Bauwerk, das dem Blick der Natur ein entblößtes Hinterteil darbietet. Es gibt dort eine überschwengliche, geschwätzige Wirtin, die natürlich Teil der Fassade ist; doch alles andere hinter ihr stellt eine Falle für den Wind dar, denn die Kammern, Korridore und Treppen sind dem freien Himmel ausgesetzt, als wenn die Außenwand des Hauses fortgenommen worden sei. Für Florida wäre es herrlich gewesen, aber für das Burgund – wir hatten doch erst den Vorabend des November – war es absolut unzureichend, so daß ich absurderweise unter der Unbill einer Jahreszeit litt, die noch gar nicht begonnen hatte. Irgend etwas lag in der Luft; ich spürte es am nächsten Tag, sogar auf dem sonnigen Quai der Saone, wo mir anstelle eines südlichen Sonnenbades nur die Überlegung zu ein wenig Wärme verhalf, daß Alphonse de Lamartine oftmals über dieses Pflaster geschritten war. Macon kam mir vor, als leide es an chronischer Benommenheit, und auch die bemerkenswerte Verbreiterung des Flusses hatte nichts außergewöhnlich Aufmunterndes an sich. Er war gar kein Fluß mehr – er war zu einem See geworden; und von meinem Fenster in der bemalten Stirnseite des Gasthofes aus sah ich, daß das gegenüberliegende Ufer in unendliche Fernen gerückt war. Unseligerweise waren die verschiedenen Gegenstände, mit denen das Ufer ausgestattet war, nicht gleichfalls entrückt, was eine außerordentliche Verwirrung in der Beziehung der Dinge zueinander zur Folge hatte. Man konnte immer noch Pappeln sehen, doch war die Pappel zu einer Wasserpflanze geworden. Derartige Phänomene erregen jedoch in Macon nur wenig Aufmerksamkeit, da die Saone zu gewissen Jahreszeiten überaus expansiv ist. Die Bevölkerung ist es gewohnt, wie sie auch die Bronzestatue von Lamartine gewohnt zu sein schien, die das Hauptmonument der *place* ist und die – sie stellt den Dichter in Schnürmantel und Stulpenstiefeln bei starkem Wind aus dem Stegreif dichtend dar – auf mich in ihrer Haltung noch gekünstelter wirkte, als das Monumentalstatuen üblicherweise ohnehin gelingt. Immerhin hatte ich an seinem gegenwärtigen Standort eine bessere Meinung von diesem Kunstwerk, das von der Hand M. Falguières stammt, als damals, als ich es nämlich in der künstlichen Umgebung des Salons von 1876 sah. Ich erstieg den Hügel, auf dem der ältere Teil von Macon liegt, um das Geburtshaus des *amant d'Elvire* zu suchen, jenes Petrarca, dessen Vaucluse beim Volk so beliebt war. Der Guide-Joanne zitiert aus ›Les Confidences‹ eine Beschreibung der Geburtsstätte des Dichters, deren Umgang mit der Örtlichkeit allerdings recht poetisch ist. Sie entspricht befremdlich wenig der Wirklichkeit, weder was die Lage betrifft noch was sonstige Merkmale angeht; und man könnte sagen, daß sie keine Hilfe, sondern ein direktes Hindernis zur Auffindung der Stätte darstellt. Ein sehr bescheidenes Gebäude in einer kleinen Nebenstraße wird durch ein Schild der Stadtverwaltung an der Fassade als Schauplatz der Ankunft Lamartines in dieser Welt ausgewiesen. Er selbst spricht von einem riesigen und aufragenden Bauwerk an der Ecke einer *place*, das mit eisernen Zwingen verziert sei und eine *porte haute et large* und mannigfache andere Besonderheiten aufweise. Das Haus mit dem Schild hat zwei dürftige Stockwerke über dem Kellergeschoß und wirkt (zumindest gegenwärtig) äußerst schäbig; darüber hinaus kann die *place* niemals riesig gewesen sein. Lamartine ist zur Last gelegt worden, er gehe als Geschichtsschreiber mit der Wahrheit nicht allzu korrekt um, und offenbar lag der Fehler schon früh in seinen Anfängen; er ist sich niemals wirklich bewußt geworden, wo er geboren wurde. Oder ist etwa das Schild falsch? Wenn das Haus auch klein ist, das Schild ist sehr groß.

BOURG-EN-BRESSE

Die vorangegangenen Reflexionen finden sich in gleichsam unausgegorener Form in meinem Notizbuch, wo sich folgende Bemerkung anschließt: ›Dieser geringschätzige Ton sollte nicht das letzte sein, was du hier über Lamartine schreibst; es wird sich gewiß etwas Sympathischeres finden lassen!‹ Jene Freunde von mir, die ich vor kurzem erwähnt habe und die mir vorwerfen, ich müsse immer ausgewogen sein, könnten sich gar keinen charakteristischeren Abschnitt wünschen;

doch möchte ich keine weiteren Beweise für solche Schwächen liefern und werde deshalb eilends das Thema hinter mir lassen – werde forteilen in dem Zug, der mich in aller Frühe an einem frischen, hellen Morgen zu einem Ausflug nach der uralten Stadt Bourg-en-Bresse entführte. Schimmernd im frühen Licht lag die Saone wie ein glattes weißes Tischtuch über weite Teile des flachen Landes ausgebreitet, das ich durchquerte. Dieses Bild enthält keine Vorkehrungen für die langen, durchsichtigen Reihen dünnzweigiger Bäume, die von Zeit zu Zeit aus der Wasserfläche aufragten; doch da unter all den gegebenen Umständen auch in Wirklichkeit keine Vorkehrungen für sie getroffen zu sein schienen, werde ich die Metapher hingehen lassen, soweit sie eben trägt. Meine Reise dauerte (soweit ich mich erinnere) etwa eineinhalb Stunden; doch kam ich an keinerlei Sehenswürdigkeiten, wie der Ausdruck lautet, vorüber. Der Ausdruck trifft kaum auch auf Bourg selbst zu, das schlicht eine Stadt *quelconque* ist, wie M. Zola sagen würde. Klein, friedevoll und ländlich, steht sie inmitten der großen milchstrotzenden Ebenen der Bresse, eines fetten Landstriches, der einstmals zum Besitz des Hauses Savoyen gehörte und dessen bescheidene Hauptstadt sie war. Das blaue Massiv des Jura gibt ihr einen achtbaren Horizont, doch die einzige Sehenswürdigkeit in der Nähe, auf die sie verweisen kann, ist ihre berühmte Begräbniskirche. Dieses Bauwerk steht glücklicherweise in einiger Entfernung der Stadt, welche, wenngleich sie das Auge auch nicht beleidigt, doch ein zu gewöhnliches Gepräge hat, um sich neben solch einem Kunstschatz sehen lassen zu können.

DIE KIRCHE VON BROU

Was ich über die Kirche von Brou wußte, habe ich vor Jahren Matthew Arnolds schönem Gedicht entnommen, das ihren Namen trägt. In jenen Jahren, das weiß ich noch, hielt ich es für unmöglich, daß es anrührendere Verse als diese geben könne; und als ich im heiteren französischen Licht vor dem Ziel meiner Pilgerreise stand, erinnerte ich mich (wenngleich der übrige Ort recht fade war), wo ich sie zum erstenmal gelesen und wieder und nochmals wieder gelesen und mich gefragt hatte, ob es mir jemals vergönnt sein würde, die Kirche von Brou zu besuchen. Der fragliche Schauplatz war ein Armsessel in einer Fensternische, die auf ein Feld mit ein paar Kühen hinausging; und jedesmal, wenn mein Blick auf die Kühe fiel, überkam mich der Gedanke – ich weiß gar nicht recht, warum –, daß ich wohl niemals des Bauwerkes ansichtig werden würde, das die Herzogin Margarete errichten ließ. Manche unserer Visionen gehen niemals in Erfüllung; doch soll man nicht ungerecht sein – andere werden wahr. ›Nun schlafe, schlaf auf ewig, Fürstlich Paar!‹ Ich erinnerte mich dieses Verses von Matthew Arnold und der Strophe, in welcher Margarete auf ihrem weißen Zelter naht, um den Baumeistern zuzusehen. Dann klang in mir noch etwas an von dem Monde, der in Winternächten durch den kalten Obergaden scheint. Zu jener Stunde hatte der Ort allerdings gar nichts von Mondscheinstimmung; es war zwar kalt und hell, doch war es die Kühle eines Herbstmorgens; aber weder das noch die Tatsache, daß die Kirche unerwartet weit vom Jura entfernt steht, hielten mich davon ab zu empfinden, daß ich ein Monument erblickte, mit dessen Errichtung –

oder zumindest mit dessen Wirkung auf das Gemüt des heutigen Touristen – sich Matthew Arnold ausgiebig beschäftigt hatte. Mit verzeihlicher dichterischer Freiheit hat er es ein paar Meilen näher an die Wälder des Jura verlegt, als es gegenwärtig steht. Und wenngleich die Berge im sechzehnten Jahrhundert kaum an anderer Stelle gestanden haben dürften als heute, so mag es doch sein, daß die Ebene, die die Kirche von ihnen trennt, von Gehölzen bestanden war. Der Besucher fragt sich jedoch heute unwillkürlich, warum die Engel das schöne Gebäude mit seinen glanzvollen Kunstwerken ausgerechnet an dieser Stätte niedergesetzt haben, die doch so zufällig und willkürlich ausgesucht wirkt. Doch gibt es für die meisten Dinge Gründe, und so gab es auch Gründe, weshalb die Kirche von Brou in Brou steht, welches ein unscheinbarer Vorort einer unscheinbaren Kleinstadt ist.

Wie dem auch sei, verantwortlich ist allemal die Herzogin Margarete – Margarete von Österreich, Tochter Kaiser Maximilians und seiner Gattin Maria von Burgund, Tochter Karls des Kühnen. Diese Dame hat in der Geschichte einen angesehenen Namen, war sie doch die Regentin der Niederlande, als Statthalterin für ihren Neffen, Kaiser Karl V., dessen Erziehung in früher Kindheit ihr oblag. Sie heiratete 1501 Philibert den Schönen, Herzog von Savoyen, dem die Provinz Bresse gehörte und der zwei Jahre später starb. Als Kind war sie Karl VIII. von Frankreich anverlobt gewesen und hatte sich eine Zeitlang am französischen Hofe aufgehalten – dem Hofe ihres künftigen Schwiegervaters, Ludwigs XI.; doch wurde sie schließlich verschmäht, damit ihr *fiancé* Anne de Bretagne heiraten konnte – eine dermaßen glänzende politische Verbindung, daß wir nahezu die Kränkung verzeihen, die einer zartfühlenden Prinzessin zugefügt wurde. Gleichwohl hatte Margarete keinen Mangel an Gatten, insofern als sie vor ihrer Ehe mit Philibert den Bund mit Juan von Kastilien, dem Sohne Ferdinands V., Königs von Aragon, geschlossen hatte – eine Episode, welcher durch den Tod des spanischen Prinzen innerhalb eines Jahres ein Ende gesetzt wurde. Sie war zweiundzwanzig Jahre lang Regentin der Niederlande und starb 1530 im Alter von einundfünfzig Jahren. Sie hätte, wenn ihre Wahl so gefallen wäre, auch die Frau Heinrichs VII. von England werden können. Sie gehörte zu den Unterzeichnern der Liga von Cambrai gegen die Republik Venedig und war eine höchst diplomatische, begabte und urteilssichere Prinzessin. Sie nahm es auf sich, die Kirche von Brou als Mausoleum für ihren zweiten Gatten und sich selbst zu erbauen, als Einlösung eines Gelübdes, das Margarete von Bourbon, die Mutter Philiberts, abgelegt hatte, die starb, ehe sie ihr Gelöbnis einlösen konnte, und diese Pflicht als Vermächtnis ihrem Sohn übertrug. Er starb kurz darauf, und seine Witwe nahm sich der frommen Aufgabe an. Laut Murray betraute sie ›Maistre Loys von Berghem‹ mit dem Bau der Kirche und ›Maistre Conrad‹ mit den Steinmetzarbeiten. Der Autor einer abergläubischen, doch sorgfältig angelegten kleinen Schrift, die ich in Bourg erstand, benennt als Architekten und Bildhauer (in einer Person) Jehan de Paris, Autor (sic!) des Grabmals Franz' II., Herzog der Bretagne, dem wir zu Nantes einige Beachtung gezollt haben und bei dem der Verfasser meiner Broschüre Michel Colomb nur eine untergeordnete Rolle zuschreibt. Die Kirche, die keine großen Ausmaße aufweist, ist in spätestem und flamboyantestem gotischem Stil erbaut und in wunderbarem Erhaltungszustand; die westliche Fassade, vor der am Boden eine seltsame alte Sonnenuhr angelegt ist – ein Kreis von in Stein gekennzeichneten Zahlen, wie ein in die Erde eingelassenes Zifferblatt – ist von zarten Verzierungen bedeckt. Die große Sehenswürdigkeit jedoch (das Schiff ist vollkommen kahl und sieht wundersam neu aus, obwohl der Wärter, ein unsensibler, doch aufgeweckter Bauer im Kittel, der danach aussah, als sei das Feilschen um Steckrüben eher seine Sache denn die Vorführung von Kunstwerken, mir erzählte, daß es niemals berührt worden sei und daß seine Frische schlicht auf die Qualität des Steines zurückzuführen sei) – die große Sehenswürdigkeit ist der wundervolle Chor, in dessen Mitte die drei Grabmäler unter dem Meißel wie exotische Gewächse in einem Tropenhaus erblüht sind. Ich sah die Stätte unter unvorteilhaften Bedingungen, denn das farbige Glas der Fenster, die sehr schön sind, wurde gerade restauriert, und ein Großteil war mit Brettern verschalt.

In der Mitte liegt Philibert-le-Bel, eine weiße Marmorfigur auf großer schwarzer Steinplatte, in Staatsgewand und Rüstung, zu Häupten zwei Engelsknaben, die eine Tafel halten, zu Füßen zwei weitere Engel. Zur Seite hat er nochmals zwei Cherubim, der eine hütet seinen Helm, der andere seine starren Panzerhandschuhe. Die Haltung dieser bezaubernden Kinder, deren Gesichter alle voller Erbarmen über ihn gebeugt sind, drücken allerliebste Zartheit und Ehrerbietung aus. Die Steinplatte, auf der er liegt, wird von kunstvoll gearbeiteten Säulen getragen, die in Nischen mit kleinen Bildwerken denkbar elegant verziert sind; und darunter ist er in jener anderen Gestalt dargestellt, wie man sie bei Renaissancegräbern so häufig findet – ein nackter Mann, der im Sterben liegt, ohne den Pomp und die Pracht des oberen Bildnisses. Die eine dieser Figuren verkörpert den Herzog, die andere schlicht den Sterblichen; und letzterer wirkt irgendwie sehr eigenartig und eindrucksvoll, wenn man ihn auch nur undeutlich und mit Mühe zwischen den reichgeschmückten Stützen der oberen Platte sehen kann. Das Grabmal von Margarete selbst steht auf der linken Seite und ist ganz in weißem Marmor gehalten, der sich zu einer Mannigfaltigkeit exquisiter Ornamentik aufbäumt – der letzten Extravaganz einer Gotik, die sich so weit fortentwickelt hatte, daß ihr nichts anderes übrig blieb, als sich auf sich selbst zu besinnen. Anders als ihr Gatte, der nur das hohe Kirchendach über sich hat, liegt Margarete unter einem Baldachin, der von einer verwirrenden Fülle von Steinschmuck – Blumen, heraldischen Emblemen, Initialen, Arabesken, Statuetten – überzogen ist und gestützt wird. Von Cherubim behütet, liegt auch sie in Staatsgewand und Hermelin da, mit einem schlafenden Windspiel zu Füßen (zu Füßen ihres Gatten liegt ein wachender Löwe); und man darf annehmen, daß der Künstler sie nicht schöner dargestellt hat als sie war. Sie sieht wirklich aus wie die Regentin eines unruhigen Reiches. Unter ihrer Liegestatt ist eine andere Figur ausgestreckt – eine weniger glanzvolle Margarete, in ihr Leichentuch gehüllt, das lange Haar auf den Schultern. Um das Grab ist das arg mitgenommene Eisengitter gezogen, das schon ursprünglich dort aufgestellt war, dessen oberen Rand der geheimnisvolle Wahlspruch der Herzogin ziert – *fortune infortune fort une*. Die beiden anderen Grabmäler werden von Einfriedungen derselben Art geschützt. Das von Margarete von Bourbon, der Mutter Philiberts, steht zur Rechten des Chores; und ich denke, daß es sich vor allem dadurch auszeichnet, daß es einer Schwiegermutter errichtet wurde. Es ist kaum weniger prunkvoll und aufwendig als die anderen; allerdings hat es keine zweite liegende Figur. Andererseits sind die Statuetten, die das Fundament des Grabes umstehen, noch exquisiter in der Ausführung; sie stellen weinende Frauen in langen Mänteln und Kapuzen dar, welch letztere jeweils über das kleine Gesicht der Figur hervorhängen und damit dem Künstler Gelegenheit gaben, die Gesichtszüge in die Vertiefung dieser Draperie zu meißeln – eine außerordentliche Entfaltung von Kunstfertigkeit. Des weiteren gibt es einen hohen weißen Marmoraltar der Heiligen Jungfrau zu sehen, so außerordentlich wie alles andere (die Felder stellen eine Folge von verschiedenen Szenen aus ihrem Leben dar, mit Mariä Himmelfahrt in der Mitte), sowie ein prachtvolles Chorgestühl, in welchem einfach das verschlungene Schmuckwerk der Grabmäler in poliertes Eichenholz umgesetzt fortgeführt wird. All diese Dinge sind glanzvoll, erfindungsreich, kunstvoll und kostbar; sie stellen Goldschmiedearbeit in monumentalem Maßstabe dar, und der allgemeine Eindruck ist gleichwohl schön und feierlich, weil sie so prächtig sind. Dennoch gehören die Grabmonumente der Kirche von Brou nicht zu den erhabensten, die es zu sehen gibt; die großen Grabmäler von Verona sind von reinerer Schönheit, wie auch manches andere frühe italienische Werk. Die von Brou sind nicht verlogen, wie Ruskin sich ausdrücken würde; doch sind sie prätentiös und alles andere als *naïfs*. Ich sollte erwähnen, daß die Wände des Chores an manchen Stellen mit Margaretes gekünsteltem Emblem verziert sind, welches – zum Teil vielleicht, weil es gekünstelt ist – so ungemein dekorativ ist, wie man in London sagt. Ich weiß nicht, ob sie mit diesem Epitheton vertraut war, doch hatte sie eine der bezeichnendsten Moden unseres Zeitalters vorweggenommen.

Man fragt sich, wie all dieser Schmuck, diese verschwenderische Fülle schönen, gemeißelten Marmors die Französische Revolution überlebt hat. Eine Stunde Bewegungsfreiheit im Chor von Brou wäre für die Bilderstürmer ein Festschmaus gewesen. Die wohlgenährten Bressois sind aber wohl ein gutmütiges Völkchen. Ich nenne sie wohlgenährt aus allgemeinen wie aus besonderen Gründen. Ihre Provinz hat einen höchst würzigen Duft, und ich bekam Gelegenheit, ihren Ruf auf die Probe zu stellen. Ich ging von der Kirche in die Stadt zurück (auf dem Weg gab es wirklich nichts zu sehen), und da die Stunde der mittäglichen Mahlzeit geschlagen hatte, lenkte ich meine Schritte zum Gasthof. Die Table d'hôte war gedeckt, und eine anmutige, geschäftige und redselige Wirtin hieß mich willkommen. Ich nahm einen exzellenten Imbiß zu mir – der beste Imbiß, den man sich denken kann –, welcher schlicht aus gekochten Eiern und Brot und Butter bestand. Es war die Qualität dieser schlichten Ingredienzien, die das Essen zu einem denkwürdigen Ereignis machte. Die Eier waren so gut, daß ich mich schäme zu sagen, wieviele von ihnen ich verzehrte. ›La plus belle fille du monde‹, wie das französische Sprichwort lautet, ›ne peut donner que ce qu'elle a‹; und man möchte meinen, daß ein Ei, dem es gelungen ist, frisch zu sein, alles getan hat, was man vernünftigerweise von ihm erwarten kann. Doch hatten diese Eier von Bourg sozusagen einen Hauch von Pünktlichkeit, als habe es in der Absicht der Hühner selbst gelegen, daß sie prompt serviert würden. ›Nous sommes en Bresse, et le beurre n'est pas mauvais‹, sagte die Wirtin mit einer Art trockener Koketterie, als sie mir dieses Erzeugnis auftischte. Es war ein Gedicht von Butter, und ich aß ein oder zwei Pfund davon; wonach ich mich mit einer eigentümlichen Mischung aus Eindrücken von spätgotischer Skulptur und dick bestrichenen *tartines* auf den Weg machte. Ich machte mich auf den Weg durch die Stadt, wo an einer kleinen grünen Promenade, die dem Hotel gegenüberliegt, eine Bronzestatue von Bichat, dem Physiologen, steht, der ein Bressois war. Ich erwähne sie nicht aufgrund ihrer Vorzüge (wenngleich ich sie als Statue auch nicht in schlechter Erinnerung habe), sondern weil ich hier erfuhr – meine Ignoranz gereichte mir zweifellos nicht zur Ehre –, daß Bichat im Alter von dreißig Jahren gestorben ist, und diese Offenbarung war höchst aufregend. So vieles in einem so kurzen Leben vollbracht zu haben, bedeutet wirkliche Größe. Diese Reflexion, die, wenn ich sie hier niederschreibe, von beklagenswerter Plattheit erscheint, hatte die Wirkung großer Beredsamkeit, als ich sie in der kahlen kleinen Allee zu Bourg vor mich selbst hinsagte.

BEAUNE

Bei meiner Rückkehr nach Macon sah ich mich unversehens frisch mit dem Faktum konfrontiert, daß sich meine Reise ihrem Ende zuneigte. Dijon war vom Schicksal als ihr äußerster Punkt ausersehen worden, und Dijon war nicht mehr fern. Danach würde ich den Touristen ablegen und einem Pariser so ähnlich wie möglich wieder nach Paris zurückkehren. Außerhalb von Paris bummelt der Pariser niemals, und deshalb würde es für mich unmöglich sein, zwischen Dijon und Paris einen Aufenthalt einzulegen. Doch konnte ich ein paar Stunden länger Tourist bleiben, wenn ich irgendwo zwischen Macon und Dijon einen Aufenthalt einlegte. Die Frage war, wo ich diese Stunden verbringen wollte. Was gab es Besseres, so fragte ich mich (aus Gründen, die mir jetzt nicht ganz klar sind), als Beaune? Auf meinem Wege zu dieser Stadt kam ich an der Côte d'Or vorüber, die, in sanften herbstlichen Dunst gehüllt, durch den das Sonnenlicht schimmerte, wirklich wie ein goldener Hügelzug aussah. Man betrachtet mit einer gewissen Ehrfurcht die Region, in welcher die berühmten *crûs* von Burgund (Vougeot, Chambertin, Nuits, Beaune), ich wollte gerade sagen, fabriziert werden. Adieu, paniers; vendanges sont faites! Die Weinlese war vorüber; die geschrumpften rostroten Rispen hingen allein an ihren häßlichen Stöcken. Der Horizont zur Linken jedoch hatte seinen Charme; die großen gemütlichen Bergvorsprünge der Côte haben etwas Malerisches. Jener feinsinnige Zeitkritiker M. Emile Montégut lobt in einem reizvollen Bericht über eine Reise durch diese Region, der vor einigen Jahren erschien, Shakespeare dafür, daß er (in *Lear*) vom ›wäßrigen Burgund‹ spricht. Weinseliges Burgund wäre doch wohl treffender. Ich nahm in Beaune Aufenthalt, um dem Pittoresken nachzugehen, doch hätte ich das wenige, was ich entdeckte, geradezu auch ohne Aufenthalt sehen können. Es ist eine schläfrige Burgunderstadt, sehr alt und reif, mit gewundenen Straßen, sich immer wieder diagonal eröffnenden Perspektiven und steilen, moosbedeckten Dächern. Die

Hauptsehenswürdigkeit ist das Hôpital-Saint-Esprit oder schlicht Hôtel-Dieu, wie man es dort nennt, 1443 von Nicolas Rolin, Kanzler des Burgund, gegründet. Es wird von den Schwestern vom Heiligen Geist verwaltet und ist eines der ehrwürdigsten und stattlichsten Spitäler. Die Fassade, die es der Straße zuwendet, ist schlicht, aber beachtlich – eine glatte, fensterlose Wand, über der sich ein riesiges Schieferdach von nahezu gebirgiger Abschüssigkeit erhebt. Rittlings auf diesem Dach sitzt ein hoher, schiefergedeckter Spitzturm, von welchem bei meiner Ankunft das hübscheste Glockenspiel erklang, das ich je gehört habe (unglückseligerweise, aber das werde ich sogleich erklären). Über der Tür befindet sich ein hoher, kurioser Baldachin ohne Stützen mit einer blau ausgemalten und mit goldenen Sternen übersäten Wölbung. (Dieser wurde, wie auch das ganze Gebäude, in jüngerer Zeit restauriert, und er ist eine Antiquität so recht von der funkelnagelneuen Sorte. Doch ist er sehr ergötzlich.) Der sehenswerte Kunstschatz hier ist ein kostbares Gemälde – ein Jüngstes Gericht, das gleichermaßen Jan van Eyck und Rogier van der Weyden zugeschrieben wird –, das im fünfzehnten Jahrhundert von dem erwähnten Nicolas Rolin dem Spital überlassen wurde.

Ich erfuhr jedoch zu meiner Bestürzung von einer mitfühlenden, aber unerbittlichen Concierge, daß das, was mir von der Zeit, die ich in Beaune zwischen zwei Zügen zur Verfügung hatte, verblieben war – ich hatte unbesonnenerweise eine halbe Stunde mit dem Frühstück am Bahnhof verschwendet –, jene eine Stunde des Tages war (nämlich die Essenszeit der Nonnen; das Gemälde hängt in ihrem Refektorium), während derer der Kunstschatz nicht besichtigt werden kann. Die

Aufgabe des musikalischen Glockenspiels, dem ich so arglos gelauscht hatte, war es nämlich, diese unnütze Pause einzuläuten. Die Regelung war absolut, während meine Enttäuschung relativ war, wie ich mir zu meiner Freude überlegen konnte, seitdem ich das Gemälde ›nachgeschlagen‹ habe. Crowe und Cavalcaselle schreiben es ohne Einschränkung Rogier van der Weyden zu und haben eine kleine, schwache Zeichnung davon in ihrem Buch *Flämische Maler*. Ihm entnehme ich auch – was ich nicht wußte –, daß Nicolas Rolin, Kanzler von Burgund und Gründer des Spitals in Beaune, dem Maler für jenen Würdenträger als Modell diente, der auf dem großartigen Bild von Jan van Eyck im Salon Carré vor der Jungfrau kniet. Alles, was ich zu sehen bekam, war der Hof des Spitals und zwei oder drei Räume. Dieser Hof mit seinen hohen Dächern, den spitzen Giebeln und Türmen, seinen Holzgalerien und dem alten Brunnen mit einem kunstvoll in Schmiedeeisen gearbeiteten Aufsatz ist einer jener Orte, auf welchen man den Zeichner loslassen sollte. Er sah eher flämisch oder englisch aus als französisch und zeichnete sich durch blendende Sauberkeit aus. Die Pförtnerin führte mich in zwei Räume im Erdgeschoß, in welche man gleichfalls den Zeichner vordringen lassen sollte, denn sie waren unwiderstehlich malerisch. Einen der beiden, von großen Proportionen und wie ein Ballsaal des siebzehnten Jahrhunderts mit kunstvollen ›Sujets‹ ausgemalt, füllten die Patientenbetten, die ganz in Vorhänge aus dunkelrotem Tuch gehüllt waren, der traditionellen Uniform dieser karitativen Liegestätten. Zwischen ihnen gingen die Schwestern in ihren Gewändern aus weißem Flanell mit großen weißen Leinenhauben einher. Der andere Raum war ein seltsames, riesiges Gemach, das vor kurzem mit großer Pracht restauriert worden war. Es war von großer Länge und Höhe, hatte ein ausgemaltes und vergoldetes Tonnendach, und der eine Teil des Raumes – jener, zu dem ich eingelassen wurde – schien als Kapelle zu dienen, da zwei weißgewandete Schwestern vor einem Altar auf den Knien beteten. Diese war durch rote Vorhänge vom übrigen, größeren Raum abgeteilt; doch die Pförtnerin lüpfte einen der Vorhänge und zeigte mir, daß das übrige, eine lange, eindrucksvolle Perspektive, als Krankensaal mit Reihen von kleinen, rotdrapierten Betten diente. ›C'est l'heure de la lecture‹, merkte meine Führerin an; und eine Gruppe von Rekonvaleszenten – die Patienten, die ich sah, waren ausnahmslos Frauen – war in der Mitte um eine Nonne versammelt, deren weiße Haube mit den Spitzen dicht über ihren Köpfen auf und ab nickte und deren sanfte Stimme mit einem kleinen Echo die hohe Perspektive entlang schwach zu uns herüberdrang. Ich weiß nicht, was die gute Schwester las – ein langweiliges Buch, fürchte ich –, doch war der ganze Ort von solcher Farbigkeit und einer solch schönen traditionsgesättigten Ausstrahlung, daß es mich dünkte, ich hätte mich darauf eingelassen, ihr zu lauschen. Ich ging jedoch von dannen, mit jenem Gefühl der Niederlage, das für den verständigen Touristen immer so irritierend ist, und schlenderte den Rest meiner Stunde eher ziellos in Beaune einher: ich warf auf der kleinen *place* (es gibt keine *place* in Frankreich, die so klein wäre, daß sie nicht das Standbild eines ruhmreichen Sohnes aufnehmen könne) einen Blick auf die Statue von Gaspard Monge, dem Mathematiker; auf die schöne alte Vorhalle – vollständig geplündert in der Revolution – der Haupt-

298

kirche; und sogar auf die mageren Schätze eines muti-
gen, aber melancholischen kleinen Museums, das in
einem kleinen Hôtel de ville – ein Teil wurde von einem
ortsansässigen Sammler gestiftet – eingerichtet wurde.
Aus Beaune nahm ich den Eindruck von etwas mild
Herbstlichem mit davon – etwas von rostroter, aber
doch lieblicher Farbe, wie der Geschmack einer süßen
rotbraunen Birne.

DIJON

Es traf sich recht gut, daß meine kleine Reise in Dijon zu
Ende gehen sollte, denn ich stellte – wohl eher zu
meinem Kummer – fest, daß vom Standpunkt des
Malerischen aus mit Dijon nicht allzuviel anzufangen
war. Das nun war nicht weiter schlimm, denn mittler-
weile glaubte ich meine Behauptung reichlich bestätigt
– die Behauptung, von der ich ausgegangen bin: daß,
wenn auch Paris Frankreich ist, Frankreich keinesfalls
Paris ist. Wenn Dijon auch eine ziemliche Enttäuschung
war, so hatte ich deshalb doch das Gefühl, daß ich mir
diese leisten konnte. Es war auch an der Zeit für mich,
darüber nachzudenken, daß ich meine Enttäuschungen
im allgemeinen mir selbst zuzuschreiben hatte. Sie
waren allzu oft die Folge willkürlich vorgefaßter Mei-
nungen, die von Einflüssen geprägt waren, die ich nicht
mehr zurückverfolgen konnte. Wie dem auch sei, ich
möchte plump sagen, daß es der alten Hauptstadt von
Burgund an Charakter fehlt; sie ist nicht auf der Höhe.
Sie ist alt und eng und verwinkelt und wurde auch
weitgehend so belassen: doch hat sie nichts Hochragen-
des und Emporstrebendes; sie ist für das Auge nicht,

was die burgundische Hauptstadt sein sollte. Sie hat einige verschlungene Perspektiven, einige moosige Dächer, einige sich vorwölbende Fassaden, einige graugesichtige Hotels, die aussehen, als seien sie in früheren Jahrhunderten – dem letzten beispielsweise, zu Lebzeiten des köstlichen Président de Brosses, dessen Briefe aus Italien ein interessantes Streiflicht auf Dijon werfen – Zeugen eines beträchtlichen Wohlstands gewesen. Doch ansonsten gibt es dort nichts. Ich spreche als jemand, der aus irgendeinem Grunde, an den er sich jetzt nicht mehr erinnert, dem berühmten Puits de Moïse keinen Besuch abgestattet hat, einer alten Zisterne, die eine Skulptur des Gesetzgebers der Hebräer ziert.

Der alte Palast der Herzöge von Burgund wurde schon vor langer Zeit in ein Hôtel de ville umgewandelt; er wendet einem breiten, sauberen Hof, der mit Steinen gepflastert ist, die frisch gewaschen wirken, und einer kleinen, halbkreisförmigen *place* – sie sieht so aus, als habe sie symmetrisch sein wollen, aber sei damit gescheitert –, eine Fassade und zwei Flügel zu, die wohl von der Steife, nicht aber von der großen Geste des frühen neunzehnten Jahrhunderts gekennzeichnet sind. Er beherbergt jedoch ein großes und reichhaltiges Museum – ein Museum, das wirklich einer Hauptstadt würdig ist. Der Perle dieser Sammlung ist der große Bankettsaal des alten Palastes, eine der wenigen Sehenswürdigkeiten des Ortes, die nicht von Grund auf verändert worden ist. Von großer Höhe und mit einer Decke aus alten Balken und Gesimsen, prunkt er an einem Ende über seine ganze Breite hin mit einem kolossalen gotischen Kamin, dessen Feuerstelle groß genug ist, um nicht einen Ochsen, sondern eine ganze Herde von Ochsen zu rösten. In der Mitte dieses überwältigenden Saales, dessen Wände mehr oder weniger kostbare Gegenstände einnehmen, sind die Grabmäler von Philippe-le-Hardi und Jean-sans-Peur aufgestellt. Diese Monumente, die in ihrer allgemeinen Wirkung sehr glanzvoll sind, lenken doch nur ein beschränktes Interesse auf sich. Die Beschränkung rührt von der Tatsache her, daß wir sie heute in verpflanztem und beschädigtem Zustand sehen. Ursprünglich in einer Kirche aufgestellt, die vom Erdboden verschwunden ist, zerstört und zerstreut in der Revolution, sind sie aus geretteten und ergänzten Fragmenten rekonstruiert und restauriert worden. Die Ergänzungen sind sehr schön ausgeführt; von Vergoldung und leuchtkräftiger Farbe überzogen, bietet das Ganze ein höchst kunstvolles Resultat. Doch der Bann der alten Begräbnisfiguren ist gebrochen und wird auch niemals wieder wirken. Indes sind die Monumente äußerst dekorativ.

Ich glaube, was mir in Dijon am besten gefiel, war der kleine alte Park, ein bezaubernder öffentlicher Garten etwa eine Meile von der Stadt entfernt, zu welchem mich ein Spaziergang eine lange, gerade herbstliche Avenue entlang führte. Es ist ein *jardin français* aus dem letzten Jahrhundert – eine liebe alte Stätte, mit zierlichen blaugrünen Perspektiven und Alleen und *rond-points*, wo alles ausgewogen miteinander korrespondiert. Ich ging spät am Nachmittag dorthin, ohne einem Lebewesen zu begegnen, wenngleich ich gehofft hatte, Président de Brosses zu begegnen. Am Ende des Parks war ein kleiner Fluß, der wie ein Kanal aussah, und am anderen Ufer stand dicht am Wasser eine altmodische Villa mit einem eigenen kleinen französischen Garten. Diesseits war eine Bank, auf welcher ich mich niederließ, um dort geraume Zeit zu verweilen; denn der Ort war so recht nach meinem Geschmack. Es war der äußerste Punkt meiner kleinen Reise. Darüber sann ich nach, während ich dort saß, ehe ich am Abend den Expreßzug nach Paris nehmen sollte; und während das Licht in dem Park verblaßte, trat mir die Vision mancher Dinge, die ich genossen hatte, deutlicher vor Augen.

NACHBEMERKUNG DES ÜBERSETZERS

Bekanntlich gibt es kaum jemanden, der ein Buch so oft und daher wohl auch so intensiv liest wie ein Übersetzer. Bis das Buch erscheint, hat es der Übersetzer fünf- bis sechsmal gelesen. Es wird also zwangsläufig Teil seiner eigenen Biographie. Das gilt natürlich um so mehr, wenn es sich um ein Reisebuch handelt und die Umstände es dem Übersetzer ermöglichen, auf den Spuren von Henry James einen Teil der Reise selbst nachzuvollziehen. Und nur so wohl erklärt sich das tiefe und beglückende Erlebnis, wenn man an Stätten, die man niemals zuvor betreten hat, das Gefühl einer uralten Vertrautheit empfindet, wie es nur fernen, fast verlorenen Kindheitserinnerungen innewohnt. Natürlich gibt es Fehlerinnerungen – kein Wunder nach über hundert Jahren –, doch die kann man ja in einer Nachbemerkung richtigstellen. Wie es denn mit der Erinnerung überhaupt so eine Sache ist. Auf der spurengetreuen Suche nach dem Geburtshaus Balzacs gab eine junge Dame von der »tourist-information« in Tours die Auskunft, daß es nicht mehr existiere, doch könne sie nicht sagen, wann es abgerissen worden sei. Nun ja, es fiel 1940 (nebst den alten Fenstern von Saint Julien) mitsamt der ganzen Rue Royale, die allerdings inzwischen in Rue Nationale umgetauft worden war, einem Bombenangriff der Deutschen zum Opfer. Aber vielleicht gibt es ja auch einen Zusammenhang zwischen solchen Umbenennungen und derartiger Bereitschaft zum Vergessen. Und zugleich war die arme junge Dame wohl auch ein schlagendes Beispiel für die Geschichtslosigkeit, die paradoxerweise den allgemeinen Tourismus zu den alten Stätten kennzeichnet. Hier, wie für manch andere Zusammenhänge, so glaube ich, können alte Reisebücher von großen Schriftstellern dem oft allzu genügsamen Reisenden gewiß ein wenig die Augen öffnen helfen – wobei man für eine eigene Reise sicher auch neuere Führer zu Rate ziehen wird.

Dort erfährt man aber möglicherweise gar nicht, weshalb und seit wann all die trefflichen Nonnen mit ihren liebenswürdigen Umgangsformen verschwunden sind (1905, Aufkündigung des Konkordats und Auflösung aller Klöster) und die Konvente wie die Priesterseminare, von denen Henry James spricht und die er besucht, heute in *lycées techniques* oder ähnliche Institutionen umgewandelt sind, es sei denn man erinnert sich, daß der Streit um die Konfessionsschulen bis heute andauert. Andererseits wird dem Leser das Erstaunliche an der neuen Basilika Saint-Martin bewußt – die, im Verhältnis zur hier im Buch erahnten alten Kirche um neunzig Grad gedreht, den Altar wie (in der Krypta) das Grab des Heiligen Martin an derselben Stelle aufweist wie das riesenhafte alte Bauwerk –, wenn er erfährt, daß Henry James nur einen erbärmlichen kitschigen Holzverschlag zu sehen bekam (mit dem Bau der neuen Basilika wurde fünf Jahre nach James' Besuch begonnen, und sie wurde 1924 vollendet – während vier Jahre später die Tour Charlemagne der alten Kirche halb einstürzte...). Und wenn er durch seine Lektüre gewitzt einerseits die Restaurierungen M. Viollet-le-Ducs und (in Blois) seines Schülers Félix Duban, die inzwischen ihre eigene Patina angesetzt haben und wiederum einen fragwürdigen Anschein ›echten‹ Alters *malerisch* darbieten, als problematisch erkennt – eine Problematik, für die Henry James aus romantischen Gründen ein Gespür hatte und die ja noch heute in der Architektengilde Diskussionen auslöst –, so kann er doch andererseits in den Altstädten von Le Mans (das heute zu Unrecht sich nur seiner Autorennen rühmt), Tours und Bourges feststellen, daß Restauratoren heute hervorragende Arbeit an der mittelalterlichen Wohnarchitektur leisten (auch wenn die solchermaßen wieder zum Leben erweckten Gebäude wie so oft von Kunstboutiquen und schicken Kneipen mit Beschlag belegt werden).

Man wird nicht mehr Anstoß nehmen an den Unzulänglichkeiten der Eisenbahnreise (wenngleich die Provinzialität der Verköstigung wie auch generell der Atmosphäre in den kleinen Städten nach Einbruch der Dunkelheit nur wenig abgenommen hat); im Gegenteil, die SNCF ist heutzutage gewiß sehr effizient und über die Bahnhofsarchitektur jener Zeit, die Henry James mit keinem Wort erwähnt, werden heute – vielleicht nicht nur aus Mangel an würdigeren Gegenständen für die Vielzahl der Kunstgeschichtsstudenten – Doktorarbeiten geschrieben. Doch hat das Auto wohl für diese Art des Reisens die Eisenbahn abgelöst, hat alles praktischer gemacht – man könnte auf einer ›Schlössertour‹ ohne weiteres noch Villandry, in dessen geometrischen Gärten selbst noch das Gemüse abgezirkelt und farblich abgestuft angebaut wird, oder das disneyhafte, jedoch altehrwürdige Ussée, wo Charles Perrault mehr als hundert Jahre vor den Brüdern Grimm Märchen zu sammeln begann, auf dem Wege ›mitnehmen‹, man kann sie alle in viel kürzerer Zeit ›machen‹, kann auf dem Wege zwischen Bourges und Orleans in Sully anhalten, oder noch beachtenswerter, in Saint-Benoît-sur-Loire, wo die Gebeine des Heiligen Benedikt beigesetzt sind und romanische Bildkapitelle studiert werden wollen. Überhaupt haben wir es ja so viel besser: die Schlösser, die Henry James leer vorfand, sind heute alle wieder mit alten und oft auch einigermaßen sehenswerten Requisiten ausgestattet. Wir brauchen auch keine herrschsüchtigen Concierges um Einlaß zu bitten wie James, der ihn auch immer prompt gewährt bekam; wir haben ja die geregelten Eintrittszeiten – die nur eben nicht immer dem Lebensrhythmus auch eines weniger feinen Herrn entsprechen. Statt dessen werden wir in Gruppenführungen durchgeschleust und abgespeist; zu eigenen Entdeckungen und Reflexionen haben wir wenig Gelegenheit (doch, neuerdings darf man in Blois und Chenonceaux mit einem in vier europäischen und einer asiatischen Sprache verfaßten Blatt versehen allein seine Runde machen, ebenso in Chambord, wo aber den Erklärungen von Henry James nicht viel hinzuzufügen bleibt). Der Platz vor dem Schloß von Blois, den sich Henry James grasüberwachsen gewünscht hätte, ist naturgemäß, wie vielerorts, zu einem asphaltierten Parkplatz für Privatautos und Reisebusse geworden, und der ist immer gut besetzt.

Gewiß, die Parkanlagen der Schlösser sind wieder gepflegt, und man empfindet es kaum mehr als fragwürdig, dieselben mit dem Auto zu durchqueren. Gut, Verluste werden durch Neuentdeckungen kompensiert, und wenn man das schöne Südportal der Kathedrale von Tours nicht mehr vorfindet, kann man sich mit den Gemälden Mantegnas, Rembrandts, Rubens' und, wenn man will, auch Delacroix' im erzbischöflichen Palais unmittelbar daneben trösten; und wird man in Marmoutier merkwürdig angesehen, weil man das Kloster besichtigen will, dann mag man sich in der

Nähe von Tours an der bezaubernden alten Priorei Saint-Côme schadlos halten, wo 1933 das Grab von Pierre Ronsard wiederaufgefunden wurde. Und wenn man in Loches den ›heidnischen Altar‹ vermißt, den Henry James erwähnt, darf man andererseits stolz sein, im Kuppelgewölbe der Kapelle des Hôtel Jacques Cœur in Bourges großartige Fresken zu entdecken, die Jean Fouquet zugeschrieben werden und zu James' Zeiten noch unter Putz verborgen waren. Man mag versucht sein, in Amboise den ›Alterswohnsitz‹ Leonardo da Vincis, Clos-Lucé, zu besichtigen, wo er in den Armen Franz' I. gestorben sein soll und wo im Garten heute zu Vergleichszwecken die Kopie einer Zeichnung ausgestellt wird, die er vom Fenster seines Hauses aus auf das Schloß Amboise blickend verfertigte; dieses ist auf der Zeichnung sehr viel vollständiger zu sehen, als es sich heute darbietet. Anfang des 19. Jahrhunderts nämlich wurden etliche Flügel abgerissen, weil die Instandhaltungskosten Napoleon zu hoch erschienen. Für den Besuch wird mit einem frechen Plakat geworben, das mit der Geschichte recht frei umgeht: hier sei das 20. Jahrhundert ›erfunden‹ worden. Nun ja, man zeigt schöne Räume und ein paar ›Realisierungen‹ der Erfindungen Leonardos, die nur eben nicht hier gemacht wurden. Ein solcher Umgang mit der Geschichte mag den touristischen Kindern unseres Jahrhunderts angemessen sein; sollte man wirklich diese Reise machen, und sollte man sie vielleicht sogar mit wirklichen Kindern machen, dann ist man hier richtig, dann sollte man mit ihnen auch unbedingt die Wachsfigurenkabinette besuchen, die in Tours (im Chateau Royal, das zu Henry James' Zeiten − mit Ausnahme der Tour de Guise − gar nicht existierte) und in Chenonceaux

Szenen aus der französischen Geschichte illustrieren (wobei seltsamerweise nur die Jagdhunde ›echt‹, d. h. ausgestopft sind). Und wenn Mr. James einen solchen Besuch vielleicht auch nicht gebilligt hätte, so handelt es sich doch um ein ehrwürdiges Handwerk; schließlich hatte Frau Grosholtz alias Madame Tussaud ihre Kunst doch in Paris gelernt und war – als Royalistin verfolgt, ja, gar gezwungen, die abgeschlagenen Häupter ihrer Freunde zu modellieren – glücklich nach London emigriert. Im Zusammenhang mit dem Thema der Emigration ist es vielleicht erwähnenswert, daß das Schloß Chenonceaux, indem es so zierlich den Cher überbrückt, von 1940 bis 1942 es so manchem ermöglichte, aus dem von den Deutschen besetzten Gebiet auf der Nordseite in die »Freie Zone« zu flüchten . . .

Man kann also mit solch einem Buch reisen und vergleichen. Man kann es auch, je nach Temperament, so halten, wie es ein heutiger Zeitgenosse angesichts des Massentourismus formuliert hat:

> Den Toren treibt die Reisewut,
> Indes zu Haus' der Weise ruht.

Gottfried Benn hat das ernster ausgedrückt:

> Ach, vergeblich das Fahren!
> Spät erst erfahren Sie sich:
> bleiben und stille bewahren
> das sich umgrenzende Ich.

Und das hieße dann: Lesen und sich die Erinnerungen nicht verderben lassen.

Jörg Trobitius

REGISTER